임진왜란 당시 전국 최초 의병을 일으킨 것으로 알려진 의병장의 기록
1592년 4월 2일부터 1592년 7월 10일까지의 창의일기
현전하는 창의일기의 등서이본 계열 정리 및 이본 대조

월파 류팽로
임진창의일기

月波 柳彭老 壬辰倡義日記

원저자 미상·申海鎭 역주

보고사
BOGOSA

머리말

이 책은 월파(月坡) 류팽로(柳彭老, 1554~1592)가 임진왜란 당시 전라남도 옥과(玉果)에서 의병을 모집하여 남원(南原)에서 창의한 이종 4촌형 양대박(梁大樸, 1543~1592)과 더불어 고경명(高敬命)의 막하에 들어가 근왕병(勤王兵)으로서 도성을 수복하고자 북상하다가 금산(錦山) 전투에서 전사하게 되었던 과정을 상세하게 기록한 일기를 번역하였다.

이 일기는 류팽로의 문집으로 전 3권 1책인 《월파집》 권3에 수록되어 있다. 이 일기에서 류팽로를 지칭할 때면 공(公)이라 일컫고 있는바 원저자가 누구인지 알 수 없는 글이다. 문집 체제상 본디 '부록'으로 편제되었어야 마땅하지 않을까 한다. 역사적 창의 사실은 사실대로 기록 상황도 온존하도록 그대로 보존되어야 하기 때문이다. 기록자가 미상이라고 해서 류팽로의 창의(倡義) 사실이 사라지는 것은 아니지 않겠는가.

이 일기는 류팽로가 홍문관 박사(弘文館博士)로 임명된 1592년 4월 2일부터 금산전투에서 사망한 7월 10일까지 기록한 것인데, 월파의 측근 인사가 종군하며 보고 들은 대로 적고서 또 후에 후손들이 사적을 더듬어 보완한 것으로 짐작된다. 이러한 기억의 재현 과정에서 착종된 기사들이 제법 틈입되어 있고, 인물전설의 전승 특성상 비현

실적 이야기도 덧붙여 있다. 물론 역사적 사실로서의 적확성을 담보하기 위해서는 엄격하고 철저한 사료 비판이 행해져야 할 것이다. 그렇지만 실기가 지닌 첨예한 기록 정신만이 아닌 또 다른 측면을 살필 수 있는 문헌자료라 할 것이다.

　이러한 특징을 가장 잘 보여주는 이본은 1986년 전라남도에서 보경출판사를 통해 간행한 『향토문화연구자료』 제4집에 영인되어 있는 일기이다. 그 당시 고동주와 변시연 등이 류팽로의 후손 류홍균·방계 류한상과 함께 전래의 기존 필사본 일기를 첨삭하고 보충한 필사본이다. 이 이본은 비록 16세기 인물에 관한 역사 사실적 적확성이 약간 훼손되었을지라도 현대까지 전해온 역사 인물의 전승의식을 살필 수 있는 측면을 고려하여 이 책의 역주 텍스트로 삼았다. 또한 어느 특정인이나 특정 기관에 소장된 것이 아니라 출판사를 통해 간행한 보급 원전 자료라는 점도 고려되었다. 달리 말하자면, 일반독자들의 접근이 보다 용이한 원전의 역주서를 가까이할 수 있도록 하기 위한 것이다.

　이처럼 현대의 전승의식까지 보여주는 '월파 임진창의일기'의 등서(謄書) 이본에 대한 설명이 필요하여 간략한 글을 작성했다. 이본 파생의 주요 요인은 최병심(崔秉心, 1874~1957)의 서문 및 류팽로의 출생년이었다. 무엇보다 엄명섭(嚴命涉, 1906~2003)의 《순산일기(舜山日記)》, 사마방목과 국조방목, 문화류씨세보 갑인보(1974)와 무자보(2008) 등의 자료가 참으로 요긴한 증거 자료로 활용되었다. 이 과정에서 전라남도 문화재위원을 지낸 김희태 선생, 곡성군 향토지역연구가 김형수 선생, 한국학호남진흥원 엄찬영 선생으로부터 극

진한 도움을 받았다. 그 도움으로 인하여 간략한 글일망정 작성될 수 있었으니, 이 자리를 빌려 고마운 마음을 전한다. 간략한 글은 번역문 앞에 배치하였으니 읽어보기를 바란다.

　단지 '일기'로만 명명된 것을 역주자가 '월파 류팽로 임진창의일기'로 바꾸어 명명하였다. 그 이유를 언급하는 것은 췌언일지라 더 이상 설명하지 않는다. 이 책을 읽어보면 알겠지만, 월파는 임진왜란이 일어나리라는 것을 미리 예견하고 국방력 강화를 상소하였으며, 끝내 1592년 임진왜란이 일어나자 고향으로 내려오는 도중 순창 대동산 앞들에서 4월 20일에 도적들을 회유하여 수백 명의 의병을 거느린 의병장이 되었으며, 뿐만 아니라 무명 37인과 함께 5월 11일 왜적과 싸웠다는 임실(任實) 갈담역(葛覃驛) 전투도, 그리고 6월 8일(일설 5월 29일) 담양에서 고경명을 대장으로, 양대박은 우부장으로, 류팽로는 좌부장으로, 안영은 후군장으로 한 6천여 명의 호남 최초 의병 발대식을 거행한 연합의병의 조직에 주도적 역할을 했던 것도, 또한 이 의병군의 훈련 및 도성으로의 북상, 금산전투, 최후의 전사 과정 등과 그의 애마에 관한 후일담까지도 기록되어 있다. 이를 통해, 임진왜란 당시 전국 최초의 의병을 일으킨 인물로, 의병으로서 왜적을 상대하여 전투를 벌인 최초의 인물로, 호남 최초의 연합의병을 조직하며 주도적 역할을 한 인물로 오늘날 평가하는 것에 대해 가늠할 수 있을 것으로 생각한다.

　한쪽 눈을 보지 못하는 시각장애인이었던 것으로 알려진 월파 류팽로의 의병활동에 도둑의 무리와 무명인 등이 등장하는 것은 일반적인 시각과 다른 이해의 시각이 필요해 보인다. 아마도 많은 노비

와 일반백성이 그의 의병활동에 동참했음을 보여주는 것이 아닐까
한다. 월파 류팽로는 실천적 지성인으로서 국난을 맞아 호남의 연
합의병 봉기를 주도했을 뿐만 아니라 전국적인 의병봉기를 제창한
점에서 그의 국량을 엿볼 수 있다. 전쟁이라는 극한 상황 속에서
자신과 가족의 안위만을 생각했던 이들과는 달리 구국의 의병을 일
으킨 류팽로의 면모를 확인할 수 있는 일기가 수많은 독자에게 알려
지기를 희망한다.

　끝으로 편집을 맡아 수고해 주신 보고사 가족들의 노고와 따뜻한
마음에 심심한 고마움을 표한다.

2021년 10월 빛고을 용봉골에서

무등산을 바라보며 신해진

차례

일러두기 _____

이 책은 다음과 같은 요령으로 엮었다.

01. 번역은 직역을 원칙으로 하되, 가급적 원전의 뜻을 해치지 않는 범위 내에서 호흡을 간결하게 하고, 더러는 의역을 통해 자연스럽게 풀고자 했다. 다음의 자료가 참고되었다.
   - 「月坡公 壬辰 倡義日記(譯)」, 柳在浩, 『軍史』 3, 국방부 전사편찬위원회, 1981, 196-239쪽.
   - 『국역 월파집』, 유상종 역, 청화유상종박사 추모사업회, 1992.

02. 원문은 저본을 충실히 옮기는 것을 위주로 하였으나, 활자로 옮길 수 없는 古體字는 今體字로 바꾸었다.

03. 원문표기는 띄어쓰기를 하고 句讀를 달되, 그 구두에는 쉼표(,), 마침표(.), 느낌표(!), 의문표(?), 홑따옴표(' '), 겹따옴표(" "), 가운데점(·) 등을 사용했다.

04. 주석은 원문에 번호를 붙이고 하단에 각주함을 원칙으로 했다. 독자들이 사전을 찾지 않고도 읽을 수 있도록 비교적 상세한 註를 달았다.

05. 주석 작업을 하면서 많은 문헌과 자료들을 참고하였으나 지면관계상 일일이 밝히지 않음을 양해바라며, 관계된 기관과 여러분께 진심으로 감사드린다.

06. 이 책에 사용한 주요 부호는 다음과 같다.
   1) ( ) : 同音同義 한자를 표기함.
   2) [ ] : 異音同義, 出典, 교정 등을 표기함.
   3) " " : 직접적인 대화를 나타냄.
   4) ' ' : 간단한 인용이나 재인용, 또는 강조나 간접화법을 나타냄.
   5) < > : 편명, 작품명, 누락 부분의 보충 등을 나타냄.
   7) 「 」 : 시, 제문, 서간, 관문, 논문명 등을 나타냄.
   8) 《 》 : 문집, 작품집 등을 나타냄.
   9) 『 』 : 단행본, 논문집 등을 나타냄.

07. 보경출판사 간행본과 이전 등서본과의 텍스트 대조와 관련된 기호에 대한 안내
   이전 등서본과 대조한 내용은 각주에서 표시하되, 글꼴을 진하게 표기하였다.
   ① 〈 〉 : 문맥상 필요하여 삽입한 글자.
   ② ◇ : 이전 등서본에 있는 글자.
   ③ ◆ : 이동한 글자나 문장의 원래 위치

월파 《임진창의일기》 이본 파생의 근인
: 최병심의 서문, 류팽로의 생년

1. 월파 류팽로의 《임진창의일기》 이본 현황

▌필사본 　　　　　　　　　　　　(이미지는 다음 페이지 참고.)

㉮ 개인소장, 필사본, 1946년 1월 22일 등서하여 7월 19일에 책 표지를 입힘. 최병심의 서문 합철.

㉯ 연세대학교 중앙도서관 소장본[청구기호: 고서(1)811.98], 필사본, 1947년 1월 6일 등서하여 2월 6일 등서를 끝내고 4월 14일 책 표지를 입힘. 최병심의 서문 미합철.

㉰ 개인소장, 필사본, 류팽로의 10세손 류복수(柳卜洙: 柳興祿의 初名, 1888~1970)가 등서하여 1957년 5월 책 표지를 입힘. 최병심의 서문 합철.

㉱ 보경출판사 간행본, 고동주와 변시연 등이 류팽로의 후손 류홍균·방계 류한상과 함께 기존 필사본을 첨삭하고 보충한 것을 전라남도에서 1986년 11월 5일 『향토문화연구자료』 제4집으로 영인하여 보경출판사를 통해 일반인에게 보급함. 최병심의 서문 미합철.

▌필사본 번역

㉮ 「월파공 임진창의일기」, 류재호 역, 『군사(軍史)』 3, 국방부 전사편찬위원회, 1981, 196-239면. 월파집 가운데 '일기'만 번역. 대본은 ㉮ ㉯ ㉰ 계열의 이본임.

㉯ 『국역 월파집』, 유상종(劉相鐘) 역, 청화유상종박사 추모사업회, 1992. 최병심의 서문이 없는 필사본의 이미지가 첨부되었음에도 서문의 번역문이 있음. 대본은 ㉯이나, 최병심 서문의 번역 대본은 ㉰임.

2. 최병심의 서문

류홍제(柳興齊, 1871~?)는 류팽로의 10세손인바, 류팽로(柳彭老) → (양자) 류담(柳耷) → 1자 류시발(柳時發) → 류사룡(柳思龍) → 류필동(柳必動) → 류중연(柳重演) → 1자 류진기(柳震起) → (양자) 류광모(柳光模) → 3자 류정길(柳鼎吉) → 2자 류명균(柳命均) → 2자 류홍제(柳興齊)로 이어진다. 그가 엄명섭(嚴命涉)을 통해 최병심(崔秉心, 1874~1957)으로부터 1952년 서문을 받았다.

최병심은 한말의 성리학자이자 독립운동가이다. 본관은 전주, 자는 경존(敬存), 호는 금재(欽齋)이다. 한말 독립투사들의 비사(秘史)를 엮은 조희제(趙熙濟)의 《염재야록(念齋野錄)》에 춘추대의적(春秋大義的)인 민족자존의 의지를 밝힌 서문을 쓴 일로 조희제와 함께 임실경찰서에서 옥고를 치르기도 한 인물이다. 이런 그가 쓴 서문은 다음과 같다.

엄명섭(嚴命燮: 嚴命涉의 오기) 군이 류월파집(柳月坡集)을 소매에 넣고 와서 보여주며 말하기를, "이 두루마리는 중도에 잃어버렸다가 본손들이 있는 힘을 다해 찾아내어 간신히 보관해오던 것이 또한 좀이 쓸고 쥐들이 뜯어 훼손하였으므로 한 벌을 등서한 것입니다."라고 하였다. 나는 두루마리를 어루만지며 탄식하여 말하기를, "무릇 공의 정충대의(精忠大義)가 실린 이 문집이 지금까지 400년이 가까운데도 아직 인행되지 못한 것은 실로 세도(世道)에 유감스러움이 크다."라고 하였다. 그 후에 본손 류흥제(柳興齊)가 찾아와서 원고의 서문을 부탁하였다. 대개 공의 충성과 업적은 진실로 문장을 기다리지 않고도 드러나고, 문장 또한 나의 서문을 기다리지 않고도 후세에 전해질 것이다. 그런데도 내 감히 사양하지 않은 것은 공의 글 가운데에 내 이름을 넣을 수 있다면 이 또한 바라는 바이기 때문이다.

아! 공은 영특하고 준걸한 데다 충성스러웠고 효성스러웠으며 화락하고 단아하였는데, 왜란이 일어날 것을 먼저 알고 세 번이나 상소하다가 내쫓겼지만, 병장기와 복장을 미리 대비하여 맨 먼저 의병을 일으켰으니, 제봉(霽峰) 고경명(高敬命)을 대장으로 추대하고 양대박(梁大樸)은 우부장이 되었으며 공은 좌부장이 되었다. 임진년(1592) 7월 5일 왜적이 금산(錦山)을 침범한다는 소식을 듣고 공은 호서의병장(湖西義兵將: 충청도의병장) 제독(提督) 조헌(趙憲)에게 격문을 보내어 군사들을 합쳐서 왜적을 토벌하기로 약속하였다. 7일에는 공이 선봉장이 금산으로 진군하였다. 9일에는 와평(臥

坪: 대암리 와뿔마을)로 옮겨 들어가서 방어사(防禦使) 곽영(郭嶸)의 군사들과 함께 좌익과 우익을 만들어 토성(土城)으로 진격하여 왜적을 공격하니, 적의 기세가 크게 꺾였다. 다음날에는 의병과 관군이 먼저 싸움을 걸자, 왜적의 선봉군이 나와 싸우다가 불리하여 퇴각하였다. 의병과 관군이 승승장구하였지만, 이윽고 왜적이 갑자기 그들의 진지를 비우고 모두 나오니, 방어군이 먼저 무너졌고 의병과 관군 또한 뒤따라 와해되었다. 이날 바람이 불고 우레가 몹시 몰아쳐서 장수와 병사들이 서로 항오(行伍)를 잃게 되었는데, 공만은 말이 건장해서 먼저 탈출했다가 그의 하인 김충남(金忠男)에게 묻기를, "상장(上將: 고경명)이 탈출하셨느냐?"라고 하니, "미처 탈출하지 못하셨습니다."라고 하자, 공이 말하기를, "내 말머리를 돌리거라."라고 하였으나, 하인이 말을 에워싸고 나아가지 못하도록 하였다. 공이 칼을 뽑아 하인의 어깨를 베고 어지러운 전쟁터 속으로 뛰어들어 왜적 수십 명을 베어 죽이고 대장을 찾았는데, 대장이 돌아보며 이르기를, "나는 이미 죽음을 면할 수 없거늘, 어찌하여 먼저 빨리 탈출하지 않았는가?"라고 하자, 공이 말하기를, "난리에 임하여 살기를 도모하지 않았으니 나라를 따르는 의를 섬기렵니다."라고 하였다. 마침내 머리를 기울여 함께 죽으니, 이때 나이가 29세였다.

타고 다녔던 말 또한 창에 많이 찔려 온몸에 피를 흘리고 있었는데, 슬피 울고 한 번 뛰고는 공의 머리를 입으로 물고 곧바로 옥과(玉果)의 합강(合江) 본댁으로 달려갔다. 이때 부인 김씨는 공이 출병한 후로부터 집 후원에 단을 쌓아놓고 밤낮으로 정성껏 기도하고 있었는데, 홀연 말의 울음소리를 듣고 대문을 나가다가 엎어지고 자빠져서 거의 정신을 잃고 말았다. 사람들에 의해 구원되어서야 자세히 살펴보니, 말은 이미 절로 죽어 있었고 머리 하나만 땅에 있었다. 마침내 머리를 받들어 방으로 들어가서 의복과 이불을 갖추어 염(殮)을 하고 남원부 서쪽의 생애동(生涯洞) 선영의 아래에 장사를 지냈다.

이때 8도 의병장이 모두 깃발 위에 공(公: 류팽로)의 성명을 쓰고 말하기를, "의병을 일으키는 것이 응당 이같이 해야 할지라."라고 하였다. 그리고 공의 부하 37명은 공의 순절한 곳에 가서 목놓아 통곡하다가 각기 패도(佩刀)를 뽑고서 스스로 목을 찌르고 죽었으니, 어찌 장렬하지 않은가?

위에서 대사간을 증직하여 치제(致祭)하였고 특별히 삼강문(三綱門)을 세우도록 명했으며, 계사년에 도승지로 가증하여 치제했으며, 광주(光州)의 포충사(褒忠祠)와 금산(錦山)의 종용당(從容堂)에 배향하여 지금까지 제향을 올리고 있다.

생각하건대 공이 일찍이 《복재집(復齋集: 吳澐性(1529~1584)의 문집》에 서문을 지으면서 "뒤에 이 문집을 보는 자는 한갓 그 문장만 읽지 말고 먼저 그 마음 먹은 것을 찾아본다면 효도하고 공손한 마음이 자연히 생겨나고 충성스럽고 미더운 행실이 힘쓰지 않아도 저절로 진전될 것이다. 이 문집의 간행이 어찌 세도에 한 가지 다행함이 되지 않겠는가?"라고 하였다. 아! 나도 공의 문집에 대하여 똑같은 말을 하는 바이다. 공의 이름은 팽로(彭老)요, 자는 군수(君壽)이며, 문화인(文化人)이다.

1592년 4월 상순 최병심이 서문을 짓다.

嚴君命燮, 袖柳月坡集, 來示且曰: "此爲中失, 本孫盡力索
得, 艱辛保管, 且爲蟲鼠所侵, 故謄出一本."云. 余撫嗟嘆曰:
"夫以公之貞忠大義, 此集至近四百載, 而尙未印行者, 實是世道
遺憾之大也." 其後, 本孫興齊, 來囑稿序. 盖公之忠誠業蹟, 固
不待文而顯, 而其文亦不待序而傳. 然不敢辭者, 其獲掛名於文
字中, 是亦幸也.

嗚呼! 公英特俊傑, 忠孝愷悌, 先知倭亂, 三疏見黜, 豫備兵器
服裝, 首先倡義, 推高霽峰敬命爲大將, 梁公大樸爲右部將, 公
爲左部將. 壬辰七月五日, 聞賊犯錦山, 公檄于湖西義兵將趙提
督憲, 約以合師討賊. 七日, 公爲先鋒, 進軍錦山. 九日, 移臥
坪, 與防禦使郭嶸兵, 爲左右翼, 進攻土城賊, 賊勢大挫. 明日,
義軍挑戰, 賊先軍出戰, 不利而退. 義軍乘勝長驅, 俄而賊空壁
悉出, 防禦軍先潰, 義軍亦從解. 是日風雷大作, 壯士相失, 公
獨馬健, 先出, 問其僕忠男, 曰: "上將脫乎?"曰: "未也."公曰:
"旋吾馬."僕擁馬不前. 公拔釖斬僕臂, 超入亂陳中, 斬擊賊數
十級, 尋得大將, 大將顧謂曰: "吾旣未免, 盍先馳出."公曰: "臨
亂不謀生, 以從國事義也"遂挦頭騈死, 時年二十九.

所乘馬亦多被鎗, 流血遍身, 悲鳴一躍, 公首口啣, 直走玉果
合江本第. 時夫人金氏, 自公出師後, 築壇家園, 日夜誠禱, 忽
聞馬聲, 出門顚倒, 仍失精魄. 被人救諦視, 則馬已自斃, 惟一
元在地. 遂奉入室, 具衣衾, 歛葬于南原府西生涯洞先塋下.

是時, 八道義兵, 皆書公姓名于旗上曰: "擧義當如此."云. 且
公部下三十七人, 就公殉地, 失聲痛哭, 各引佩刀, 自頸同死, 豈
不壯烈哉.

自上贈大司諫致祭, 特命三綱門, 癸巳加贈都承旨致祭, 配光
州褒忠祠錦山從容堂,   至今俎豆焉。仍念公嘗序《復齋集》,   有
曰：「後之覽此集者, 不徒讀其文詞而先求其爲心者, 則孝弟之心
油然而生忠信之行 不加勉而自進矣。是集之行, 豈非世道之一
行也哉.」噫, 余於公集, 亦所同謂耳。公諱彭老, 字君壽, 文化
人也。

壬辰四月上澣 完山 崔秉心序

류홍제와 친인척 관계가 아니었음에도 스승 최병심의 서문을 받는
데에 지대한 도움을 준 엄명섭(嚴命涉, 1906~2003)은 근현대의 문인이
자 유학자이다. 본관은 영월, 자는 성솔(性率), 호는 경와(敬窩)이다.
전남 곡성군 고향마을에 전통서당 금산서사(金山書舍)를 열고 초학자
를 가르친 인물이다. 그는 유고 《경와사고(敬窩私稿)》와 《순산일기(舜
山日記)》를 남겼다. 이 《순산일기》에 최병심으로부터 서문을 받기까
지의 과정 및 월파집을 새로이 등서하는 경위가 기록되어 있는바,
해당부분만 적출하여 보인다.

> 1946년 10월 13일
> 심윤식이 류씨 어른(류홍제)이 부탁한 월파집를 다 등사하였다.
> 沈潤植, 謄畢柳仗【興齊】所託《月坡集》.

> 1947년 4월 24일
> "제가 류월파집 1권을 등사해 두었는데, 돌아보건대 그 자손이

심히 가난하여 미처 간행하여 반포하지 못했습니다. 그러나 선생의 서문을 받아 천하의 후세로 하여금 류팽로의 충의를 알게 하기를 원하옵니다."라고 하자, 선생이 말하기를, "이 또한 선을 좋아하는 실상일러라. 그리고 충의가 이와 같으니 내가 자네의 청에 대해 그대로 하고자 하나, 본손의 청이 없는 것을 어떻게 하겠는가?"라고 하였다.

問: "小子謄置柳月坡集一券, 顧其子孫甚貧, 未得刊布. 然願得先生一序, 使天下後世知其忠義也."先生曰: "此亦好善之實也. 且其忠義如是, 余於子之請也, 欲如之, 然奈無本孫之請何?"

1949년 10월 26일
또 류월파집의 서문을 선생에게 청하였다.
又請柳月坡集序于先生.

1950년 4월 30일
류씨 어른(류흥제)이 찾아와서 말하기를, "내가 근자에 금재(欽齋: 최병심의 호)를 찾아뵙고 이미 월파집의 서문을 부탁하였으니, 바라건대 자네가 한 번 찾아뵙고 오게나."라고 하였다.
柳丈【興齊】來訪曰: "吾近拜欽齋, 而已請《月坡集》序, 願君一往尋來."

1952년 1월 12일
선생이 류 노인(류흥제)의 안부를 묻고 나서 말하기를, "부탁받은 《월파집》의 서문을 내 쓰려할진대, 다만 생각하니 월파의 충의가

참으로 장한데도 이 문집이 아직 간행되어 반포되지 못한 것이야말
로 유감스러운 바이었네. 다행히 의로움을 즐기는 군자가 있어 힘껏
인쇄하여 반포한다면 세교에 보탬이 되지 않겠는가?"라고 하였다.

先生問柳老人【興齊】安否, 而曰: "所托《月坡集》序, 吾將着
筆, 第念月坡忠義, 眞是壯也, 而此集尙未刊布, 是所憾矣。幸
有樂義君子, 起而印播, 則其非世敎之補也哉?"

1953년 1월 21일

이전에 류 월파의 삼강 정려 현판문을 등서하였다. 대개《월파
집》속에 이 현판문이 실려 있지 않았으므로 선생의 명에 의해 싣
기 위해서였다.

往謄柳月坡三綱閭懸板文。蓋《月坡集》中不載此文, 故以有先
生命而入錄也.

1954년 3월 7일

이윤화(李允化: 李鳳奎)가 찾아왔는데 류월파 계모임 때문이었다.
李允化【鳳奎】來訪, 以柳月坡契事.

1954년 4월 26일

신석봉과 이씨 어른(이윤화)이 찾아왔는데, 월파의 유적을 보존
하는 계모임 때문이었다.

申石峰與李丈【允化】來訪, 以月坡遺蹟保存契事.

1955년 12월 27일

류씨 어른(柳興祿: 初名 柳卜洙)이 찾아와《월파집》등서하는 일을 부탁하였다.

柳丈【興祿】來托《月坡集》謄事.

1956년 6월 20일

류남영(1920~1988)이 찾아왔는데 그의 가승에 따른 수단 때문이었다.(柳南永來訪, 以其家乘修單事.) 이에 대해, '이보다 먼저 류흥제 어른이 자신의 가승(家乘)을 가지고 와서 수단을 청했다. 이때에 이르러 류남영이 자기의 가승을 또 가지고 왔는지라 서로 대조하여 검토해보니, 류남영의 선조 가운데 이름이 처동(處東)으로 곧 월파 동생인 팽직(彭直)의 현손인데 류흥제 어른이 이전에 가지고 왔던 가승과 서로 어긋났지만, 이처럼 잘못된 하나가 있는 것을 생각해 보았으나 류흥제 어른이나 류남영 모두 또한 사실 여부를 알지 못한다고 하였으므로 다만 이전부터 전해오던 승첩(乘牒)에 따라 써 주었다. 先是, 柳丈興齊, 奉其家乘, 來請修單 °至是, 又携來南永家乘, 照校, 則南永先祖諱處東, 卽月坡弟氏諱彭直玄孫也, 與柳丈前來家乘相違, 想此一有所誤, 然柳丈·南永, 皆亦未知其實否云, 故但依前來乘牒而寫給.)'라고 협주로 부연 설명하고 있다.

류흥제는 류흥록의 10촌 형이고, 류남영은 류팽로의 11세 방손으로 류흥제의 족질이다. 각기 가져온 가승에서 서로 어긋났다고 한 처동(處東)은 류팽로의 동생 류팽직으로부터 류업(柳業), 류시춘(柳時春), 류석룡(柳錫龍)을 거쳐 대를 이은 류팽직의 현손이다. 그에 관한 수단에서 어긋난 점이 있었지만, 해결의 기미가 없어 보이자 기존의 승첩을 따라서 써주었다고 한 것이다.

이를 통해, 월파집의 등서가 1946년도에 이루어졌고, 최병심의 서문은 1947년에 부탁한 것을 계기로 하여 1952년에서야 비로소 지어졌음을 알 수 있다. 따라서 최병심의 서문이 붙은 이본 계열은 적어도 1952년 이후에 이본이 나와야 하는데, 이러한 상황과 ㉮ 이본은 어긋나는 반면 ㉯ 이본은 부합되고 있다.

3. 류팽로 생년의 유전과 정정

子彭老
字亨叔號月坡 嘉靖甲子
二月廿四日生戊子文科
孝性出天勇略過人壬亂
與高霽峰倡義戰亡命旌
閭贈都承旨兩舘大提學
享詠歸書院原州金氏
配贈貞夫人原州金氏父
琛未及再期有下從旌閭人
謂忠烈雙成有碑誌

앞에서 살핀 바 있듯이, 1952년도에 지어진 최병심의 서문에서 류팽로가 1592년 전사 당시 29세였다고 기술되어 있다. 곧 1564년 출생이라는 것이다. 이는 소위 '갑인보'라고 일컬어지는 『문화류씨세보(文化柳氏世譜)』(1974)에도 똑같이 수록되어 있다. 곧, 왼쪽 이미지에서 보는 것처럼 가정(嘉靖) 갑자년(1564) 2월 24일생이라고 선명히 기록하였다. 그래서 1986년 보경출판사 간행본인 ㉰ 이본에서는 류팽로가 1579년 진사시에 합격했음에도 그 사실은 생략되고 무자년(1588) 문과 급제한 사실만 기록되어 있는 것을 확인할 수 있다. 이처럼 류팽로의 생년을 1564년으로 보아 기존 이본의 기록을 누락하거나 추가함으로써 변개하고 있다. 그것들을 정리하면 다음과 같다.

▌누락

4월 2일: 己卯中司馬兩試 □ 누락

기묘년인 1579년 생원시와 진사시에 다 합격한 사실인데, 생년이 1564이면 류팽로가 16살이 되어 양과에 합격했다고 하는 것이 꺼림칙하자 1986년 당시 월파집의 편집자들이 누락했던 것으로 짐작된다.

▌추가: 밑줄친 부분

5월 10일: 入見珍原守, 日已暮矣, 因出舘而宿。□ 入長城, 忽憶先君與金河西從遊, 而卽到麥洞。時諸公團會一堂, 有所議事, 見公欣迎, 問以儒家事, 公因言: "今日所議, 國事外有何言哉? 昔河西先生, 以先見之明, 預知此亂, 必有遺戒, 則願聞一言而行." 左右皆默然, 但固挽而已。公以事急, 固辭以出。【先君參判公之守珍原也, 與河西先生, 相居不遠, 結爲道義交。預見乙巳禍機, 退居玉果時, 先生適守玉果, 又相從遊。每見先生, 歎曰: "吾年踰四十, 而無育." 先生曰: "何患無子? 此地, 當出大人君子, 壽則爲一世宗儒, 殀則爲一國忠臣." 曰: "設或有子, 壽殀何可必也?" 曰: "國治則壽, 國亂則殀." 先生沒後, 果得貴子, 文章才德, 早名於世, 不幸遭亂死節。時年二十九, 則先生之言, 果驗於此矣。○ 參判公, 與河西先生從遊時, 往復書及唱酬詩, 俱載合江日記, 而多逸於兵燹, 但所傳者, 別河西·憶河西詩二篇, 故記此而觀之。詩曰:

"珍玉南州擅勝名, 我先君後得專城. 今行終作歸山計, 別意茫茫未盡情." 又曰: "不見河西十數年, 繼開斯道有誰傳. 分明記我曾行處, 麥洞山川在眼前." 歷路, 訪見奇錦江【孝諫】·邊望菴【以中】兩公, 曰: "吾方以募兵事過此, 而欲謀於長者, 願聞指揮." 兩公各有所答. 言迄, 拜辭而出.【錦江曰: "君旣爲先倡, 則吾必有後助矣. 當此主辱之日, 爲人臣者, 皆得死所, 豈在馬援後耶? 君其勉哉." ○ 望菴顧謂其子慶胤, 因語于公, 曰: "二人同心, 以義決事, 何所不成? 老夫, 以是勉之."】入見長城倅, 接數語國事而已, 日將暮矣, 卽出舘而宿。 장성(長城)에 들어서는데, 갑자기 선친(先親: 柳景顔)이 김하서(金河西: 金麟厚)와 종유한 것이 생각나서 즉각 맥동(麥洞)에 도착하였다. 때마침 여러 사람이 한 집에 단란하게 모여 의논할 일이 있었는데, 공(公: 류팽로)을 보고 흔쾌히 맞이하며 유가(儒家)가 해야 할 일을 물으니, 공(公)이 그에 관련하여 말하기를, "오늘날 의논할 바가 나랏일 외에 무슨 말을 할 수 있겠습니까? 예전의 하서 선생께서 선견지명으로 이러한 난리를 미리 아시고 필시 남기신 가르침이 있었을 것이니, 그 가르침의 한마디 말씀을 듣고 떠나렵니다."라고 하자, 좌우에 있던 사람들이 모두 아무런 말 없이 단지 떠나는 것을 굳게 만류하기만 할 뿐이었다. 공(公)은 일이 급하다면서 굳이 사양하고 떠났다.【협주: 선친인 참판공(參判公: 柳景顔)이 진원(珍原)의 고을수령이었을 때 하서 선생이 살던 곳과 멀지 않아서 도의지교(道義之交)를 맺었다. 그러다가 을사사화(乙巳士禍)의 기미를 예견하고 물러나 옥과(玉果)에 살고 있을 때, 선생이 마침 옥과 현감(玉果縣監)이어서 또 서로 종유(從遊)하였다. 선생을 만날 때마다 탄식하여 말하기를, "내가 나이 40이 넘었는데도 소생이 없소이다."라고 하자, 선생이 말하기를, "어찌 자식이 없음을 걱정하는 것이오? 이 땅은 마땅히 대인군자(大人君子)가 날 곳인데, 장수하면 한 시대를 대표하는 유학자[宗儒]가 될 것이고 요절하면 일국의 충신이 될 것이오."라고 하였으며, "설혹 아들이 있다한들 장수할지 요절할지를 어떻게 기약할 수 있단 말이오?"라고 하니, "나라가 다스려지면 장수할 것이고, 나라가 어지러우면 요절할 것이오."라고 하였다. 선생의 사후에 과연 귀한 아들을 얻었는데, 문장이며 재주와 덕행으로 일찍이 세상에 이름났으나 불행하게도 난리를 만나 죽어 절개를 지켰다. 이때 나이가 29살이었으니, 선생의 말은 과연 여기서 증명되었다. ○ 참판공(參判公: 柳景顔)이 하서 선생과 종유했을 때에 오갔던 서찰과 주고받았던 시들이 모두 합강일기(合江日記)에 실려 있었으나 전쟁의 참화에 대부분 잃어버리고 다만 전해지는 것은 〈별하서(別河西)〉·〈억하서(憶河西)〉라는 시 2편이므로 여기에 기록하여 보게 한다. 시에 이르기를, "진원과 옥과는 남도고을의 명승지이나니 / 내 앞서고 그대 뒤서서 고을수령이었어라. 이번 길에 끝내 고향으로 돌아갈 생각이니 / 작별의 뜻 아득하여 진정을 다 펴지 못하네.(珍玉南州擅勝名, 我先君後得專城. 今行終作歸山計, 別意茫茫未盡情.)"라고 하였으며, 또 이르기를, "하서를 보지 못한 지 십수 년이라 / 공자의 가르침 이어받아 누가 있어 전해주랴. 분명코 내 일찍 다녔던 곳을 기억하나니 / 맥동의 산천이 내 눈앞에 삼삼하도다.(不見河西十數年, 繼開斯道有誰傳. 分明記我曾行處, 麥洞山川在眼前.)"라고 하였다.】 지나는 길에 금강(錦江) 기효간(奇孝諫)·망암(望菴) 변이중(邊以中) 두 어른을 찾아뵙고 말하기를, "저는 바야흐로 의병을 모집하는 일로 이곳을 지나다가 어르신들과 상의드리고자 하니, 원컨대 지휘를 듣고자 합니다."라고 하자, 두 어른이 각기 대답해주었다. 말이 끝나자, 인사를 하고 길을 떠났다.【협주: 금강이 말하기를, "자네가 이미 앞장서서 의리를 주창하였으니, 나는 반드시 뒤에서 도울 것이네. 이처럼 주상이 욕을 당하고 있는 때에 신하된 자는 모두 죽을 곳을 찾아야 할진대, 어찌 마원(馬援)보다 뒤에 있겠는가? 자네는 힘쓸지어다."라고 하였다. ○ 망암이 그의 아들 변경윤(邊慶胤)을 돌아보며 이른 뒤, 이어 공(公: 류팽로)에게 말하기를, "두 사람이 마음을 함께하여 의(義)로써 일을 결단하면, 무슨 일인들 이루지 못하겠는가? 늙은이는 이러한 말로 권면한다네."라고 하였다. 장성 관아로 들어가 장성현감(長城縣監: 백수종인 듯)을 만나 나랏일에 관하여 몇 마디의 이야기를 주고받았을 따름인데, 날이 저물어서 즉시 객관(客館)으로 나와 묵었다.】

이제, 1986년도 출간된 이 이본을 제외한 현전하는 이본 가운데 그 어디에도 없었던 것이 위처럼 추가된 내용을 간추리면, 류팽로의 부친 류경안이 자식 없음을 한탄하자 하서(河西) 김인후(金麟厚, 1510~1560)가 한 시대를 대표하는 유학자나 일국의 충신이 태어날 것으로 예견한 인물이 바로 류팽로라는 것이다. 다시 말해, 1560년 이후에 태어났음을 말하는 사실을 추가한 것이다.

그러나 기묘년(1579) 진사시 합격자 명단인 사마방목과 무자년 (1588) 식년문과 급제자 명단인 국조방목을 보면, 적어도 1986년까지 류팽로의 생년으로 전해오던 1564년이 아님을 알 수 있다.

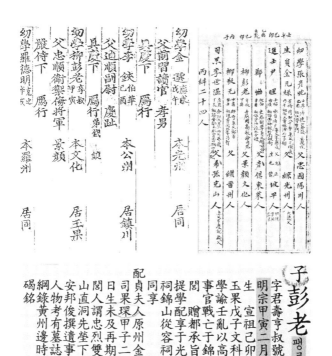

　두 방목 공히 분명하게 류팽로의 생년으로 갑인(甲寅)이 기록되어 있는바, 곧 1554년이다. 이에 따라, 소위 '무자보'라고 일컬어지는 『문화류씨세보(文化柳氏世譜)』(2008)에는 정정되어 있다. 곧, 위의 이미지에서 보는 것처럼 명종(明宗) 갑인년 2월 24일로 되어 있는바, 곧 1554년이다.

　이로써 1986년 보경출판사 간행본인 ㉔ 이본은 사실의 적확성에서 벗어났다고 할 수 있다. 그렇지만 그 당시까지 구비전승되어 오던 이야기들이 반영된 것이라면 류팽로 인물 전설의 전승적 의미는 되짚어 볼 필요가 있다 하겠다. 그리고 이 이본을 대본으로 삼아 번역한 것이 바로 ㉺ 이본으로 동일 계열이다.

4. 류팽로《임진창의일기》이본 계열의 정리

류팽로의 생년을 1564년으로 보아 앞서 살핀 것처럼 누락이나 새로이 추가한 부분이 있느냐의 여부에 따라 ㉮㉯㉰와 이를 대본으로 삼아 번역한 ㉱가 일군의 계열(①)이 되고, ㉲와 이를 대본으로 삼아 번역한 ㉳가 또 다른 일군의 계열(②)이 된다.

다만, 이본군 ①의 이본 사이에 최병심의 서문이 있느냐에 따라 계통을 달리하여 ㉯와 ㉰가 나뉠 수 있으나 그 텍스트는 전사하는 과정에서 생긴 몇 글자의 오기 및 출입만 있을 뿐이라서 동일 계통이라 해도 무방하다. ㉮는 비록 등서가 가장 먼저 이루어진 이본이나 최병심의 서문의 덧붙여진 것으로 보아서 ㉰ 이후 어느 시기에 제본된 것이라 하겠다.

그리고 이본군 ②의 이본 텍스트는 이본군 ①의 이본 텍스트를 많은 부분에서 첨삭이 행해지고 내용의 순서를 바꾸기도 하였다.

지금까지 살핀 것처럼 16세기 인물에 관한 사실적 적확성은 훼손되었을지라도 현대의 인물전설 전승의식을 살필 수 있는 점에서, 이 책은 ㉱를 대본으로 삼아 번역하고 주석하였다.

월파 류팽로
임진창의일기

선조 25년
임진년(1592)

● 4월

2일(신묘)

주상이 교서(教書: 서한)를 내렸는데, 그 교서에 이르기를, "열 집 밖에 살지 않는 작은 마을에도 한 사람의 올곧은 선비가 널리 알려질 수 있고 충신은 효자의 가문에서 찾으라 했으니, 나는 류팽로(柳彭老)의 맑은 절개가 국가의 먼 앞날을 염려하는 것임을 아노라."고 하였다. 곧바로 홍문관(弘文館) 박사(博士)로 부르는 어명을 받들어 이날 길을 떠났다.【협주: 지난 무자년(1588) 과거에 급제하여 그 다음해인 기축년(1589) 관례에 따라 홍문관 부정자(副正字)에 제수되었다. 이때 서애(西厓) 상공(相公) 류성룡(柳成龍)이 대제학(大提學)으로 있으면서 류천(柳川) 한준겸(韓浚謙), 우복(愚伏) 정경세(鄭經世), 공(公: 류팽로) 등 세 사람을 추천하여 호당(湖堂: 과거급제자의 학업 연마 서재)에 들도록 선발되어 이윽고 휴가가 내려졌다. 그러나 부친의 병환 소식을 듣고 즉시 상소를 올려 봉양할 수 있게 해주기를 청하여 고향에 돌아오자, 사람들이 모두 애석해 마지않았다. 그 다음해 지난 경인년(1590) 정월에 부친상을 당하여 장례를 지내고는 묘소 곁에 여막을 짓고 아침저녁으로 묘소를 돌보았는데, 비록 몹시 추운 때나 더위와 장마에도 반드시 거친 상복을 입고서 3년을 하루같이 하여 올해 3월에 3년상을 마쳤다. 도신(道臣: 관찰사)이 공(公: 류팽로)의 효행을 조정에 아룀으로써 이러한 어명이 있게 된 것이다.】

皇明萬曆二十年壬辰卽我宣祖大王二十五年

四月

初二日(辛卯)。

自上傳教, 有曰: "聞一士於十室之邑[1], 求忠臣於孝子之門[2], 予知柳彭老[3]之淸節, 其爲國家長遠慮矣." 卽以弘文博士, 承召[4], 是

---

1 十室之邑(십실지읍): 작은 마을을 일컫는 말. 《論語》〈公冶長篇〉의 "열 가구밖에 안 되는 작은 마을에도 나만큼 충신한 사람이 있겠지만 나만큼 학문을 좋아하는 사람은 없을 것이다.(十室之邑, 必有忠信, 如丘者焉, 不如丘之好學也.)"에서 나오는 말이다.

2 求忠臣於孝子之門(구충신어효자지문):《後漢書》권56 〈韋彪列傳〉에서 "나라는 어진이를 선발하는데에 힘쓰고 현명한 사람은 효행을 가장 중요하게 생각하는 것이니, 이 때문에 충신은 반드시 효자가 난 집안에서 찾아야 할 것입니다.(夫國以簡賢爲務, 賢以孝行爲首, 是以求忠臣必於孝子之門.)"라고 위표가 황제에게 건의한 글에서 나오는 말.

3 柳彭老(류팽로, 1554~1592): 본관은 文化, 자는 亨叔·君壽, 호는 月坡. 1579년 진사시에 합격하고, 1588년 식년문과에 을과로 급제하였으나 벼슬에 뜻을 두지 않고 옥과현에서 살았다. 1592년 임진왜란이 일어나자 梁大樸·安瑛 등과 함께 궐기하였으며, 피난민 500명과 家僮 100여명을 이끌고 담양에서 高敬命의 군사와 합세하였다. 여기에서 고경명이 의병대장으로 추대되었는데, 류팽로는 고경명 휘하의 從事가 되었다. 호남의병들은 처음에 勤王을 목적으로 북상하려 하였으나, 일본군이 全州를 침입하려 하자 錦山에서 적을 맞아 싸우게 되었다. 중과부적으로 탈출하였지만, 고경명이 아직도 적진 속에 있다는 말을 듣고

日發行。【越在◇⁵戊子登第，翌年己丑，例受弘文館副正字。時西崖柳相公成龍⁶爲大提學，以韓柳川浚謙⁷·鄭愚伏經世⁸及公三

다시 적진에 뛰어들어 구출하고는 끝내 자신은 전사하고 말았다.

4 承召(승소): 임금의 부름을 받음.

5 **己卯中司馬兩試: 누락.**

6 西崖柳相公成龍(서애류상공성룡): 柳成龍(1542~1607). 본관은 豊山, 자는 而見. 임진왜란이 일어나자 병조판서로서 도체찰사를 겸하여 軍務를 총괄하였다. 이어 영의정에 올라 왕을 扈從하여 평양에 이르러 나라를 그르쳤다는 반대파의 탄핵을 받고 면직되었다. 의주에 이르러 평안도 도체찰사가 되었고, 이듬해 명나라 장수 李如松과 함께 평양성을 수복한 뒤 충청도·경상도·전라도 3도의 도체찰사가 되어 파주까지 진격하였다. 이해 다시 영의정에 올라 4도의 도체찰사를 겸해 군사를 총지휘했으며, 이여송이 碧蹄館에서 대패해 西路로 퇴각하는 것을 극구 만류했으나 뜻을 이루지 못하였다. 1594년 훈련도감이 설치되자 提調가 되어 《紀效新書》(중국 명나라 장수 척계광이 왜구를 소탕하기 위하여 지은 병서)를 講解하였다. 또한 호서의 寺社位田을 훈련도감에 소속시켜 군량미를 보충하고 鳥嶺에 官屯田 설치를 요청하는 등 명나라 및 일본과 화의가 진행되는 동안에도 군비를 보완하기 위해 계속 노력하였다. 1598년 명나라 經略 丁應泰가 조선이 일본과 연합하여 명나라를 공격하려 한다고 본국에 무고한 사건이 일어나자, 사건의 진상을 알리러 가지 않는다는 북인들의 탄핵을 받아 삭탈관직되었다가 1600년 복관되었으나 다시 벼슬길에 나아가지 않고 은거하였다.

7 韓柳川浚謙(한류천준겸): 韓浚謙(1557~1627). 본관은 淸州, 자는 益之. 仁祖의 장인이다. 1586년 별시문과에 급제하여 검열·정자·주서·전적 등을 역임했다. 1589년 금천현감으로 재직하던 중 鄭汝立의 모반사건을 계기로 기축옥사가 일어나자, 이전에 정여립의 사위 이진길을 천거했다는 이유로 파직당하고 수개월 동안 옥살이를 했다. 1592년 다시 기용되어 예조정랑·원주목사를 지냈으며, 1595년 도체찰사 柳成龍의 종사관이 되었다. 1597년에는 동부승지로서 명나라 제독 麻貴를 도와 전란 수습에 힘썼다. 임진왜란이 끝난 후 우승지·경기도관찰사·경상도관찰사·사도체찰부사 등 지방관과 군직을 두루 역임하며 전후의 민생안정과 군무수습에 기여했다. 계축옥사 때 연루되어 파직과 유배를 겪었으나, 1623년 인조반정 후 그의 딸이 仁烈王后로 책봉되자 영돈녕부사가 되고 서원부원군에 봉해졌다. 1624년 李适의 난이 일어나 인조가 공주로 피난하자, 호위대

人, 薦入湖堂[9]之選, 旣及賜暇。而聞親憂之報, 卽上疏乞養, 歸鄕, 人皆嗟惜不已。越明年庚寅正月[10], 丁外艱[11]旣葬, 廬于墓側, 朝夕上塚, 雖祈寒[12]暑雨, 必衰麻[13]在身, 三年如一日, 是年三月終制[14]。道臣以公孝行, 啓聞于朝, 有是命.】

3일(임진)

初三日(壬辰)

4일(계사)

初四日(癸巳)

장이 되어 왕을 호종했다. 1627년 정묘호란 때는 세자를 따라 전주까지 갔다.

8 鄭愚伏經世(정우복경세): 鄭經世(1563~1633). 본관은 晉州, 자는 景任. 1596년 이조좌랑에 시강원문학을 겸했으며, 잠시 영남어사의 특명을 받아 禦倭鎭營의 각처를 순시하고 돌아와 홍문관교리에 경연시독관·춘추관기주관을 겸하였고, 이어서 이조정랑·시강원문학을 겸하였다. 이조정랑에 있을 때에는 인사 행정이 공정하여 賢邪를 엄선해서 임용·퇴출했으며, 특정인에게 경중을 둔 일이 없었다. 1598년 2월 승정원우승지, 3월에 승정원좌승지로 승진되었고, 4월에는 경상감사로 나갔다. 이때 영남 일대가 임진왜란의 여독으로 民力이 고갈되고 인심이 각박해진 것을 잘 다스려, 도민을 너그럽게 무마하면서 양곡을 적기에 잘 공급해 주고, 백성들의 풍습 교화에 힘써 도내가 점차로 안정을 찾게 되었다.

9 湖堂(호당): 讀書堂. 과거에 급제하여 벼슬길에 나선 젊고 유능한 문신들에게 학업을 닦게 하던 書齋.

10 正月: 추가.

11 丁外艱(정외간): 부친상을 당함. 丁憂의 대체어.

12 祈寒(기한): 매우 혹독한 추위.

13 衰麻(최마): 거친 베로 만든 상복.

14 終制(종제): 어버이의 3년상을 마침.

5일(갑오)

初五日(甲午)

6일(을미)

곧장 대궐로 들어가 임금에게 인사드리고 난 뒤에 홍문관으로 물러나 상소문을 지으니, 우선 천재시변(天災時變: 하늘의 재앙과 시국의 변화)을 글의 첫머리에 쓰고, 이어서 나라의 재정을 운영하여 병사를 양성해야 하는 것으로 글을 마무리하였는데, 말이 심히 사리에 합당하였다. 주상에게 올라감에 미쳐 비록 칭찬하는 내용의 비답(批答)이 내려졌지만 일은 거행되지 않았다.【협주: 공(公: 류팽로)은 남쪽지방에 근심거리가 생길 줄 알고서 미리 군사로 대비할 뜻을 세웠으나, 소인배들에게 미움을 받아 성균관 학유(成均館學諭)로 쫓겨났다. ○ 지난 무자년(1588) 왜사(倭使) 귤강광(橘康廣: 타치바나 야스히로)이 관백(關伯) 평수길(平秀吉: 豐臣秀吉, 도요토미 히데요시)의 서신을 가져와 바치면서 우호 관계를 맺자고 요구하였지만, 조정은 허락하지 않았다. 귤강광이 그대로 돌아가 평수길에게 보고하니, 평수길이 노하여 귤강광을 죽이고 멸족하였다. 기축년(1589)에 평수길은 또 평의지(平義智)를 보내와 공작(孔雀)을 바치며 반드시 우리나라 사신을 맞고자 하였다. 그리하여 경인년(1590)에 마침내 황윤길(黃允吉)·김성일(金誠一)을 사신으로 보내면서 평의지와 함께 가게 하였다. 신묘년(1591) 평수길이 평조신(平調信)·현소(玄蘇)를 또 황윤길과 함께 보내왔다. 우리 통신사 일행은 모두 적이 반드시 대거 쳐들어올 것이라 여겼으나 부사(副使) 김성일만이 임금의 면전에서 왜의 정세는 우려할 만한 것이 없다고 아뢰어, 이 때문에 조정은 김성일의 말을 믿고서 의심하지 않아 전쟁에 대한 대비를 모조리 파하였다. 공(公: 류팽로)의 말이 거행되지 않았다고 함은 바로 이것이다.】

初六日(乙未)

直[15]入闕, 謝恩後退舘[16], 卽製疏文, 先以天災時變起頭, 次以理財養兵結尾, 言甚剴切[17]。及上, 雖有優批[18], 而事則不行。【公知有南憂, 預設兵備之意, 慍于羣小, 黜補[19]成均館學諭。○ 越在戊子, 倭使橘康廣[20], 致關伯平秀吉[21]書, 要與通好, 朝庭不許。康廣歸報秀吉, 秀吉怒殺康廣滅族。己丑, 又使平義智[22]來

---

15 直: 是日.

16 後退舘: 退舘後.

17 剴切(개절): 사리에 합당함.

18 優批(우비): 신하가 올린 글에 대하여 임금이 좋은 말로 비답을 내리던 일.

19 黜補(출보): 벼슬아치를 쫓아내어 外職에 임명함.

20 橘康廣(귤강광): 타치바나 야스히로. 橘康光, 橘虜 등으로 표기되기도 한다. 豐臣秀吉의 명으로 日本國王使가 되어 1587년 조선으로 와서 일본 국내사정의 변화를 설명하고 통신사의 파견을 요청하였지만, 조선에서는 水路를 모른다는 핑계로 사신을 보내지 않았다. 그 후로 1588년 10월에도 왔으며, 1598년 6월에는 玄蘇가 오기도 하였다.

21 平秀吉(평수길): 豐臣秀吉(도요토미 히데요시). 오다 노부나가 사후 전국시대의 일본을 통일시키고 관백과 천하인의 지위에 올랐다. 전국시대를 평정한 그는 조선을 침공해 임진왜란을 일으켰으나 실패하였고, 정권의 지지 기반을 다지는 것에 실패해 자신의 사후에 정권이 무너지고 도쿠가와 이에야스에게 권력이 넘어가는 단초를 남긴 인물이기도 하다.

22 平義智(평의지): 平義知 소 요시토시. 일본 쓰시마 섬(對馬島) 島主. 1579년 형 소 요시준(宗義純)으로부터 도주 자리를 물려받았다.

獻孔雀, 必邀我使。庚寅, 遂差黃允吉[23]·金誠一[24], 與義智偕
行。辛卯, 令平調信[25]·玄蘇[26], 又偕允吉來。一行皆以爲賊必大
擧, 而副使金誠一獨筵奏[27]倭情無可憂者, 是以朝廷信之無疑, 悉
罷戎備[28]。公之言不行, 是也.】

---

23 黃允吉(황윤길, 1536~?): 본관은 長水, 자는 吉哉, 호는 友松堂. 1558년 사마
시에 합격하여 진사가 되고, 1561년 진사로서 식년문과에 병과로 급제하였다.
여러 벼슬을 거쳐 1583년 황주목사를 지내고, 이어 병조참판을 지냈다. 1590년
通信正使로 선임되어 부사 金誠一, 書狀官 許箴과 함께 수행원 등 200여명을
거느리고 대마도를 거쳐 오사카로 가서 일본의 關伯 豊臣秀吉 등을 만나보고
이듬해 봄에 환국하여, 국정을 자세히 보고하였다. 서인에 속한 그가 일본의 내
침을 예측하고 대비책을 강구하였으나, 동인에 속한 김성일이 도요토미의 인물
됨이 보잘것없고 군사준비가 있음을 보지 못하였다고 엇갈린 주장을 하여 일본
방비책에 통일을 가져오지 못하였다.

24 金誠一(김성일, 1538~1593): 본관은 義城, 자는 士純, 호는 鶴峯. 1564년 사마
시에 합격했으며, 1568년 증광 문과에 급제하였다. 1577년 사은사의 서장관으로
명나라에 가서 宗系辨誣를 위해 노력했다. 그 뒤 나주목사로 있을 때는 大谷書
院을 세워 김굉필·조광조·이황 등을 제향했다. 1590년 通信副使가 되어 正使
黃允吉과 함께 일본에 건너가 실정을 살피고 이듬해 돌아왔다. 이때 서인 황윤
길은 일본의 침략을 경고했으나, 동인인 그는 일본의 침략 우려가 없다고 보고하
여 당시의 동인정권은 그의 견해를 채택했다. 임진왜란이 일어나자, 잘못 보고
한 책임으로 처벌이 논의되었으나 동인인 柳成龍의 변호로 경상우도 招諭使에
임명되었다. 1593년 경상우도 관찰사 겸 순찰사를 역임하다 晉州에서 병으로
죽었다.

25 平調信(평조신): 다이라 시게노부. 柳川調信. 對馬島主 宗義智의 家臣. 豊臣
秀吉 때부터 德川幕府 초까지 아들 柳川智永·손자 柳川調興 삼대가 조선과
일본의 강화 회담 및 외교 사무를 담당하였다.

26 玄蘇(현소): 대마도에서 막부의 지시에 따라 외교 실무를 담당했던 인물. 임진왜
란을 거쳐, 에도(江戶)시대 초기 국교회복 때까지 조선의 고위 관료들과 수없이
접촉하였다.

27 筵奏(연주): 임금의 면전에서 時事 혹은 정책 등에 대한 의견을 아뢰는 것.

7일(병신)

오음(梧陰: 윤두수)과 월정(月汀: 윤근수) 형제의 두 상공(相公)을 댁
으로 찾아가서 만나 보았다.【협주: 두 상공은 어제 상소한 일에 대해
말하면서 칭찬해 마지않았다.】

또 월사(月沙) 이정구(李廷龜), 선원(仙源) 김상용(金尙容), 청음(淸
陰) 김상헌(金尙憲), 묵재(默齋) 이귀(李貴), 상촌(象村) 신흠(申欽) 등
여러 사람을 찾아가 시국이 어렵고 위태로움을 이야기하였으며, 이
날 밤에 김두암(金斗巖)의 집에서 묵었다.【협주: 두암의 이름은 응남
(應男)으로 곧 공(公: 류팽로)의 4촌 처남이다. 이때 참판이었는데,
난리가 일어나자 홍여순(洪汝淳)을 대신하여 병조판서가 되었고, 난
리가 평정된 후에는 호성공신(扈聖功臣)으로 책록되어 좌의정이 되
었다.】

初七日(丙申)

往見梧陰[29]·月汀[30]兩尹相公于其第[31]。【兩相公語昨日上疏事,

---

28 戎備(융비): 전쟁에 대한 대비.

29 梧陰(오음): 尹斗壽(1533~1601)의 호. 본관은 海平. 자는 子仰. 尹根壽의 형이
    다. 1592년 임진왜란이 발발하자 다시 기용되어, 어영대장·우의정을 거쳐 좌의
    정에 이르렀다. 이 해 평양 行在所에 임진강의 패배 소식이 전해지자, 명나라에
    구원을 요청하자는 주장에 반대하고 우리의 힘으로 최선의 노력을 다하자고 주
    장하였다.

30 月汀(월정): 尹根壽(1537~1616)의 호. 본관은 海平, 자는 子固. 金德秀·李滉의
    문인이다. 1558년 별시문과에 급제해 승문원 권지부정자에 임용된 뒤 승정원주서
    ·춘추관기사관·연천군수 등을 거쳐 1562년 홍문관부수찬이 되었다. 이때 기묘사
    화로 화를 당한 趙光祖의 伸冤을 청했다가 과천현감으로 체직되었다. 1565년
    홍문관부교리로 다시 기용된 뒤 이조좌랑·正郎 등을 차례로 지내고, 이듬해《명종

歎賞不已.]又訪李月沙³²【廷龜】·金仙源³³【尚容】·淸陰³⁴【尚憲】·

실록》 편찬에 참여하였다. 1572년 동부승지를 거쳐 대사성에 승진, 이듬해 奏請副使로 명나라에 가서 宗系辨誣(명나라 《태조실록》과 《대명회전》에 이성계의 가계가 고려의 권신 李仁任의 후손으로 잘못 기록된 것을 시정하도록 요청한 일)를 하였다. 그 뒤 경상도감사·부제학·개경유수·공조참판 등을 거쳐 1589년 聖節使로 명나라에 파견되었다. 이듬해 종계변무의 공으로 光國功臣 1등에 海平府院君으로 봉해졌다. 1591년 우찬성으로 鄭澈이 建儲(세자 책봉) 문제로 화를 입자, 그가 정철에게 당부했다는 대간의 탄핵으로 형 윤두수와 함께 삭탈관직 되었다. 임진왜란이 일어나자 예조판서로 다시 기용되었으며, 問安使·遠接使·주청사 등으로 여러 차례 명나라에 파견되었고, 국난 극복에 노력하였다. 그 뒤 판중추부사를 거쳐 좌찬성으로 판의금부사를 겸했고, 1604년 扈聖功臣 2등에 봉해졌다. 1608년 선조가 죽자 왕의 묘호를 祖로 할 것을 주장해 실현시켰다.

31　其第: 其本第.

32　月沙(월사): 李廷龜(1564~1635)의 호. 본관은 延安, 자는 聖徵, 호는 癡菴·保晚堂·秋崖·習靜. 1592년 임진왜란을 만나 왕의 行在所에 나아가 設書(세자에게 경전과 역사를 가르치는 정7품관)가 됐다. 1593년 명나라의 사신 宋應昌을 만나 《대학》을 강론해 그로부터 높은 평가를 받았다. 중국어에 능하여 御前通官으로 명나라 사신이나 지원군을 접대할 때에 조선 조정을 대표하며 중요한 외교적 활약을 했다. 1598년 명나라 병부주사 丁應泰가 임진왜란이 조선에서 왜병을 끌어들여 중국을 침범하려고 한다는 무고사건을 일으켰다. 이에 〈戊戌辨誣奏〉를 작성하여 陳奏副使로 명나라에 들어가 정응태의 주장이 아무런 근거가 없음을 밝혀 그를 파직시켰다. 1623년 예조판서가 되었다. 이듬해 李适의 난에 왕을 公州에 호종하고 1627년 정묘호란 때 병조판서로 왕을 호종, 강화에 피난하여 화의에 반대하였다. 1628년 우의정이 되고 이어 좌의정에 올랐다. 한문학의 대가로서 글씨에도 뛰어났고 申欽·張維·李植과 함께 조선 중기의 4대 문장가로 일컬어진다.

33　仙源(선원): 金尚容(1561~1637)의 호. 본관은 安東, 자는 景擇, 호는 楓溪·溪翁. 좌의정 金尚憲의 형이고, 좌의정 鄭惟吉의 외손이다. 임진왜란이 일어나자 江華 仙源村으로 피난했다가 兩湖體察使 鄭澈의 종사관이 되어 왜군 토벌과 명나라 군사 접대로 공을 세워 1598년 승지에 발탁되었다. 인조반정 후 判敦寧府事에 기용되었고, 이어 병조·예조·이조의 판서를 역임했으며, 정묘호란 때는 留都大將으로서 서울을 지켰다. 1636년 병자호란 때 廟社主를 받들고 빈궁과

李默齋³⁵【貴】·申象村³⁶【欽】諸賢, 語及時事艱危, 是夜宿于金斗

원손을 수행하여 강화도에 피난하였다가 성이 함락되자 성의 南門樓에 있던 화약에 불을 지르고 순절하였다.

34　淸陰(청음): 金尙憲(1570~1652)의 호. 본관은 安東, 자는 叔度, 호는 石室山人·西磵老人. 尹根壽에게 수학하였다. 인조반정 이후 조정에 나가 대사간·이조참의·도승지로 임명되었다. 1624년 이괄의 난이 일어난 직후 인조에게 상소를 올려 붕당을 타파하고 언로를 넓힐 것을 주장하는 상소를 올렸다. 반정 이후에도 강직한 성격으로 누차 시사를 비판하다가, 반정 주체들의 뜻에 거슬려 향리로 귀향하기도 하였다. 1627년 정묘호란이 일어났을 때 진주사로 명나라에 갔다가 구원병을 청하였고, 돌아와서는 後金과의 화의를 끊을 것과 姜弘立의 관직을 복구하지 말 것을 강력히 주장하였다. 인조가 자신의 부친을 왕으로 추존하려는 이른바 追崇論議가 일어나자 그에 강력히 반대하였고, 찬성한 반정공신 李貴와 의견 충돌을 빚어 다시 낙향하였다. 1633년부터 2년 동안은 5차례나 대사헌에 임명되었으나, 강직한 언론활동을 벌이다가 출사와 사직을 반복하였다. 예조판서로 있던 1636년 병자호란이 일어나자 남한산성으로 인조를 호종하여 先戰後和論을 강력히 주장하였다. 대세가 기울어 항복하는 쪽으로 굳어지자 崔鳴吉이 작성한 항복문서를 찢고 통곡하였다.

35　默齋(묵재): 李貴(1557~1633)의 호. 본관은 延安, 자는 玉汝. 1592년 임진왜란이 일어나자 의병을 일으키고, 평양으로 피난한 선조를 찾아가 방어대책을 올렸다. 이어 삼도소모관·삼도선유관으로 임명되어 군사·군량·군마 등의 모집과 수송을 맡았다. 특히 도체찰사 유성룡을 도와 모집한 군졸과 양곡을 개성으로 운반하여 한성을 탈환하는 데 크게 기여했다. 1626년 병조·이조의 판서에 올랐으나 같은 해 김장생과 함께 인헌왕후의 상을 만 2년으로 할 것을 주장하다가 대간의 탄핵을 받고 벼슬에서 물러났다.

36　象村(상촌): 申欽(1566~1628)의 호. 본관은 平山, 자는 敬叔, 호는 玄軒·玄翁·放翁. 1592년 임진왜란의 발발과 함께 동인의 배척으로 良才道察訪에 좌천되었으나 전란으로 부임하지 못하고, 三道巡邊使 申砬을 따라 조령전투에 참가하였다. 이어 都體察使 鄭澈의 종사관으로 활약했으며, 그 공로로 持平에 승진되었다. 1593년 이조좌랑에 체직, 당시 폭주하는 대명외교문서 제작의 필요와 함께 知製敎·승문원교감을 겸대하였다. 1594년 이조정랑으로서 역적 宋儒眞의 옥사를 다스리고 그 공로로 가자되면서 사복시첨정으로 승진했으며, 곧 執義에 超授되었다. 같은 해 광해군의 세자 책봉을 청하는 주청사 尹根壽의 서장관이

嚴家。【斗嚴, 名應男, 卽公之妻從男。時爲參判, 亂作, 代洪汝淳³⁷爲兵曹判書, 亂定, 後策扈聖功臣³⁸, 爲左議政³⁹.】

8일(정유)

또 상소하였으니, 글의 첫머리에는 신하들의 간언(諫言)을 받아들여야 하는 것으로 시작하여 끝에는 인재를 얻어야 하는 것으로 마무리를 하였는데, 그 가운데 무궁한 뜻을 함축한 것은 모두 군주를 사랑하고 나라를 걱정하며 백성을 편케 하고 병사를 길러야 한다는 일이었다. 나아와 홍문관에 이르자 월사(月沙: 이정구)가 말하기를, "장성(長城: 전남의 장성군)의 주부(主簿) 박상의(朴尙義)가 일찍이 나에게 '청의적(靑衣賊: 푸른 옷을 입은 적)이 반드시 동문(東門)으로

되어 명나라에 다녀와 그 공로로 군기시정에 제수되었다. 1595년 함경도어사와 의정부사인을 거쳐 掌樂院正을 비롯한 여러 벼슬을 차례로 역임하였다. 1599년 선조의 총애를 받아, 장남 申翊聖이 선조의 딸인 貞淑翁主의 부마로 간택되어 동부승지에 발탁되었다.

37 洪汝淳(홍여순, 1547~1609): 본관은 南陽, 자는 士信. 1592년 임진왜란이 일어나자 병조판서로서 선조를 호종, 북으로 피란 도중에 호조판서로 전임되었다. 평양에 이르러 난민들의 폭동으로 뼈가 부러지는 상처를 당하기도 하였다. 지중추부사로 北道巡察使를 겸하였으나, 성품이 간악하다는 대간의 탄핵을 받아 순천부에 유배되었다. 난이 끝난 뒤 南以恭·金藎國 등과 함께 柳成龍 등을 몰아내고 정권을 잡았다. 1599년 그의 대사헌 임명을 남이공이 반대하자 북인에서 다시 분당하여 대북이라 부르고, 李爾瞻 등과 함께 남이공 등의 소북과 당쟁을 벌이다가 1600년 병조판서에서 삭탈관직되었다.

38 扈聖功臣(호성공신): 임진왜란 때 宣祖를 의주까지 호종하는 데 공을 세운 사람에게 내린 훈호.

39 爲左議政: 進爲左議政.

쳐들어올 것이다.'라고 일렀는데, 이 말을 준신하면서 그대의 말을 들으니 세상의 일을 알 수 있겠소."라고 하였다.

初八日(丁酉)

又上疏, 始以納諫起, 而終以得人結之, 其中含蓄無窮之意, 皆愛君憂國安民養兵之事. 及出就于舘, 月沙來言[40]曰: "長城[41]朴主簿尙義[42], 嘗謂吾曰: '靑衣賊, 必入東門矣.' 信此言, 而聞君言, 則時事可知."

9일(무술)

또 월사(月沙: 이정구)가 공(公: 류팽로)을 찾아와 앉아서 이야기하는 사이에 해가 기울었다. 공이 한창 상소문을 짓다가 월사를 보고서 중단하였는데, 월사가 보기를 요청하여 짓다 만 상소문을 읽다가 남쪽도 북쪽도 참으로 우리나라가 근심해야 할 곳이라는 대목에 이르러 손뼉을 치며 감탄하기를, "남쪽의 근심이야 곧 눈 앞에서

---

40 言: 語.

41 長城(장성): 전라남도 북부에 위치한 고을.

42 朴主簿尙義(박주부상의): 主簿 朴尙義(1538~1621). 본관은 密陽, 자는 宜甫, 호는 栢友堂. 전라남도 장성군 黃龍面 阿谷里 普龍山 기슭 河南에서 태어났다. 才藝가 뛰어났고 고금의 易學과 諸子百家에 통달하였다. 象數學에 정통하였으며, 月沙 李廷龜에게 "푸른 옷을 입은 적[靑衣賊]이 東門으로부터 쳐들어올 것이다."라고 예언하였는데 곧이어 임진왜란이 일어났다. 1597년 명나라 장수인 楊鎬가 接伴使인 李德馨에게 그 예언을 한 사람을 만나보기를 청하였다. 양호는 박상의를 윗자리에 앉혀 후히 대접하고 자신의 幕下에 머무르게 하여 전투의 승패를 문의하였는데 박상의의 말이 틀림이 없었으므로 크게 상을 주었다.

일어날 일이라고 할 수 있으니 나도 또한 증험할 것이오. 그러나 북쪽의 근심은 과연 무엇을 말하는지 모르겠으니, 그대가 알고 있는 것을 말해 주오."라고 하였다. 공이 웃으며 말하기를, "40년 후의 일인데 어찌 족히 말할 수 있겠소."라고 하였다.

初九日(戊戌)

又月沙[43]訪公，坐語移日。公方草疏，見月沙而中掇，月沙要見，讀至南北固我國之所可憂，撫掌歎曰："南憂可謂目前事，我亦有驗矣。北憂果未知[44]，君以所知者[45]言之."公笑曰："四十年後事，何足言哉?"

10일(기해)

또 상소문이 세 번이나 주상에게 이르렀으나, 주상이 윤허하지 않았다. 이때 공을 미워하는 자가 논죄하기를 청하자, 우계(牛溪: 성혼)·월정(月汀: 윤근수)·송강(松江: 정철)·팔곡(八谷: 구사맹) 등 여러 선생이 극력 변호하여서 이로 인해 학유(學諭)로서 성균관(成均館)에 머물렀다.

날이 저물어서는 양오(養吾: 이지완)와 정오(靜吾: 이지정) 형제가 찾아와 만났는데, 정오가 《시전(詩傳: 詩經)》에 대한 가르침 받기를 청하여 시전을 읽다가 〈패풍(邶風)〉에서 북풍우설(北風雨雪)을 말하

43　又月沙: 月沙又.

44　果未知: 則果未知.

45　以所知者: 其以所知者.

여 국가의 위난이 장차 이르는 것으로 비유하는 대목에 이르자, 공
(公: 류팽로)이 한숨을 지으며 탄식하여 말하기를, "바로 지금과 같은
때를 이른 것이다."라고 하니, 양오가 곁에 있다가 묻기를, "그렇다
면 선생의 상소문 중에 남쪽의 근심이 급하다고 하였는데, 과연 어
느 때이오니까?"라고 하였다. 이에 공이 대답하기를, "생각건대 왜
적이 반드시 바다를 건너올 것이나, 어찌 기필할 수 있겠느냐?"라고
하였다. 곁에 있던 몇 사람들은 모두 잠자코 미소를 지을 뿐이었다.

初十日(己亥)

又上疏, 疏至三上, 上不允. 時有疾公者請論罪, 牛溪[46] · 月汀
· 松江[47] · 八谷[48]諸先生極救, 因以學諭留成均館. 及暮, 李養吾[49]

---

46 牛溪(우계): 成渾(1535~1598)의 호. 본관은 昌寧, 자는 浩原, 호는 默庵. 임진
왜란이 일어나자 아들 成文濬에게 국난에 즈음하여 罪斥之臣으로서 赴難할 수
없는 자신의 처신을 밝히고, 安峽·伊川·連川·朔寧 등지를 전전하면서 피난하
였다. 이후 세자가 이천에서 駐蹕하면서 불러들여 전 삭녕부사 金潰의 義兵軍
中에서 군무를 도왔다. 1594년 石潭精舍에서 서울로 들어와 備局堂上·좌참찬
에 있으면서 〈편의시무14조〉를 올렸다. 그러나 이 건의는 시행되지 못하였다.
이 무렵 명나라는 명군을 전면 철군시키면서 대왜 강화를 강력히 요구해와 그는
영의정 柳成龍과 함께 명나라의 요청에 따르자고 건의하였다. 그리고 또 許和緩
兵(군사적인 대치 상태를 풀어 강화함)을 건의한 李廷馣을 옹호하다가 선조의
미움을 받았다. 특히 왜적과 내통하며 강화를 주장한 邊蒙龍에게 왕은 비망기를
내렸는데, 여기에 有識人의 동조자가 있다고 지적하여 선조는 은근히 성혼을
암시하였다. 이에 그는 용산으로 나와 乞骸疏(나이가 많은 관원이 사직을 원하
는 소)를 올린 후, 그 길로 사직하고 연안의 角山에 우거하다가 1595년 2월 파산
의 고향으로 돌아왔다.

47 松江(송강): 鄭澈(1536~1593)의 호. 본관은 延日, 자는 季涵. 어려서 仁宗의
淑儀인 맏누이와 桂林君 李瑠의 부인이 된 둘째누이로 인하여 궁중에 출입하였
는데, 이때 어린 慶原大君(明宗)과 친숙해졌다. 1545년 을사사화에 계림군이

관련되자 부친이 유배당하여 配所를 따라다녔다. 1551년 특사되어 온 가족이 고향인 전라도 담양 昌平으로 이주하였고, 그곳에서 金允悌의 문하가 되어 星山 기슭의 松江가에서 10년 동안 수학하였다. 1561년 진사시에, 다음 해 별시문과에 각각 장원하여 典籍 등을 역임하였고, 1566년 함경도 암행어사를 지낸 뒤 李珥와 함께 賜暇讀書하였다. 1578년 掌樂院正에 기용되고, 곧 이어 승지에 올랐으나 珍島 군수 李銖의 뇌물사건으로 東人의 공격을 받아 사직하고 고향으로 돌아왔다. 1580년 강원도 관찰사로 등용되었고, 3년 동안 강원·전라·함경도 관찰사를 지냈다. 1589년 우의정에 발탁되어 鄭汝立의 모반사건을 다스리게 되자 西人의 영수로서 철저하게 동인 세력을 추방했고, 다음해 좌의정에 올랐으나 1591년 建儲문제를 제기하여 동인인 영의정 李山海와 함께 光海君의 책봉을 건의하기로 했다가 이산해의 계략에 빠져 혼자 광해군의 책봉을 건의했다. 이때 信城君을 책봉하려던 왕의 노여움을 사 파직되었고, 晉州로 유배되었다가 이어 江界로 移配되었다. 1592년 임진왜란 때 부름을 받아 왕을 의주까지 호종, 다음 해 謝恩使로 명나라에 다녀왔다. 얼마 후 동인들의 모함으로 사직하고 강화의 松亭村에 寓居하면서 만년을 보냈다.

48 八谷(팔곡): 具思孟(1531~1604)의 호. 본관은 綾城, 자는 景時. 仁獻王后의 아버지이다. 1592년 임진왜란이 일어나자 임금을 호종해 의주로 피난하고, 평양으로부터 왕자를 호종한 공으로 이조참판에 올랐다. 1594년 지중추부사, 이듬해 공조판서가 되었으며, 李夢鶴의 逆獄을 다스릴 때 鞫問에 참여하였다. 1597년 정유재란이 일어나자 왕자와 후궁을 시종해 성천에 피난했으며, 이어서 좌참찬·이조판서 등을 거쳐 좌찬성이 되었다. 그러나 1602년 맏아들인 具宬이 유배되자 곧 사직하였다. 선조 때 신진 사류들의 원로 사류에 대한 탄핵이 심해질 때 대부분의 사류들이 뜻을 굽혔으나, 끝내 신진을 따르지 않아 자주 탄핵을 받았다. 왕실과 인척이면서도 청렴결백하고 더욱 근신해 자제나 노복들이 함부로 행동하지 못하게 하였다.

49 養吾(양오): 李志完(1575~1617)의 字. 본관은 驪州, 호는 斗峯. 아버지는 찬성 李尙毅이며, 어머니는 尹晛의 딸이다. 1597년 정시문과에 급제하여 정언 등 여러 벼슬을 거쳐 세자시강원필선으로 왕세자에게 經史를 강의하였다. 1608년 문과중시에 급제하여 사가독서를 하였고, 광해군 초기에 승지·대사간을 지냈다. 1613년 동지의금부사로 계축옥사를 다스려 형조판서에 오르고, 이어 우참찬·知經筵事를 지냈다. 시문에 능하여 1606년 중국사신 朱之蕃이 왔을 때 李好閔·許筠 등과 접반하였다.

【志完】·靜吾[50]【志定】兄弟來見, 靜吾請受詩傳, 讀至邶風, 言北
風雨雪, 以比國家危難[51]將至, 公嗟歎曰: "正謂此時也." 養吾傍
問曰: "然則, 先生疏中, 南憂之急, 果何時?" 公曰: "意者, 倭必渡
海, 然何可必也?" 在傍數人, 皆嘿然含笑。

11일(경자)

승지(承旨) 서경(西坰) 류근(柳根)과 한림(翰林) 해고(海皐) 이광정
(李光庭) 두 사람이 밤을 틈타 왔다. 이때 공(公: 류팽로)은 홀로 있다
가 문밖까지 나가 맞이하여 인사하며 말하기를, "윗분들과 상의하
지도 않고 큰일을 일으켜 상황이 좋지 않아서, 이 때문에 문밖을
나가지 않습니다."라고 하자, 두 사람이 말하기를, "큰일을 도모하
려는 사람이 어떻게 여러 사람과 상의하는가? 우리는 군수(君壽: 류
팽로의 字)를 오늘날의 장유(長孺: 直諫을 잘한 汲黯의 字)라고 이른
네. 조정에 있는 사람들은 모두 따라갈 수가 없네."라고 하였다.

十一日(庚子)

西坰[52]柳承旨【根】·海皐[53]李翰林【光庭】, 兩公乘宵而來。時公

---

50 靜吾(정오): 李志定(1588~1650)의 字. 본관은 驪州, 호는 聽蟬. 李志完의 동
   생이다. 7고을의 수령을 역임하였고, 만년에 사위 李烓가 明나라 상선과 밀무역
   한 죄에 연좌되어 1642년 成川府使직에서 파직당한 뒤 충남 아산에 인접한 鷄頭
   里에 거처하며 아산에 유배 온 李敏求와 두터운 교분을 나누었다.

51 危難: 危亂.

52 西坰(서경): 柳根(1549~1627)의 호. 본관은 晉州, 자는 晦夫. 1591년 좌승지로
   서 建儲問題로 鄭澈이 화를 당할 때 일파로 몰려 탄핵을 받았으나, 文才를 아끼
   는 宣祖의 두둔으로 화를 면하였다. 1592년 임진왜란이 일어나자 의주로 임금을

獨居, 迎門拜謝, 曰: "不謀於長者, 擧事不幸, 是以不出門外." 二
公曰: "擧大事者, 何謀於衆? 吾謂君壽[54]卽今之長孺[55]. 在朝者,
皆莫能及."云.

12일(신축)

여러 날을 계속하여 몸이 편치 못하더니 이 지경에 이르도록 극
도에 달했다. 성균관(成均館)에서 사은동(四隱洞)의 앞에 있는 독서
당(讀書堂)으로 옮겼다.【협주: 사은동은 한성부(漢城府)의 밖에 있다.
공(公: 류팽로)의 증조부 서은공(西隱公)은 맏형 동은공(東隱公)·둘째
형 남은공(南隱公)·막내동생 북은공(北隱公)과 더불어 우애있게 지
낸 것으로 세상에 알려졌는데, 서당 하나를 마련하여 세우고 형제

호종했으며, 예조참의·좌승지를 거쳐 예조참판에 특진되었다. 1593년 도승지로
京城安撫使가 되어 민심을 수습하고, 이어 한성부판윤에 올라 사은부사로 명나
라에 다녀와 경기도관찰사가 되었다. 그리고 1597년 運餉檢察使로 명나라에서
들어오는 군량미의 수송을 담당하였다. 이 밖에도 임진왜란으로 인한 명나라와
의 관계에서 많은 일을 하였다.

53 海皐(해고): 李光庭(1552~1629)의 호. 본관은 延安, 자는 德輝. 1592년 임진왜
   란이 일어나자 의주에 선조를 모시고 가서 정언과 知製敎, 예조·병조의 좌랑을
   지냈다. 이듬해 환도 후 接伴使 李德馨을 도와 실무를 담당하였다. 1597년 정유
   재란 때 접반사로서 명나라의 부사였던 沈惟敬을 만나러 갔다. 명나라에서 돌아
   와 호조참판이 되어 軍餉(군수용 물품)을 정리하여 바로잡는 데 힘썼다. 공조참
   판을 거쳐, 1598년 접반사로서 명나라의 제독 麻貴를 따라 울산을 다녀왔다.
   왜적을 물리치는 데 공헌했다.

54 君壽(군수): 柳彭老의 字.

55 長孺(장유): 汲黯의 字. 중국 前漢 武帝 때의 諫臣이었으니, 성정이 엄격하고
   직간을 잘하여 무제로부터 '社稷의 신하'라는 말을 들었다.

가 같이 지내며 그 이름을 사은(四隱)이라 하였기 때문에 당시 사람들이 그 서당의 명칭을 가지고 동네 이름으로 일컬은 것이다. 공(公: 류팽로)은 일찍이 이곳에서 글을 읽었다.】

十二日(辛丑)

連日體不平, 至此極矣。自舘移于四隱洞前讀書堂。【洞在漢城府外。公之曾祖西隱公[56], 與伯兄東隱公[57]·仲兄南隱公[58]·季弟北隱公[59], 友愛聞世, 營立一堂, 兄弟同居, 名以四隱, 故時人因堂名而稱洞名。公嘗讀書于此.】

13일(임인)

판윤(判尹) 김복경(金復慶)【협주: 공(公: 류팽로)의 처남이다.】이 의원을 불러서 병세를 보이자고 청했지만, 공은 허락하지 않았다.

十三日(壬寅)

金判尹【復慶[60]卽公妻兄[61]】, 請邀醫見病, 公不許。

14일(계묘)

어제부터 오늘까지 같은 조정에 있던 제현(諸賢) 중에 병문안하는

---

56 西隱公(서은공): 柳季孫(?~1499). 서흥부사를 지냈다.

57 東隱公(동은공): 柳伯孫(생몰년 미상). 장흥부사를 지냈다.

58 南隱公(남은공): 柳仲孫(생몰년 미상). 판관을 지냈다.

59 北隱公(북은공): 柳末孫(생몰년 미상). 호군을 지냈다.

60 復慶(복경): 金復慶(생몰년 미상). 본관은 原州. 한성판윤을 지냈다.

61 妻兄: 妻男.

이가 많이 있었다.【협주: 편지로 묻기도 하고 직접 찾아와 묻기도 하였다.】 일송(一松) 심희수, 태천(苔泉) 민인백, 오리(梧里) 이원익, 북애(北崖) 이증, 성암(省菴) 김효원, 하곡(荷谷) 허봉, 남강(南岡) 한준【협주: 이들은 모두 공(公,: 류팽로)보다 나이가 배나 더 많다.】, 오봉(五峯) 이호민, 만취(晩翠) 오억령, 명곡(鳴谷) 이산보, 월담(月潭) 최황, 수죽(水竹) 정창연, 백당(栢堂) 최기【협주: 이들은 모두 나이 차가 10년 이상이다.】, 류천(柳川) 한준겸, 백사(白沙) 이항복, 한음(漢陰) 이덕형, 계은(溪隱) 이정립, 휴암(休菴) 김상준, 선원(仙源) 김상용, 우복(愚伏) 정경세, 치천(稚川) 윤방, 백사(白沙) 윤훤, 도계(陶溪) 윤흔【협주: 이들은 모두 공과 나이 차가 10년 사이이다.】, 춘주(春洲) 이상홍, 석루(石樓) 이경전, 상촌(象村) 신흠, 오창(梧牕) 박동량, 추탄(楸灘) 오윤겸, 정곡(鼎谷) 조존성, 학곡(鶴谷) 홍서봉, 죽창(竹牕) 이시직, 동악(東岳) 이안눌, 군산(羣山) 구굉【협주: 이들은 모두 나이가 공보다 10년 사이의 아래이다. 이때 공을 미워하는 자들이 사사로이 언급하며 말하기를, "류 아무개가 어떤 사람이길래 우르르 분주하게 병문안하는 사람이 많은지 알지 못하겠다."라고 하였다.】

十四日(癸卯)

自昨至今, 同朝諸賢, 多有問疾【或書問, 或躬問】。沈一松[62]

---

62 一松(일송): 沈喜壽(1548~1622)의 호. 본관은 靑松, 자는 伯懼, 호는 水雷累人. 1589년 獻納으로 있을 때 鄭汝立의 옥사가 확대되는 것을 막으려 했으나, 조정과 뜻이 맞지 않아 한때 사임했다. 이듬해 副應敎가 되었다. 1591년에는 응교로서 宣慰使가 되어 동래에서 일본사신을 맞았으며, 이어 간관이 되어 여러 차례 직언을 하다 선조의 비위에 거슬려 司成으로 전직되었다. 1592년 임진왜란

【喜壽】, 閔苔泉[63]【仁伯】, 李梧里[64]【元翼】, 李北崖[65]【增】, 金省菴[66]

때는 의주로 선조를 호종하여 도승지로 승진하고, 대사헌이 되었다. 때마침 명나라 詔使가 오자 다시 도승지가 되어 응접했는데, 이는 중국어를 잘했기 때문이다. 이해 겨울 형조판서를 거쳐 호조판서가 되어 명나라 經略 宋應昌의 접반사로서 오래도록 西道에 있었으며, 송응창을 설득하여 관서의 飢民救濟에 진력하였다.

63 苔泉(태천): 閔仁伯(1552~1626)의 호. 본관은 驪興, 자는 伯春. 진안현감으로 재임 중 1589년 기축옥사 때 鄭汝立이 縣界로 들어오자 군사를 동원하여 정여립의 아들 鄭玉男을 잡아들였다. 이 공으로 예조참의에 승진되고 平難功臣 2등에 책록되었다. 장례원판결사·충주목사 등을 지내고, 1592년 임진왜란 때 황주목사로서 임진강을 지키다가 大駕를 따라 行在所에 이르렀다. 聖節使로 명나라에 다녀왔다.

64 梧里(오리): 李元翼(1547~1634)의 호. 본관은 全州, 자는 公勵. 1592년 임진왜란이 발발하자 이조판서로서 평안도도순찰사의 직무를 띠고 먼저 평안도로 향했고, 宣祖도 평양으로 파천했으나 평양마저 위태롭자 영변으로 옮겼다. 이 때 평양 수비군이 겨우 3,000여 명으로서, 당시 총사령관 金命元의 군통솔이 잘 안되고 군기가 문란함을 보고, 먼저 당하에 내려가 김명원을 元帥의 예로 대해 군의 질서를 확립하였다. 평양이 함락되자 정주로 가서 군졸을 모집하고, 관찰사 겸 순찰사가 되어 왜병 토벌에 전공을 세웠다. 1593년 정월 李如松과 합세해 평양을 탈환한 공로로 崇政大夫에 가자되었고, 선조가 환도한 뒤에도 평양에 남아서 군병을 관리하였다. 1595년 우의정 겸 4도체찰사로 임명되었으나, 주로 영남체찰사영에서 일하였다. 이때 명나라의 丁應泰가 經理 楊鎬를 중상모략한 사건이 발생해 조정에서 명나라에 보낼 陳奏辨誣使를 인선하자, 당시 영의정 유성룡에게 "내 비록 노쇠했으나 아직도 갈 수는 있다. 다만 학식이나 언변은 기대하지 말라." 하고 자원하였다. 그러나 정응태의 방해로 소임을 완수하지 못하고 귀국하였다.

65 北崖(북애): 李增(1525~1600)의 호. 본관은 韓山, 자는 可謙. 1589년 대관의 장으로 鄭汝立獄事 국문에 참여하는 공을 세워, 이듬해 平難功臣 3등에 책록되고 鵝川君에 봉해졌다. 이해 聖節使로 중국에 다녀왔다. 1591년 형조판서에 제수되었으며, 뒤에 正憲大夫가 되어 형조·예조·공조의 판서, 좌·우참찬을 역임하였다. 임진왜란 후에는 국가의 기강을 바로잡는 데 헌신하였다.

66 省菴(성암): 金孝元(1542~1590)의 호. 본관은 善山, 자는 仁伯. 1565년에 문과

【孝元】, 許荷谷⁶⁷【篈】, 韓南岡⁶⁸【準】 ○【右皆於公年長以倍也⁶⁹.】.
李五峯⁷⁰【好閔】, 吳晩翠⁷¹【億齡】, 李鳴谷⁷²【山甫】, 崔月潭⁷³【滉】,

에 장원하고 정언, 지평을 거쳐 이조참의에 이르렀다. 신진 사림파인 東人의
중심인물로, 기성 사림파인 西人 심의겸과 대립해 당쟁의 근원이 되었다. **원문
에는 착종되어 있다.**

67 荷谷(하곡): 許篈(1551~1588)의 호. 본관은 陽川, 자는 美叔. 金孝元 등과 동
인의 선봉이 되어 서인들과 대립했다. 1584년 병조판서 李珥의 직무상 과실을
들어 탄핵하다가 종성에 유배됐고, 이듬해 풀려났으나 정치에 뜻을 버리고 방랑
생활을 했다. 1588년 38세의 젊은 나이로 금강산 밑 김화연 생창역에서 죽었다.
원문에는 착종되어 있다.

68 南岡(남강): 韓準(1542~1601)의 호. 본관은 淸州, 자는 公則. 1589년 안악군수
李軸, 재령군수 韓應寅 등이 연명으로 鄭汝立의 모역사건을 알리는 告變書를
조정에 비밀장계로 올렸다. 그 공으로 1590년 平難功臣 2등이 되고 좌참찬에
올라 淸川君에 봉하여졌다. 1592년 임진왜란 때 호조판서로 順和君을 호종, 강
원도로 피난하였고, 이듬해 한성부판윤에 전임되었으며, 進賀兼奏聞使로 다시
명나라에 다녀와 이조판서가 되고, 1595년 謝恩兼奏請使로 또다시 명나라에
다녀왔다.

69 **이 협주의 내용에 부합하는 인물은 북애 이증만 해당하며, 김효원과 허봉은 이미
1592년 이전에 사망한 인물임.**

70 五峯(오봉): 李好閔(1553~1634)의 호. 본관은 延安, 자는 孝彦, 호는 南郭·睡
窩. 1592년 임진왜란 때에는 이조좌랑에 있으면서 왕을 의주까지 호종했다. 임
진왜란 중에는 遼陽으로 가서 명나라에 지원을 요청해 명나라의 군대를 끌어들
이는 데에 크게 공헌했다. 그 뒤에는 上護軍·行司直을 거쳤으며 1595년에는
부제학으로 명나라에 보내는 외교문서를 전담했다. 1599년에 동지중추부사가
되어 謝恩使로서 명나라에 다녀왔다.

71 晩翠(만취): 吳億齡(1552~1618)의 호. 본관은 同福, 자는 大年. 1591년 陳奏使
質正官이 되어 명나라에 갔다가, 이듬해 귀국하는 도중에 임진왜란이 일어나
개성에서 선조를 扈從하였다. 의주에서 直提學에 임명되고, 그 뒤 이조참의 우
부승지가 되고 대사성을 거쳤다. 接伴使 尹根壽 밑에서 명나라 經略 宋應昌과
만나, 전쟁의 여파로 발생하는 양국간의 마찰을 해결하는 데 진력하였다. 1593
년 환도한 뒤 대사간·도승지·대사헌·이조참판을 두루 역임했다.

鄭水竹[74]【昌衍】,　　崔栢堂[75]【沂】○【右皆於公十年以上也[76].】韓柳
川[77]【浚謙】, 李白沙[78]【恒福】, 李漢陰[79]【德馨】, 李溪隱[80]【廷立】, 金

72　鳴谷(명곡): 李山甫(1539~1594)의 호. 본관은 韓山, 자는 仲擧. 1589년 鄭汝立
　　의 모반사건인 기축옥사가 일어나자 대사간의 자리에서 난국을 수습하고, 이듬
　　해 聖節使로 명나라에 다녀온 후 다시 대사헌이 되었다. 1591년 황해도관찰사로
　　있다가 建儲問題(왕세자의 책봉 문제)로 정철 등 서인이 화를 당하자 이에 연루,
　　곧 파직되어 고향인 보령에 내려가 독서로 시간을 보냈다. 이듬해 임진왜란이
　　일어나자 선조를 扈從했고, 대사간·이조참판·이조판서 등을 역임하였다. 명나
　　라 군대가 遼陽에 머물면서 진군하지 않자 명나라 장군 李如松을 설득해 명군을
　　조선으로 들어오게 하는 데 큰공을 세웠다. 이어 군량을 조달하기 위해 북도와
　　삼남 지방의 都檢察使로 나가, 지난날의 선정에 감복한 도민들의 적극 협조로
　　무사히 해결하였다. 1594년 대기근이 들자 동궁의 명을 받고 밤낮으로 구휼에
　　힘쓰다가 병을 얻어 죽었다.

73　月潭(월담): 崔滉(1529~1603)의 호. 본관은 海州, 자는 彦明. 1592년 임진왜란
　　때에는 평양까지 선조를 호종하였으며, 왕비와 세자빈을 陪從, 희천에 피난하였
　　고, 이듬해 檢察使가 되어 왕과 함께 환도하여 좌찬성·世子貳師로 지경연사를
　　겸하였다.

74　水竹(수죽): 鄭昌衍(1552~1636)의 호. 본관은 東萊, 자는 景眞. 척신가문으로
　　북인과 가까워 임진왜란 이후부터 북인정권에 참여했다. 1609년 이조판서가 되
　　었는데 추천과정에서 왕비 유씨의 외척이라 하여 비판의 대상이 되었고, 鄭仁
　　弘·李爾瞻 등의 대북을 지지했다.

75　栢堂(백당): 崔沂(1553~1616)의 호. 본관은 海州, 자는 淸源, 호는 西村·雙栢
　　堂. 1592년 임진왜란이 일어났을 때 일부 명나라 원군들이 약탈을 자행하자 그
　　는 창고의 곡식을 다른 곳으로 은닉시켜 백성들을 보호하는 등 일을 상황에 맞게
　　임기응변적으로 잘 처리하여 선조로부터 신임을 받았다. 그는 또한 達川橋의
　　木橋를 石橋로 대체하여 민폐를 덜어주었으며, 수로를 개통하여 논을 만들어서
　　벼농사를 짓게도 하였다.

76　**이 협주의 내용에 부합하는 인물은 이산보와 최황임.**

77　柳川(류천): 韓浚謙(1557~1627)의 호. 본관은 淸州, 자는 益之. 1589년 衿川縣
　　監이 되었다. 마침 선조가 그에게 노모가 있음을 알고 賜暇讀書(문흥을 일으키
　　기 위해 유능한 젊은 관료들에게 휴가를 주어 독서에만 전념케 하던 제도)하게

하였다. 그해 겨울 鄭汝立의 모반사건이 발각되자, 정여립의 생질인 李震吉을 천거한 일로 연좌되어 투옥되었다. 그 뒤 수 개월 만에 풀려나 원주로 이사하였다. 1592년 다시 기용되어 예조정랑을 거쳐, 강원도도사·사서 등을 역임하였다. 그리고 원주목사가 되어 거처 없이 돌아다니는 백성들을 구제하는 데 힘썼다. 1595년 지평·필선·정언·교리 등을 역임하고, 도체찰사 柳成龍의 從事官이 되었다. 1597년 좌부승지에 올라 명나라 도독 麻貴를 도와 마초와 함께 병량의 보급에 힘썼다. 1598년 임진왜란이 끝나자 우승지·경기감사·대사성 등을 거쳐, 다음해 경상도관찰사가 되었으나 鄭仁弘과의 알력으로 파직되었다.

78 白沙(백사): 李恒福(1556~1618)의 호. 본관은 慶州, 자는 子常, 호는 弼雲·東岡. 1592년 임진왜란이 일어나자 왕비를 개성까지 무사히 호위하고, 또 왕자를 평양으로, 선조를 의주까지 호종하였다. 그 동안 이조참판으로 오성군에 봉해졌고, 이어 형조판서로 오위도총부도총관을 겸하였다. 이 동안 이덕형과 함께 명나라에 원병을 청할 것을 건의했고 尹承勳을 해로로 호남지방에 보내 근왕병을 일으켰다. 선조가 의주에 머무르면서 명나라에 구원병을 요청하자, 명나라에서는 조선이 왜병을 끌어들여 명나라를 침공하려 한다며 병부상서 石星이 黃應을 조사차 보냈다. 이에 그가 일본이 보내온 문서를 내보여 의혹이 풀려 마침내 구원병이 파견되었다. 그리하여 만주 주둔군 祖承訓·史儒의 3,000 병력이 왔으나 패전하자, 다시 중국에 사신을 보내 대병력으로 구원해줄 것을 청하자고 건의하였다. 그리하여 李如松의 대병력이 들어와 평양을 탈환하고, 이어 서울을 탈환, 환도하였다. 다음 해 선조가 세자를 남쪽에 보내 分朝를 설치해 경상도와 전라도의 군무를 맡아보게 했을 때 大司馬로서 세자를 받들어 보필하였다. 1594년 봄 전라도에서 宋儒眞의 반란이 일어나자 여러 관료들이 세자와 함께 환도를 주장하였다. 그러나 그는 반란군 진압에 도움이 되지 못한다고 상소해 이를 중단시키고 반란을 곧 진압하였다.

79 漢陰(한음): 李德馨(1561~1613)의 호. 본관은 廣州, 자는 明甫, 호는 雙松·抱雍散人. 1592년 임진왜란 때 북상중인 왜장 고니시[小西行長]가 충주에서 만날 것을 요청하자, 이를 받아들여 單騎로 적진으로 향했으나 목적을 이루지 못하였다. 왕이 평양에 당도했을 때 왜적이 벌써 대동강에 이르러 화의를 요청하자, 단독으로 겐소와 회담하고 대의로써 그들의 침략을 공박했다 한다. 그 뒤 정주까지 왕을 호종했고, 請援使로 명나라에 파견되어 파병을 성취시켰다. 돌아와 대사헌이 되어 명군을 맞이했으며, 이어 한성판윤으로 명장 李如松의 接伴官이 되어 전란 중 줄곧 같이 행동하였다. 1593년 병조판서, 이듬해 이조판서로 훈련

休菴⁸¹【尙寯】, 金仙源⁸²【尙容】, 鄭愚伏⁸³【經世】, 尹稚川⁸⁴【昉】, 尹

도감당상을 겸하였다. 1595년 경기·황해·평안·함경 4도체찰부사가 되었으며, 1597년 정유재란이 일어나자 명나라 어사 楊鎬를 설복해 서울의 방어를 강화하였다. 그리고 스스로 명군과 울산까지 동행, 그들을 慰撫하였다. 그해 우의정에 승진하고 이어 좌의정에 올라 훈련도감도제조를 겸하였다. 이어 명나라 제독 劉綎과 함께 순천에 이르러 통제사 李舜臣과 함께 적장 고니시의 군사를 대파하였다.

80 溪隱(계은): 李廷立(1556~1595)의 호. 본관은 廣州, 자는 子政. 1592년 임진왜란 때에는 예조참의로 왕을 호종하였다. 왕의 행차가 金郊驛에 이르렀을 때 종묘와 사직의 位版(신위 또는 위패)이 지금 개성에 남아 있다고 아뢰니, 선조가 크게 놀라면서 즉시 모셔 오라 하였다. 급히 개성으로 달려가, 사람들이 모두 "이미 적장이 와 있으니 죽음이 있을 뿐이다."고 말렸으나, 죽음을 무릅쓰고 성에 들어가 종묘사직의 위판을 평양으로 모셔갔다. 이어 병조참판이 되었다가 1593년 부친상을 당해 한 때 관직을 떠났다. 1594년에 한성부좌윤·황해도관찰사를 역임, 廣林君에 봉해졌다.

81 休菴(휴암): 金尙寯(1561~1635)의 호. 본관은 安東, 자는 汝秀. 1595년 강원도 어사로 파견되었다가 임무를 충실히 수행하지 않았다는 이유로 체직되었다. 1597년에 영광군수, 다음해 湖南調度使를 지냈다.

82 仙源(선원): 金尙容(1561~1637)의 호. 본관은 安東, 자는 景擇, 호는 楓溪·溪翁. 1592년 임진왜란이 일어나자 江華仙源村으로 피난했다가 兩湖體察使 鄭澈의 종사관이 되어 왜군 토벌과 명나라 군사 접대로 공을 세워 1598년 승지에 발탁되었다.

83 愚伏(우복): 鄭經世(1563~1633)의 호. 본관은 晉州, 자는 景任. 1592년 임진왜란 때에는 의병장으로 공을 세웠고, 정언·교리·정랑·사간 등을 지냈다. 1598년 경상감사로 재임할 때 임진왜란 이후 피폐한 도민들에게 양곡을 적시에 잘 공급해주었고, 풍속 교화에 힘썼다.

84 稚川(치천): 尹昉(1563~1640)의 호. 본관은 海平, 자는 可晦. 1592년 임진왜란이 일어나 아버지가 재상으로 다시 기용되자, 예조정랑으로 발탁되어 선조를 호종하였다. 이어 병조정랑을 거쳐 특명으로 곧 起復해 홍문관수찬 등 淸要職을 두루 지냈다. 그 뒤 이조좌랑을 거쳐 홍문관응교에 올랐으며, 당시 왜적의 만행이 극심한 중에도 몰래 숨어서 어머니 빈소에 다녀오는 효성을 보였다.

白沙[85]【暄】, 尹陶溪[86]【昕】○【右皆長於公十年間[87]◇[88].】李春洲[89]【尚弘】, 李石樓[90]【慶全】, 申象村[91]【欽】, 朴梧膠[92]【東亮】, 吳楸灘[93]【允

85　白沙(백사): 尹暄(1573~1627)의 호. 본관은 海平, 자는 次野. 尹昉의 동생이다. 1590년 진사시에 장원으로 합격하고, 1597년 庭試文科에 합격하여 사관이 되었다. 1599년 호조좌랑을 거쳐 1605년 동래부사를 역임하였다.

86　陶溪(도계): 尹昕(1564~1638)의 호. 본관은 海平, 초명은 尹暘, 자는 時晦, 호는 晴江. 尹昉의 동생이다. 1595년 별시문과에 급제하여 승문원정자가 되었다. 할아버지의 공으로 成均館典籍으로 특진하였으며, 내외의 관직을 역임하여 우승지에 이르렀다. 1613년 계축옥사가 일어났을 때 첩의 남동생인 徐羊甲에게 연루되어 파직당하였다.

87　이 협주의 내용에 부합하지 않는 인물은 윤훤임.

88　也: 누락.

89　春洲(춘주): 李尙弘(1559~1596)의 호. 본관은 驪州, 자는 而重. 李山海의 사위이며, 李德馨의 동서이다. 1592년 임진왜란이 일어나 선조 일행이 평양으로 行幸(임금의 행차)하고자 할 때, 그 길을 안내하여 新泉에서 慈悲嶺을 넘는 길이 자연지세로서 좋다고 하였다. 그 뒤 선조가 의주로 파천하자 寧邊에서 東이 머물고 있는 이천으로 돌아왔다. 1591년에 이조좌랑으로서 처남인 李慶全 등과 함께 讀書에 선발되어 賜暇讀書를 하였다.

90　石樓(석루): 李慶全(1567~1644)의 호. 본관은 韓山, 자는 仲集. 李山海의 아들이다. 1590년 증광문과에급제하여, 이듬해 賜暇讀書를 하였다. 1596년 예조좌랑·병조좌랑을 지내고, 1608년 鄭仁弘 등과 함께 永昌大君의 옹립을 꾀하는 소북 柳永慶을 탄핵하다가 강계에 귀양갔다.

91　象村(상촌): 申欽(1566~1628)의 호. 본관은 平山, 자는 敬叔, 호는 玄軒·玄翁·放翁. 1592년 임진왜란의 발발과 함께 동인의 배척으로 良才道察訪에 좌천되었으나 전란으로 부임하지 못하고, 三道巡邊使 申砬을 따라 조령전투에 참가하였다. 이어 都體察使 鄭澈의 종사관으로 활약했으며, 그 공로로 持平에 승진되었다. 1593년 이조좌랑에 체직, 당시 폭주하는 대명외교문서 제작의 필요와 함께 知製敎·승문원교감을 겸대하였다. 1594년 이조정랑으로서 역적 宋儒眞의 옥사를 다스리고 그 공로로 가자되면서 사복시첨정으로 승진했으며, 곧 執義에 超授(뛰어넘어 제수됨)되었다. 같은해 광해군의 세자 책봉을 청하는 주청사 尹根壽의 書狀官이 되어 명나라에 다녀와 그 공로로 군기시정에 제수되었다.

謙], 趙鼎谷[94]【存性], 洪鶴谷[95]【瑞鳳], 李竹窓[96]【時稷], 李東岳[97]

1595년 함경도어사와 의정부사인을 거쳐 掌樂院正·成均館詞藝·종부시정·世子侍講院弼善 등을 차례로 역임하였다. 1599년 선조의 총애를 받아, 장남 申翊聖이 선조의 딸인 貞淑翁主의 부마로 간택되어 동부승지에 발탁되었다.

92 梧牕(오총): 朴東亮(1569~1635)의 호. 본관은 潘南, 자는 子龍, 호는 寄齋·鳳洲. 1592년 임진왜란 때 병조좌랑으로 왕을 의주로 扈從하였다. 중국어에 능통해 의주에 주재하는 동안 왕이 중국의 관원이나 장수들을 만날 때는 반드시 곁에서 시중해 對中外交에 이바지했으며, 왕의 신임도 두터웠다. 이듬해 동부승지·좌승지를 거쳐 다시 도승지에 이르렀다. 1596년 이조참판으로 冬至使가 되어 명나라에 다녀오고, 이듬해 정유재란 때는 왕비와 후궁 일행을 호위해 황해도 遂安에 진주, 민폐를 제거하고 주민들의 생활을 살폈다. 이어 연안부사·경기도관찰사·강원도관찰사 등을 역임하면서도 전란 뒤의 민생 회복에 힘을 기울였다.

93 楸灘(추탄): 吳允謙(1559~1636)의 호. 본관은 海州, 자는 汝益, 호는 土塘. 1592년 임진왜란이 일어나자 兩湖體察使 鄭澈의 종사관으로 발탁되었으며, 侍直을 거쳐 평강현감으로 5년간 봉직하면서 1597년 별시 문과에 병과로 급제하였다.

94 鼎谷(정곡): 趙存性(1554~1628)의 호. 본관은 楊州, 자는 守初, 호는 龍湖. 1592년 임진왜란이 일어나자 고향에 있다가 이듬해의주의 行在所에 가서 다시 대교에 복직되고, 이어 전적에 승진되었다. 예조좌랑·정언을 역임할 때 남방의 왜구들을 회유하려 했으나 죄없는 백성들만 괴롭힌 격이 되어 그들에 대한 회유 정책을 철회하고 힘으로 물리칠 것을 강변, 이를 성사시켰다. 이듬해에는 사신으로 명나라에 가서 병부상서 石星에게 우리 나라에서 명군을 철수하려는 것을 중지시키고, 또 哨黃(화약연료) 수만 근을 가지고 와 그 공으로 직강에 승진되었다.

95 鶴谷(학곡): 洪瑞鳳(1572~1645)의 호. 본관은 南陽, 자는 輝世. 1590년 진사가 되고, 1594년 별시문과에 급제하였다. 1600년 사서가 된 뒤 정언·부수찬에 이어 1602년 이조좌랑과 성주목사를 역임하였다. 경기도암행어사로 다녀와 1606년 사예가 되었다.

96 竹窓(죽창): 李時稷(1572~1637)의 호. 본관은 延安, 자는 聖兪, 호는 三松. 1606년 사마시에 합격하고 1623년 사축서 별제가 되었다. 이듬해 직장으로 증광문과에 급제하고, 같은 해 李适의 난이 일어나자 왕을 공주까지 호종하였다. 이어 종묘서직장을 거쳐 성균관전적이 되었다.

97 東岳(동악): 李安訥(1571~1637)의 호. 본관은 德水, 자는 子敏. 1588년 진사시에 장원급제하였다. 그러나 동료들의 모함을 받자 관직에 나갈 생각을 버리고

【安訥】, 具羣山⁹⁸【宏】○【右皆後於公十年間也⁹⁹。時有疾公者¹⁰⁰,
私論曰："不知柳某是何人, 而紛紛然多問疾也."】

15일(갑진)

어의(御醫) 허준(許浚)이 찾아와서 병세를 살피고【협주: 오음(梧陰:
윤두수)이 이때 좌상(左相)이었는데 허준이 그 집에 머물렀던 까닭에
오음의 편지를 가지고 찾아왔지만, 공(公: 류팽로) 또한 허준과 친교
가 있었다.】 말하기를, "병이 원인을 잡기가 어려워 약물로 치료할
수 있는 것이 아니라 다만 심열(心熱)을 떨어뜨리는 것뿐이니, 반드
시 마음이 후련해지는 일이 있으면 회복될 수 있을 듯하오이다."라
고 하고는 얼마 뒤에 인사하고 떠나갔다. 그 뒤로 약물을 복용하지
않고 단지 차만 마셨다.

이날 밤 꿈에 왜적 수만 명이 산과 들에 가득하여 공(公: 류팽로)이
몸을 떨쳐 나가 싸우면서 한 칼로 다 쓸어버렸는데, 꿈을 깨니 심신

오직 문학 공부에 열중했다. 이 시기에 동년배인 權韠과 선배인 尹根壽·李好閔
등과 교우를 맺었다. 1599년 다시 과거 시험을 봐 문과에 급제했으며 이후 여러
言官職을 거쳐 예조와 이조의 정랑으로 있었다. 1601년 書狀官으로 명나라에
다녀온 뒤에 成均直講으로 옮겨 奉朝賀를 겸했다.

98 羣山(군산): 具宏(1577~1642)의 호. 본관은 綾城, 자는 仁甫. 1595년 奏聞使
    인 맏형 具宬을 따라 중국에 다녀왔고, 1598년에 監牧官이 되었다. 이후 宣傳
    官·都摠府都事 등을 거쳐 1605년 고창현감이 되었다. 1608년에 비로소 무과
    에 급제해 다시 선전관이 되었고, 1619년에 長淵縣監이 되었다.

99 이 협주의 내용에 부합하는 인물은 이상홍과 오윤겸임.

100 時有疾公者: 時疾公者.

이 맑고 시원한데다 몸 또한 병이 없어져서 일어나 출사표(出師表)를 다 읽고는 스스로 탄식해 말하기를, "제갈무후(諸葛武侯: 諸葛亮) 같은 자가 나온다면 이 왜적을 어찌 족히 근심하겠는가?"라고 하였다. 이윽고 촛불을 밝힌 채 밤을 새웠다.

十五日(甲辰)

御醫許浚[101], 適來見【梧陰時爲左相, 浚方留其家故[102], 以梧陰書來[103], 公亦與浚, 有舊故也.】, 曰: "病難執祟[104], 非藥所能治, 但淸心而已, 必有快心之事, 似可有復." 俄而辭去。自後不用藥, 而但飮茶矣。是夜, 夢倭兵數萬, 彌滿山野, 公奮身出戰, 一釖掃除, 及覺, 心神爽落, 身亦無病, 起[105]讀出師表[106]迄, 自歎曰: "如武侯[107]者出, 則此賊何足憂也?" 因明燭達曙。

---

101 許浚(허준, 1546~1615): 본관은 陽川, 자는 淸源, 호는 龜巖. 30여 년 동안 왕실병원인 내의원의 어의로 활약하는 한편, 《東醫寶鑑》을 비롯한 8종의 의학 서적을 집필하여 조선을 대표하는 의학자로 우뚝한 인물이다.

102 浚方留其家故: 而浚方留其家因.

103 以梧陰書來: 以書來.

104 祟: 崇.

105 起: 坐.

106 出師表(출사표): 중국 蜀漢의 승상 諸葛亮이 魏나라를 토벌하러 떠날 때 後主에게 바친 상소문.

107 武侯(무후): 諸葛武侯. 諸葛亮의 諡號. 명성이 높아 臥龍先生이라 일컬어졌다. 劉備를 도와 吳나라의 孫權과 연합하여 남하하는 曹操의 대군을 赤壁의 싸움에서 대파하고, 荊州와 益州를 점령하였다. 한나라의 멸망을 계기로 유비가 제위에 오르자 승상이 되었다.

16일(을사)

김사정(金士靜: 金緻)가 새벽을 틈타 찾아오자, 공(公: 류팽로)이 말하기를, "어제 찾아와 보고서 또 어찌 일찍이 찾아왔느냐?"라고 하니, 대답하기를, "달포 전에 진주(晉州)에 편지를 보내어 이제 답 장을 받아보니, 왜적의 선발대가 이미 바다를 건너왔다고 하면서 아직 적확한 기별을 받지 못했지만 미리 피란할 계획을 세우는 것이 좋을 듯하다고 했사옵니다. 이는 크나큰 걱정거리이온데 선생께서는 어떻게 계획을 세우시렵니까?"라고 하였다. 공이 말하기를, "이 일은 어젯밤의 꿈과 서로 부합하니 헛소문이 아니고 참말일러라. 왜놈들이 일을 도모한 지가 이미 오래였는데도 이제야 나왔으니, 나 또한 의병을 일으키기로 결심한 것이 오래여서 즉시 고향으로 돌아가야겠구나."라고 하고는 이어 손을 잡으며 말하기를, "죽고사는 것은 명이 있으니, 난리라 한들 어찌 걱정할 것이겠느냐? 군은 응당 일찍 현달할 것이니, 다른 날 조정에 서서 옛사람들이 족함을 알면 욕되지 않게 된다(知足不辱)고 했던 말을 부디 명심하면 되니 다른 것은 할 말이 없다."라고 하자, 김사정이 무릎을 꿇고 말하기를, "삼가 가르침을 받겠사옵니다."라고 하였다. 이윽고 서로 눈물을 흘리며 작별하였다.【협주: 사정은 일찍이 공으로부터 가르침을 받았다. 그의 아버지 김시민(金時敏)은 이때 진주 목사(晉州牧使)였다. 사정은 뒷날에 지족(知足)으로써 그 집을 이름하고 자신의 호로도 삼았다. 일찍 문과에 급제하여 관직은 감사(監司: 관찰사)에 이르렀다.】

十六日(乙巳)

金士精[108]◇[109], 乘曉而來, 公曰: "昨日來見, 又何早來耶?" 對曰: "月前寄書于晉州[110], 今承答書, 則倭賊先軍, 已渡海, 姑未見 的奇, 然預爲避亂計, 似可云. 此爲大慮也, 先生何以爲計?" 公 曰: "此事, 與夜夢相合, 則非虛而眞也. 倭之圖事, 已久而今出, 則吾亦決擧義者已久, 卽當富還鄕矣." 因握手曰: "死生有命, 亂 何爲憂? 君應早達, 他日立朝, 以古人知足不辱[111]之言, 切爲銘 心, 他無所言." 士靜跪曰: "謹受敎." 因相泣而別.【士精曾受業 于公也. 其父時敏[112], 時爲晉州牧使[113]. 精後以知足, 名其堂,

---

108 士精(사정): 金緻(1577~1625)의 字. 본관은 安東, 호는 南峰·深谷. 친부는 金 時晦인데, 金時敏에게 입양되었다. 金得臣의 아버지이다. 1597년 알성문과에 급제, 說書를 거쳐 1608년 賜暇讀書(문예부흥을 위하여 유능한 젊은 관료들에 게 휴가를 주어 독서에 전념하게 하던 제도)하였다. 광해군 때 司僕寺正·이조참 의·동부승지·대사간을 거쳐, 校理·副提學 등을 역임하고, 병조참지에 올랐으 나 독직사건으로 파면되었다. 한때 李爾瞻의 심복으로 이조에 있으면서 흉한 일을 벌였으며, 대사간이 되어서는 永昌大君 살해음모를 반대하는 鄭蘊을 공격 하기도 하였다. 그러나 인조반정이 있을 무렵 沈器遠과 사전에 내통하여 벼슬길 에 다시 올랐으나, 大北派로 몰려 유배당하였다. 그 뒤 풀려나 동래부사를 거쳐 1625년 경상도관찰사가 되었다.

109 협주【緻】: 누락.

110 晉州(진주): 경상남도 남서부에 위치한 고을.

111 知足不辱(지족불욕): 《道德經》44장에, "족함을 알면 욕되지 않고, 그칠 줄을 알면 위태롭지 않다.(知足不辱, 知止不殆.)"에서 나오는 말.

112 時敏(시민): 金時敏(1554~1592). 본관은 安東, 자는 勉吾. 1591년 진주판관이 되어 이듬해 임진왜란이 일어나자 목사 李璥과 함께 지리산으로 피했다가 목사 가 병으로 죽자 招諭使 金誠一의 명에 따라 그 직을 대리하였다. 이때 왜적은 진주의 방위가 허술함을 알고 창원·진해·고성으로부터 사천에 집결한 다음 진 주로 향하려 하였다. 이에 昆陽郡守 李光岳, 의병장 李達·郭再祐 등과 합세해 적을 격파하고, 도망하는 적을 추격해 十水橋에서 다시 승리를 거두어 고성· 창원 등 여러 성을 회복하였다. 이어서 의병장 金沔의 원병 요청을 받고 정병 1,000여 명을 이끌고 호응, 거창의 沙郞巖에서 김산으로부터 서남진하는 왜적

因以爲號。早登文科, 官止¹¹⁴監司.】

17일(병오)

고조부 안양공(安襄公)의 묘소【협주: 묘는 양주(楊州) 차유령(車踰嶺) 장여리(獐餘里) 자좌(子坐)에 있다.】를 찾아가 참배하고, 또 5세조 영상공(領相公)과 증조부 서은공(西隱公)의 묘소【협주: 묘소는 모두 용인(龍仁) 구수동(九壽洞)에 있다.】를 찾아가 참배하였다.

이날 밤 묘지기의 집에서 묵으며 잠시 병서(兵書)를 읽다가 묵묵히 헤아리건대, 예나 지금이나 국가가 다스려진 날이 항상 적고 어지러운 날이 항상 많은 것은 또한 운이니 어찌하겠는가? 묘지기 김충남(金忠男)이 곧장 앞으로 들어와서 무릎 꿇고 말하기를, "지난 14일과 15일 연일 밤새도록 예사롭지 않은 기운으로서 무지개도 아니고 구름도 아닌 것이 동남방 사이에 뻗혀 있으니, 상서로운 것입니까 요망한 것입니까? 과연 무슨 일에 대한 응험인지 알지 못하겠

을 맞아 크게 무찔렀으며, 여러 차례의 전공으로 그 해 8월 진주목사로 승진되었다. 9월에는 진해로 출동해 적을 물리치고 적장 平小太 사로잡아 行在所로 보내자 조정에서는 경상우도병마절도사로 임명하였다. 당시 왜적은 진주가 전라도로 통하는 경상우도의 大邑이며, 경상우도의 주력이 그곳에 있음을 알고 대군으로 공격하려 하였다. 그리하여 10월 5일 적은 진주의 동쪽 馬峴에 출현했고, 6일에는 진주성을 공격하기 시작하였다. 적의 2만여 대군이 성을 포위하자 불과 3,800여 명의 병력으로 7일간의 공방전을 벌여 적을 물리쳤으나 이 싸움에서 이마에 탄환을 맞고 죽었다.

113 晉州牧使: 晉州判官. 김시민은 1592년 임진왜란이 일어났을 때 진주판관이었으며, 진주목사는 1592년 8월에야 승진됨. **원문의 내용은 착종된 것이다.**

114 官止: 官至.

으나, 지금과 같은 세상에는 반드시 상서로움은 없을 것이니 혹여 요망한 것이 되겠습니까?"라고 하자, 공(公: 류팽로)이 말하기를, "네가 그것이 상서롭지 않은 것임을 아나니 또한 보통사람이 아닐진댄, 만일 매우 위급하고 어려운 일이 생기면 능히 나를 따를 수 있겠느냐?"라고 하니, 대답하기를, "죽음도 사양하지 않겠사옵니다."라고 하였다. 공이 말하기를, "그 기운은 전쟁이 날 징조이니, 그 기운이 뻗힌 날은 왜적이 동래(東萊)를 함락한 것이 틀림없구나. 너는 마땅히 내일 가솔들을 거느리고 곧장 옥과(玉果)로 가서 내가 돌아가기를 기다려라. 내가 당장 경성(京城)에 들어가서 다시 적정을 탐문한 뒤에 즉시 고향으로 돌아가겠다."라고 하였다.

十七日(丙午)

往省于高祖安襄公[115]墓【墓在楊州車踰嶺獐餘里子坐】, 又往省于五世祖領相公[116]·曾祖西隱公墓【墓俱在龍仁[117]九壽洞】。是夜, 宿于墓直家, 暫讀兵書, 默料古今國家, 治日常少, 亂日常多[118],

---

115 安襄公(안양공): 柳洙(1415~1481)의 시호. 본관은 文化, 자는 魯澤. 1453년首陽大君이 皇甫仁·金宗瑞 등 원로대신을 제거하는 계유정난 당시에 韓明澮의 추천으로 거사 행동책으로 기용되어 가담, 협력한 공으로 靖難功臣 2등이 되고 文城君에 봉하여졌다.

116 領相公(영상공): 柳殷之(1369~1441)를 가리킴. 본관은 文化, 초명은 柳隱之. 아버지는 柳曼殊이다. 蔭官으로 보직되어 1408년 豊海道兵馬都節制使로 長淵鎭에서 외적과 싸웠다. 1418년 三番節制使가 되고 1445년 우군총제가 된다. 이조·병조의 正郎이 되었고, 中樞院使에 이르렀다.

117 龍仁(용인): 경기도 중앙에 위치한 고을.

118 治日常少, 亂日常多(치일상소, 난일상다):《孟子》〈告子章句 上〉의 "어진이는 멀어지기 쉽고 소인은 친해지기 쉽다. 이 때문에 적은 사람이 대중을 이기지

亦運也奈何? 墓直金忠南, 直入前跪[119], 曰: "前十四五日連夜, 非常之氣, 非虹非雲, 亘在東南間, 祥耶? 妖耶? 果未知何事之應, 然如今之世, 必無祥, 則或爲妖耶?" 公曰: "汝知其非祥, 則亦非凡人, 如有危難, 則能從我否?" 對曰: "死無所辭." 公曰: "其氣則兵象[120], 而以其日, 倭陷[121]東萊[122], 必矣. 汝當明日, 率家眷, 直向玉果[123], 以待我歸, 我當入京, 更探賊奇, 後卽還鄉矣."

18일(정미)

새벽 벽두에 말에게 먹이를 주고 김충남(金忠男)으로 하여금 남쪽으로 내려가도록 하고는 즉시 경성(京城)에 들어가니, 어제 경상도 순찰사(慶尙道巡察使: 金睟)의 장계에 의하면, 이달 13일에 왜군이 변경을 침범하여 14일에는 부산(釜山)을 함락하고 15일에는 동래를 함락했는데 적병 50만 명이 삼도(三道)로 쳐들어오고 있다 하였다.

【협주: 왜적은 대장이 50명이고 전마(戰馬)가 5만 필로, 해서도(海西道: 西海道의 오기) 9국(國)이 선봉이 되고 남해도(南海道) 6국과 산

못하고 정직한 자가 사악한 자를 이기지 못한 것이니, 자고로 국가가 다스려지는 날은 적고 어지러운 날이 항상 많았던 것은 대개 이 때문인 것이다.(賢人易疎, 小人易親. 是以, 寡不能勝衆, 正不能勝邪, 自古國家, 治日常少, 而亂日常多, 蓋以此也.)"에서 나오는 말.

119 直入前跪: 直入座前跪,

120 兵象(병상): 전쟁이 날 징조.

121 倭陷: 陷.

122 東萊(동래): 부산광역시 중북부에 위치한 고을.

123 玉果(옥과): 전라남도 곡성군 지역에 위치한 고을.

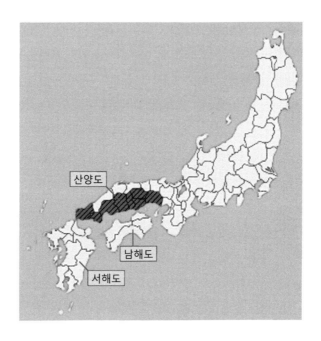

산양도

남해도

서해도

양도(山陽道) 8국이 호응하니 군대의 명령이 엄숙하고 바다를 건너
우리나라를 엄습하였다. 부산첨사(釜山僉使) 정발(鄭撥)과 다대포첨
사(多大浦僉使) 윤흥신(尹興信)이 모두 힘껏 싸우다가 죽었고, 수사
(水使) 박홍(朴弘: 朴泓의 오기)과 병사(兵使) 이각(李珏)은 모두 성을
버리고 도주하였으며, 동래부사(東萊府使) 송상현(宋象賢)이 왜적을
맞아 싸우다가 죽었으니 호가 천곡(泉谷)으로 고부(古阜) 사람이다.】
이날 전라순찰사(全羅巡察使: 李洸)의 장계가 도착했는데 또한 소문
과 같았다.

이로 말미암아 도성의 인심이 흉흉해지자, 조정에서는 현재 직임
을 맡은 대소신료(大小臣僚) 제외하고 모두 북으로 달아나지 않으면

남쪽으로 달아났으며, 비록 벼슬하는 사람이라 할지라도 충성과 의리의 마음이 없이 모두 관인(官印)을 내동댕이치며 박차고 떠났으니, 하물며 서민으로 벼슬하지 않는 자임에랴.

十八日(丁未)

曉頭秣馬, 命忠男南下, 而卽入京, 則昨日慶尙巡察使啓內, 今月十三日倭犯境, 十四日陷釜山, ○[124] 十五日陷東萊, 賊兵五十萬, 三道入寇云。【倭大將五十人[125], 戰馬五萬匹, 以海西道九國[126]爲先鋒, 南海道六國[127]·山陽道八國[128]應之, 軍令嚴肅, 渡海襲我。釜山僉使鄭撥[129]·多大[130]僉使尹興信[131], 皆力戰死, 水使

---

124 불필요한 기호 표시.

125 五十人: 百五十人.

126 海西道九國(해서도구국): 海西道는 西海道의 오기로 일본열도를 구성하는 4대섬 중 가장 남쪽에 있는 섬이고, 9국은 筑前國, 筑後國, 豊前國, 豊後國, 肥前國, 肥後國, 日向國, 薩摩國, 大隅國임.

127 南海道六國(남해도육국): 南海道는 시코구와 아와지 섬, 긴키 지방의 남부에 해당하며, 6국은 紀伊國, 淡路國, 阿波國, 讚岐國, 伊予國, 土佐國임.

128 山陽道八國(산양도팔국): 山陽道는 호뉴의 세토 내해 연안지역이며, 8국은 播磨國, 美作國, 備前國, 備中國, 備後國, 安芸國, 周防國, 長門國임.

129 鄭撥(정발, 1553~1592): 본관은 慶州, 자는 子固, 호는 白雲. 1579년 무과에 급제, 선전관이 되고, 곧바로 해남현감·거제현령이 되었다. 이어 비변사의 낭관이 되었으며, 위원군수·훈련원부정이 되었다. 1592년 折衝將軍의 품계에 올라 부산진 첨절제사가 되어 방비에 힘썼다. 이해 4월에 임진왜란이 일어나 부산에 상륙한 왜병을 맞아 분전하였으나 중과부적으로 마침내 성이 함락되고 그도 전사하였다. 이때 첩 愛香은 자결하였고, 노비 龍月도 전사하였다.

130 多大(대대): 多大浦. 부산광역시 사하구에 있는 항구.

131 尹興信(윤흥신, ?~1592): 본관은 坡平. 尹任의 아들. 1582년 진천현감에 이르렀으나 문자를 해득하지 못한다고 하여 파직되었다. 그 뒤 외직으로 전출되어

朴弘[132]·兵使李珏[133], 皆棄城遁走, 東萊府史[134]宋象賢[135], 抗賊死, 號泉谷, 古阜[136]人.】是日, 全羅巡察使啓到, 亦如所聞. 由是, 都下人心忉忉, 朝廷則時任大小臣外, 皆不北走則南走, 雖居官者, 無忠義之心, 皆投印而起, 況庶民無官者[137]乎?

19일(무신)

또 듣건대 왜적은 삼도(三道)로 나뉘어 물과 육지로 함께 진격하면서 백만의 군대라 칭하며 주(州)와 군(郡)을 연이어 함락시키고 있

1592년 다대진 첨절제사에 부임하였는데, 때마침 임진왜란이 일어나 변방 수령으로서 앞서서 왜군과 싸우다 동생 尹興悌와 함께 전사하였다.

132 朴弘(박홍): 朴泓(1534~1593)의 오기. 본관은 蔚山, 자는 淸源. 1556년 무과에 급제하여 宣傳官·江界府判官·鍾城府使 등을 거쳐 임진왜란 때 경상좌도 水軍節度使로서, 左水營(동래)에서 적과 싸웠으나 중과부적으로 패하였다. 평양으로 피난 간 선조를 찾아가던 중에 도원수 金命元을 만나 左衛大將에 임명되어, 임진강을 방어하나 다시 패하였다. 成川에서 우위대장·義勇都大將이 되었다가, 이듬해 전사하였다.

133 李珏(이각, ?~1592): 본관은 咸平. 임진왜란 때 경상좌도 병마절도사로 울산 북방의 병영에 주둔하였다가 부산전투와 동래전투에서 지키지 않고 달아났는데 廣州전투에서도 달아나 도원수 金命元에 의해 패전의 책임을 물어 참수되었다.

134 府史: 府使.

135 宋象賢(송상현, 1551~1592): 본관은 礪山, 자는 德求, 호는 泉谷·寒泉. 1570년 진사에, 1576년 別試文科에 급제하여 鏡城判官 등을 지냈다. 1584년 宗系辨誣使의 質正官으로 명나라에 다녀왔다. 귀국 뒤 호조·예조·공조의 正郎 등을 거쳐 東萊府使가 되었다. 임진왜란이 일어나 왜적이 동래성에 쳐들어와 항전했으나 함락되게 되자 朝服을 갈아입고 단정히 앉은 채 적병에게 살해되었다. 충절에 탄복한 敵將은 詩를 지어 제사지내 주었다.

136 古阜(고부): 전라북도 정읍시 북서부에 위치한 고을.

137 庶民無官者: 庶民.

다 하였다.【협주: 동래(東萊)에서 올라온 자가 있었으니 경성(京城)에 사는 김 판서의 가노(家奴)로 동래성이 함락되던 날 간신히 몸을 빼내어 밤새 올라온 것인데, 그로부터 들은 바가 이와 같았다.】

　이날 사은당(四隱堂)에 머물렀는데, 경성(京城)에 있는 모든 친족들이 와서 이곳에 모였으니 공(公: 류팽로)이 머물러 있었기 때문이다. 참판(參判) 류희림(柳希霖)·참판 류희서(柳熙緒)·목사(牧使) 류경례(柳敬禮)·판윤(判尹) 류희분(柳希奮)·우윤(右尹) 류사원(柳思瑗)·병사(兵使) 류계윤(柳繼胤)·부사(府使) 류덕남(柳德男)·첨정(僉正) 류성남(柳成男)·참의(參議) 류담(柳菡)·승지(承旨) 류인길(柳寅吉)·참봉(參奉) 류경지(柳敬智)·봉사(奉事) 류유관(柳惟寬) 및 진사(進士) 류사인(柳士人)이 차례대로 도열해 앉았다. 공(公)이 여러 사람들에게 말하기를, "오늘의 화수회(花樹會)는 참으로 기이한 일이니, 원컨대 난리가 평정된 후에도 이 같으면 다행이겠습니다."라고 하면서 이윽고 목사공(牧使公: 류경례)을 돌아보며 말하기를, "나는 이제 자식도 없이 난리를 당하여 단지 죽는 것만 알았지 살아있는 것이야 알지 못하겠사오니, 나의 대를 이어줄 수 있는 사람은 오직 목사 형님뿐입니다. 형님의 세 아들 가운데 한 아이를 내가 사랑하는 바입니다."라고 하자, 참판공(參判公: 류희림)이 말하기를, "의당 약속대로 하리로다."라고 하였다.【협주: 이때 참판 류희림은 가문의 어른으로서 약속을 주관하였으므로 이와 같이 말한 것이다.】 종일토록 즐기며 좋아하다가 헤어질 때에는 서로서로 눈물을 훔치면서 탄식하여 말하기를, "오늘 난리로 말미암아 모였다가 난리로 말미암아 헤어지니, 즐거움이 다하면 슬픔이 생긴다는 것이 어찌 지금보다 심하지 않을 수 있으랴?"라고 하였다.

주상이 처음 왜란의 소식을 듣고서 환관(宦官)에게 묻기를, "며칠 전에 상소문을 올렸던 신하 류팽로는 어디에 있느냐? 그에게 선견지명이 있었으니 필시 경국제세(經國濟世)의 방책이 있으리로다."라고 하자, 김기문(金起文)이 대답하기를, "류 아무개는 단지 일개 문사일 뿐인데다 나이도 어리고 경험한 일도 없으니 족히 믿을 것이 못 되옵니다."라고 하니, 주상이 잠자코 있을 따름이었다.【협주: 김기문은 주상이 믿고 사랑하는 자로 말만 하면 다 들어주었으므로 평소 완악하고 무례하였다. 공(公)이 주상의 은혜를 입어 입궐했을 때에 김기문이 어전을 오갔는데, 자못 공경하지 않은 뜻이 있자 공(公)이 성난 목소리로 꾸짖기를, "일개 환관으로서 저와 같은 완악한 버릇이 한(漢)나라의 석현(石顯)과 장양(張讓)보다도 더 심한 자가 있단 말인가?"라고 하였다. 이 때문에 환관의 무리들이 모두 공(公)을 몹시 싫어하고 꺼린데다 조정의 신하들 중에는 환관에게 아양을 떨며 붙좇는 자가 또한 있었다.】

당시 좌우에서 그것을 아는 자가 없었는데, 오직 승지(承旨) 류근(柳根)만이 들어 알고서는 승정원(承政院)에 물러나와 이야기하기를, "주상께서 류 아무개에 대해 어찌 환관에게만 묻고 조정의 신하에게는 묻지 않으신단 말인가? 류 아무개가 등용되지 못한 것은 단지 주상께서 다시 묻지 않으셨기 때문이다. 만약 다시 물으셨다면 나는 당연히 말했을 것이다."라고 하였다. 공(公)이 듣고 탄식하여 말하기를, "서경(西坰: 류근의 호)의 말씀은 나에게 사사로운 정이 있어서라오. 내가 직언을 하여서 환관에게 마음을 얻지 못하였고 그로 인하여 군주에게 신임을 얻지 못하였으니, 이는 하늘【협주: 군주를 가리켜 한 말이다.】이 나로 하여금 적을 평정하지 못하게 하려는 것이지, 저 총애를 받는 환관이 어찌 나로 하여금 등용되지 못하게 할 수 있겠소?"라고 하자, 이윽고 사람들이 탄식하여 말하기를, "이광(李廣: 한나라 대장군)이 공을 세우지 못함은 운수 때문이란 것이 참으로 까닭이 있었도다."라고 하였다.【협주: 이때 승정원에서 온 사람이 있었는데 서경의 말을 공(公)에게 고하니, 공이 애석해하고 탄식하였던 것이다.】

이보다 앞서, 주상이 백관(百官)들에게 명하여 사대부나 이서(吏胥)들을 따질 것 없이 각기 말을 내놓아 군수 조달에 협조하게 하였는데【협주: 도성을 미리 떠나고나서 중국 조정에 구원을 요청하기로 뜻을 정하였는데, 도승지(都承旨) 이항복(李恒福)의 말을 따른 것이다.】, 공(公: 류팽로)의 말 또한 이미 바쳐졌고 하인들 또한 난리통에 잃어버렸다.

날이 저물어서야 행장을 챙겨 남문(南門) 밖으로 나와 묵었는데, 이날 밤 꿈에 안양공(安襄公)이 나타나서 말하기를, "오늘 공주(公州) 고을사람으로서 말을 가지고 남쪽으로 도망가는 자가 있을 것인데 의리로 타이르면 그의 말을 얻어 탈 수 있을 것이나, 만일 오늘을 넘기면 말을 얻어 타기가 어려울 것이니 어찌 속히 도모하지 않겠느냐?"라고 하였다. 공(公)이 놀라 깨어 일어나보니, 동방이 아직 밝지 않았지만 닭이 이미 운 상황이었다.

十九日(戊申)

又聞賊分自三道, 水陸幷進, 軍號[138]百萬, 連陷州郡云。【有自

東萊而來者, 京居金判書家奴, 而城陷之日, 僅得脫身, 而罔夜上
來, 所聞如此.】是日, 留于四隱[139], 在京諸宗[140], 皆來會于此, 以
公在之故也。參判希霖[141]·參判熙緖[142]·牧使敬禮[143]·判尹希
奮[144]·右尹思瑗[145]·兵使繼胤[146]·府使德男[147]·僉正成男·參議

---

138 軍號(군호): 대개 출병할 때에 적에게 시위하기 위하여 군사의 實數 이외에 몇만
   혹은 몇십만이라고 칭하는 것.

139 **四隱: 四隱堂.**

140 **諸宗: 諸族.**

141 希霖(희림): 柳希霖(1520~1601). 본관은 文化, 자는 景說. 1581년 형조참판으
   로 冬至使가 되어 명나라에 다녀왔으나, 가지고 간 方物 중 綿紬 10필과 黑麻布
   11필이 부족하여 처벌, 파직되었다. 그 뒤 재기용되어 한직에 머물다가, 1592년
   임진왜란이 일어나자 첨지중추부사로서 왕을 호종하여 좌승지로 발탁되었다.
   이듬해 동지중추부사, 그 다음해에 예조참판이 되었고, 이때 영의정 柳成龍과
   함께 상소하여 세자 광해군으로 하여금 軍國機務를 관장하도록 청하였다.

142 熙緖(희서): 柳熙緖(1559~1603). 본관은 文化, 자는 敬承, 호는 南麓. 조부는
   柳禮善, 아버지는 柳城이다. 1592년 임진왜란 때 柳成龍의 종사관으로 명나라
   군대와의 외교적 사무를 맡아 활약하였다. 다음해 병조정랑·사헌부장령·사간
   원정언을 역임하고, 1595년 세자시강원문학을 지냈다.

143 敬禮(경례): 柳敬禮(생몰년 미상). 본관은 文化. 나주 판관을 지냈다. 柳曼殊□
   1자 柳原之□2자 柳淙□2자 柳思恭□1자 柳渭□2자 柳應祥□3자 柳慶禮이
   다. 따라서 류팽로와 류경례는 같은 항렬이다.

144 希奮(희분): 柳希奮(1564~1623). 본관은 문화(文化). 자는 형백(亨伯), 호는
   화남(華南). 아버지는 柳自新이다. 1592년 임진왜란이 일어나자 익찬으로 세자
   를 호종하였다. 1597년 별시 문과에 병과로 급제해 예조좌랑이 되고, 1599년
   수찬 재임 때 柳成龍을 탄핵했다가 閔夢龍의 논척으로 파직되었다. 1601년 세
   자시강원문학에 등용되었고, 이듬 해 응교 겸 교서관교리로서 춘추관편수관이
   되어 임진왜란 때 소실된 역대 실록의 재간행에 참여하였다.

145 思瑗(사원): 柳思瑗(1541~1608). 본관은 文化, 초명은 柳應龍, 자는 雲甫·景
   悟. 함경도 경성에서 軍務를 맡고 있다가 1592년 임진왜란이 일어나자, 걸어서
   평안도 성천까지 가서 세자를 시종하였다. 이듬해에는 선조를 호종하고, 병조좌

菖[148]·承旨寅吉[149]·參奉敬智[150]·奉事惟寬[151]及進士士人[152], 以次列坐。公語于衆, 曰: "今日花樹會[153], 誠一奇事, 伏願亂平, 後有如是, 則幸矣." 因顧[154]牧使公, ◇[155]"吾今無子當亂[156], 但能料死而不能料生, 則立吾後者, 獨牧使兄也。兄之三子中, 其一則吾所慈愛也." 參判公曰: "當如約."【時參判[157]希霖, 爲門長而主約,

---

랑·전적·평안도도사·장령·문학 등을 역임하였다. 1596년 지원병을 요청하기 위하여 急告奏聞使의 書狀官으로 명나라에 가서 명군을 조선에 출병하게 하는 데 큰 활약을 하였다. 이듬해 정유재란 때 명군을 영남 지방에 인도하였으며, 장례원판결사를 지냈다. 1598년 호조참의·여주목사를 거쳐, 1601년 고성군수로 나아가 吏民을 다스렸다. 1605년 한성부우윤으로 도총부부총관을 겸하였다.

146 繼胤(계윤): 柳繼胤(1502~1541). 본관은 文化, 자는 宗孝. 생부는 柳池, 양부는 큰아버지 柳津이다. **원문에 착종되어 있다.**

147 德男(덕남); 柳德男(생몰년 미상). 본관은 文化, 자는 乾父. 1543년 식년시에 급제하였다. 禮賓寺副正을 지냈다.

148 菖(담): 柳菖(1578~1620). 본관은 文化, 자는 士直, 호는 玉峯. 순릉참봉을 지냈다. 생부는 柳敬禮, 양부는 柳彭老이다.

149 寅吉(인길): 柳寅吉(1554~?). 본관은 文化, 자는 景休, 호는 葵塢. 1592년 임진왜란 때에는 임금을 호종하였으며, 1596년과 1598년에는 함경도어사가 되어 길주·명천·경성 등지의 민심을 조사, 조정에 보고하였다. 1599년 서장관으로 명나라에 다녀왔고, 1600년 호조참판·이조참판을 거쳐 世子左賓客·양관대제학을 역임하였다.

150 敬智(경지): 柳敬智(생몰년 미상). 본관은 文化, 자는 幾仲. 1546년 식년시에 급제하였다. **參奉敬智는 추가.**

151 惟寬(유관): 柳惟寬(생몰년 미상). 본관은 文化. 아버지는 柳沂이다.

152 士人(사인): 柳士人인 듯. 미상.

153 花樹會(화수회): 같은 성을 가진 사람들이 친목을 위해 이루는 모임.

154 **因顧: 因顧謂.**

155 **曰: 누락.**

156 **無子當亂: 無子而當亂.**

故如是[158].】. 終日娛樂, 及其分也, 相與掩涕而歎曰: "今日[159], 由
亂而會, 由亂而分, 樂極哀生[160], 豈不甚於此[161]?" 上之始聞倭警
也, 問于宦官曰: "前日疏臣柳彭老, 安在? 其有先見之明, 則必
有經濟[162]之策." 金起文對曰: "柳某特一文士, 且年少而未有經
事, 則無足信用." 上默然而已.【起文, 爲上所信愛, 所言聽從,
故素頑無禮. 公蒙恩入闕時, 起文往來殿上, 殆有不敬之意, 公
厲聲罵曰: "以一宦者, 如彼頑習, 其有甚於漢之石顯[163]·張讓[164]
者乎?" 由是, 宦官輩, 皆深惡而忌之, 且朝臣阿從宦官者, 亦有
之[165].】時左右無知者, 獨柳承旨【根[166]】, 聞而知之, 退論承政院

---

157 參判: 參判公.

158 如是: 如是耳.

159 今日: 今日之事.

160 樂極哀生: 則樂極哀生.

161 於此: 於此哉.

162 經濟(경제): 經國濟世. 나라를 잘 다스려 도탄에 빠진 백성을 구제함.

163 石顯(석현): 중국 漢나라 때의 宦官. 元帝가 즉위하자 弘恭을 대신하여 中書令
    이 되었는데, 원제가 병이 들자 대소 政事를 모두 결정하는 등 권세가 높았다.

164 張讓(장양): 後漢의 靈帝 때 환관. 中常寺가 되고, 列侯에 봉해지면서 위세를
    떨쳤다.

165 有之: 有之矣.

166 根(근): 柳根(1549~1627). 본관은 晉州, 자는 晦夫, 호는 西坰. 1592년 임진왜
    란이 일어나자 의주로 임금을 호종했으며, 예조참의·좌승지를 거쳐 예조참판에
    특진되었다. 1593년 도승지로 京城安撫使가 되어 민심을 수습하고, 이어 한성
    부판윤에 올라 사은부사로 명나라에 다녀와 경기도관찰사가 되었다. 그리고
    1597년 運餉檢察使로 명나라에서 들어오는 군량미의 수송을 담당하였다. 이 밖
    에도 임진왜란으로 인한 명나라와의 관계에서 많은 일을 하였다.

曰[167]: "上之問柳某, 奚但及於宦臣[168], 而不及於朝臣耶? 柳某之不用, 特上之不再問也. 若再問[169], 則吾當言之." 公聞而歎曰: "西坰之言, 有私於吾也, 吾以直言, 不得於宦竪[170], 因以不得於君, 則是天【指君而言】未欲使吾平賊, 彼幸宦者, 焉能使吾不用哉?" 因衆歎曰: "李廣[171]無功, 緣數者, 良有以也."【時有[172]自承政院來者, 以西坰之言告于公, 公自惜自歎.】先是, 上令百官, 無論士夫吏胥, 各出馬以助軍興[173]【預定去邠[174], 乞援于天朝之意, 從都承旨李恒福之言也[175].】, 公之馬, 亦已獻之, 而僕夫亦失於亂中也. 及日暮, 理裝出宿于南門外, 是夜, 安襄公現夢曰: "今日, 公州[176]鄕人, 有持南犎者, 喩以義, 則可得其馬, 若過今日難矣[177], 胡不速圖?" 公驚起, 東方未曙, 鷄旣鳴矣. ◇[178]

---

167 曰: 言.

168 宦臣: 宦官.

169 再問: 再問問.

170 宦竪(환수): 宦官의 이칭. 내시를 낮잡아 이르던 말이다.

171 李廣(이광): 漢나라의 대장군. 활을 잘 쏘고 용맹이 절륜하여 匈奴를 누차 대패시켰으므로, 그가 北平太守로 있을 적에 흉노들이 그를 일러 飛將軍이라 부르면서 두려워하였다. 흉노와 대소 70여 차례를 싸워 공을 세웠지만 封侯가 되지 못했다. 뒤에 대장군 衛靑과 흉노를 치다가 길을 잃어 문책당하자 자살하였다.

172 時有: 有人.

173 軍興(군흥): 조정에서 재물을 모아 군수용으로 제공하는 것.

174 去邠(거빈): 임금이 도성을 떠나 난리를 피하는 일을 이르던 말.

175 言也: 言.

176 公州(공주): 충청남도 동부 중앙에 위치한 고을.

177 難矣: 則難矣.

178 卽束裝而出: 누락.

20일(기유)

길을 떠나 공주(公州)에 이르니, 과연 어떤 사람이 말을 가지고 오다가 공(公: 류팽로)을 보고는 반가워하며 손을 맞잡았는데, 공(公)이 공경히 답례한 뒤에 이어서 말하기를, "바야흐로 전쟁터로 가고자 감히 타고온 말을 빌려 주기를 청하오이다."라고 하였다. 그 사람이 의(義)에 입각하여 허락하고 또 쇠지팡이[鐵杖] 하나를 주어서 받아보니, 지팡이가 아니고 칼이었다. 양 모서리에 칼날이 있었는데 세우면 지팡이가 되고 휘두르면 칼이 되었으니, 필시 신물(神物)인 것 같았다. 그 사람이 말하기를, "우리집에 암말 1마리가 있는데 발이 5개인 이 말을 낳았소이다. 탈 수 있는 시기가 되자 하루에 겨우 5리 정도만 가고 성질이 몹시 사나워 다루기가 어려웠기 때문에 버려둔 지가 지금까지 몇 년이 되었소이다. 오늘 아침에 갑자기 길게 울면서 마치 누구를 기다리는 듯했으니, 그대가 필시 주인인 듯하오이다."라고 하고는 얼마 지나지 않아 인사하더니만 가버렸다.【협주: 그 사람의 성씨는 양씨(楊氏)이나 이름은 전해지지 않는다. 계룡산(鷄龍山) 속에 산다고 하였기 때문에 양산인(楊山人)이라 칭했는데, 양산인이 절구시 1수를 지어 주니, 공(公)도 화답하였다.】

공(公: 류팽로)은 그 칼로 발 하나를 자르고서 칼을 지팡이로 삼아 말에 오르니, 채찍질을 가하지 않아도 능히 멀리까지 갈 수 있어서 곧장 순창(淳昌) 고을에 도착하였는데 날이 아직 일렀다. 대동산(大同山) 앞의 들판에 이름없는 병사들이 전후로 빽빽이 늘어서있었는데, 아마도 여러 고을의 부랑배들이 왜적의 기세가 승승장구하는 것을 보고 이곳에 모여서 바야흐로 성을 함락시켜 왜적에게 빌붙으려는 계획을 세웠기 때문이었다. 공(公)이 혼자 말을 타고 그들의 진(陣) 앞에 나아가 알아듣도록 타일러 말하기를, "그대들은 모두 예의를 아는 백성들이거늘 끝내 예교를 모르는 이적(夷狄: 오랑캐)이라는 이름을 지니게 된다면, 천년이 지난 뒷날에도 공론이 사라지지 아니할 터인데 두려워하지 않을 수 있겠느냐? 또 우리나라가 반드시 망하지는 않으리니 목숨을 바쳐 의를 지키는 것이 또한 옳지 않겠는가?"라고 하자, 그 무리들이 일제히 엎드려 말하기를, "우리들은 모두 구차스럽게 살기만 탐하여 감히 망령된 계책을 내었사온데 지금 장군의 말씀을 들음에 능히 사람으로 하여금 감복하게 하니, 이는 하늘이 반드시 우리로 하여금 먼저 무리를 짓도록 하여 장군을 기다리게 한 것입니다."라고 하였다. 이에, 공(公)이 말에서 내려 자리를 정해 앉고서 무리들에게 맹세하여 고하기를, "이제 의로써 거사하는 것이니, 만일 명령을 따르지 않는 자가 있으면 나에게 있는 삼척검(三尺劍)으로 다스리겠다."라고 하자, 모두가 "네."라고 하였다. 마침내 점고하니 기사(騎士) 200명, 보졸(步卒) 300여 명이었다. 또 커다란 청기(靑旗)를 세우고 '전라도 의병 진동 장군 류 아무개(全羅道義兵鎭東將軍柳某)'라는 글자를 썼다.【협주: 진동(鎭東)이라고 한 것은 먼저 창의(倡義)를 했다는 뜻이었고, 청기(靑旗)를 세운 것은 또한 동쪽을 진압하려는 이유였다.】

먼저 군수(郡守)에게 알리고나서 행군해 순창성으로 들어가 그대로 머물러 묵었다.【협주: 이때 임백영(任伯英: 任百英의 오기)이 군수였는데 왜적의 겁탈과 노략을 두려워하여 아전과 군졸들을 단속해 굳게 지키고 있을 즈음, 문득 공(公: 류팽로)이 의병을 일으켜 온다는 소식을 듣고서 성문을 열고 나가 맞았다. 아전과 백성들이 크게 기뻐하고 다투어 쇠고기와 술을 가져와서 군사들을 먹였다.】

二十日(己酉)

行次公州, 果有人持馬而來, 見公欣握, 公敬禮後, 因言曰: "方欲赴戰場, 敢請所騎?" 其人, 義以[179]許之, 又以一鐵杖與之, 受而視, 則非杖而釼也. 兩隅有刃, 立之則爲杖, 麾之則爲釼, 必是神物也. 其人曰: "吾家有一牝馬[180], 産此五足駒. 及其乘時, 一日[181]纔行五里, 性驚而難御, 故委置者, 幾年於此矣. 今朝忽長鳴, 如有待, 則君必主人也." 因謝而去.【其人, 姓楊而名不傳】居鷄龍山[182]中云, 故稱以楊山人, 山人以一絶詩贈[183], 公有和[184].】

公以其釼, 斷一足, 杖釼上馬, 則不加鞭而能致遠, 卽到淳昌[185]邑, 日尙早矣. 大同山前野, 無名之兵, 前後森列, 盖列邑浮浪輩, 見賊勢之乘勝, 屯聚于此, 方欲陷城, 以爲拊賊[186]之計也. 公單騎詣其陣前, 曉喩曰: "君等俱以禮義之民, 終有夷狄[187]之名,

---

179 以: 而.

180 牝馬(빈마): 다 자란 암말.

181 一日: 추가.

182 鷄龍山(계룡산): 차령산맥의 연봉으로서 충청남도 공주시·계룡시·논산시·대전광역시 유성구에 걸쳐 있는 산.

183 贈: 贈公.

184 和: 和山人詩.

185 淳昌(순창): 전라북도 남부 노령산맥의 동쪽 사면 산간지대에 위치한 고을.

186 拊賊: 附賊.

187 夷狄(이적): 문화가 없고 禮敎를 모르는 야만인을 가리키는 말.

則千載之下, 公論不泯, 其不可畏也哉? 且我國不必亡, 則以死守義, 不亦可乎?" 厥黨, 一齊俯伏曰: "吾輩, 俱欲偸生, 敢生妄計, 今聞將軍之言, 則能令人感服, 此天必使吾先聚黨, 以待將軍者也." 於是, 公下馬定坐, 誓告于衆, 曰: "今擧事以義, 則如有不從令者, 我有釖三尺." 衆曰: "諾." 遂點考, 則騎士二百, 步卒三百餘. 乃建大靑旗, 書曰全羅道義兵鎭東將軍柳某宇.【鎭東者, 以其先倡之意[188], 靑旗者, 亦以其鎭東之故也.】先通于郡守[189], 行軍入城, 因留宿.【是時, 任公伯英[190]爲郡守, 恐賊劫掠, 勅吏卒, 堅守之際, 忽聞公之義兵, 開門出迎. 吏民大悅, 爭持牛酒, 以餉軍兵.】

21일(경술)

　순창(淳昌)에서 곧바로 옥과(玉果)에 이르니, 옥과현감 안후(安侯: 安鵠)가 5리길까지 나아가 맞이하였다. 함께 옥과성에 들어온 뒤에 안후에게 말하기를, "이 고을의 병장기는 쓸만한 것이 없을 것이니

---

188 意: 義.

189 郡守: 本郡守.

190 任公伯英(임공백영): 任伯英은 任百英(1525~1595)의 오기. 본관은 長興, 자는 洪彦, 호는 花洞, 初名은 任伯鈞. 전라 좌의병장 任啓英의 넷째 형이다. 1561년 식년시에 급제한 뒤 예조 정랑, 經筵參贊官, 승정원 좌승지 등을 역임했다. 뒤에 金海都護府使를 거쳐 1590년부터 1592년까지 순창 군수를 지냈다. 임진왜란 당시에는 고령으로 직접 戰場에 뛰어들지는 못하였지만, 아우 임계영 및 金益福·朴光前 등과 협의하여 전략을 지시하는 한편 私財를 풀어 군량을 보급하는 등 많은 후원을 하였다.

다시 단련해 수리하시고, 또 명을 내려서 군사를 점고하도록 하여 먼저 방어할 계책을 세워야 합니다."라고 하자, 안후가 즉시 관리들에게 명하여 무기고에서 무기를 낱낱이 꺼내어 정비하도록 하였다.

二十一日(庚戌)

自淳昌直抵玉果, 主捽安侯[191]【鵠】, 出迎于五里程。入城後, 語安侯曰: "本縣兵器, 無可用, 則更爲刷鍊[192], 而且發令點軍, 先爲守禦計也." 安侯卽令官吏, 發武庫一一鍛斁。

22일(신해)

어제부터 밤낮없이 지역 안의 군병들을 경계시키고 점고하기에 이르니 노약자는 300여 명, 장정(壯丁)은 백에 두세 명도 못 되었다. 안후(安侯: 옥과현감 安鵠)가 대노하여 다시 군사들을 모집하려고 아전들에게 분부하자, 온 성안이 어수선하고 떠들썩하니 혼란스러움으로 인하여 또한 난장판이었다. 공(公: 류팽로)이 굳게 만류하며 말하기를, "이러한 때에 군사를 모집한다는 소문이 나면 인심이 더욱 두려워하여 흩어져 도망치려고만 하여 남아있지 않을 것이니, 그대로 어루만지며 안심시키는 것만 못합니다. 제가 거느린 병사들은 장정이 아닌 자가 없으니 1달을 기한으로 성을 지킬 것인바, 흩어진

---

191 安侯(안후): 安鵠(1534~1626). 본관은 太原, 자는 沖雲. 아버지는 安孟孫이다. 1576년 식년시에 급제하였다. 옥과 현감으로 1591년 11월 부임하여 1595년 4월에 파직되었다.

192 刷鍊(쇄련): 단련하여 새로 만듦.

백성들이 도로 모이기를 기다린 뒤에 다시 도모하면 일이 매우 편리할 것입니다."라고 하였다. 안후가 그 말대로 그의 명을 거두니, 아전과 백성들이 모두 기뻐하지 않는 이가 없었다. 공(公)은 이윽고 노약자 300명을 돌려보내며 농사짓는 일에 힘쓰도록 하였다.

二十二日(辛亥)

自昨日罔夜, 勅境內軍兵, 至於點考, 則老弱者三百餘, 而壯丁百不二三矣. 安侯大怒, 更欲募軍, 分付輩吏, 城中紛擾, 因亂而又亂矣. 公強以[193]止之, 曰: "此時, 有募軍之名, 則人心益懼, 散亡無遺, 不如因撫而安之. 吾所率, 無非莊丁, 則期以一月爲守城, 以待流民還集, 然後更圖, 則事甚便宜也." 安侯如[194]其言, 除其令, 吏民莫不喜悅. 公因歸其老弱者三百, 勸其農業.

23일(임자)

이날은 대풍이 일어났고 밤부터 내리던 비가 그쳤다. 공(公: 류팽로)과 안후(安侯: 옥과현감 安鵠)가 기병 500명 및 이졸(吏卒: 아전과 군졸) 100여 명을 거느리고 옥과현 남쪽 앞의 들판에 나가 진(陣)을 쳤는데, 군령이 분명한데다 부대가 정돈되고 엄숙하였다. 온 고을의 선비와 백성들이 와서 구경한 자가 거의 천여 명이었는데, 모두 말하기를, "우리 고을은 이에 힘입어 온전하겠다."라고 하였다.

느닷없는 소문에 의하면 일개 부대의 왜병들이 순천(順天)을 침범

---

193 以: 而.
194 如: 從.

하였다고 하는데, 이곳은 순천과의 거리가 멀지 않으니 왜적이 점차 바싹 다가온다면 그 형세를 장차 어떻게 해야 한단 말인가. 공(公)이 말하기를, "한 사람을 보내어 소문의 진위를 정탐하는 것이 좋겠소이다."라고 하자, 좌중에서 한 사람이 가기를 청하는 자가 있었는데 바로 고을 사람인 홍이원(洪履元)이었다.【협주: 이때 나이가 24세였는데, 무과에 급제하고 말타기와 활쏘기를 잘하여 지금 선전관(宣傳官)으로 집에 있었다.】즉시 수십 명의 기병과 함께 가도록 하였다.

사람들이 모두 말하기를, "오늘날 왜적의 기세가 걷잡을 수 없는데 앞에서도 막는 자가 없고 뒤에서도 만류하는 자가 없으니, 우리나라가 끝내 머리를 풀고 좌임하는 오랑캐의 신세가 될 수도 있는 것인가?"라고 하자, 공(公)이 말하기를, "왜놈들이 근심거리로 신라 말이나 고려 말부터 어느 해고 쳐들어오지 않는 때가 없었지만, 우리 왕조에 미쳐서는 모두 3번 쳐들어왔으나 모두 불리하여 물러났소이다. 단지 우환거리였을 뿐이거늘, 어찌 인개(鱗介: 물고기와 벌레) 같은 천한 오랑캐의 것으로 우리의 의상을 바꾸어 입겠소이까?"라고 하였다.【협주: 정덕(正德) 경오년(1510) 삼포(三浦)에서 왜인들이 반란을 일으켰지만 병조판서(兵曹判書) 류담년(柳聃年)이 토벌하여 평정하였으며, 가정(嘉靖) 을묘년(1555) 호남지역을 쳐들어왔지만 방어사(防禦使) 남치근(南致勤)이 무찔렀으며, 만력(萬曆) 정해년(1587) 또 호남을 침범하여 녹도 만호(鹿島萬戶) 이대원(李大元)이 전사하였다.】

二十三日(壬子)

是日也, 大風起而夜雨止。公與安侯, 率五百騎及吏卒百餘, 出陣于縣南前坪, 軍令分明, 部伍整肅。一鄕士民來觀者, 殆千有餘, 皆[195]曰: "吾鄕, 賴此以全."云。忽聞一隊兵犯順天[196]云, 此去順天不遠, 賊兵漸逼, 勢將奈何? 公曰: "送一人, 偵探眞僞, 可也." 座中有一人請去者, 乃鄕人洪履元也。【時年二十四, 登武科, 善騎射, 今以宣傳官, 居家。】卽令數十騎偕行。人皆曰: "見今賊勢猖獗, 前無禦, 後無挽[197], 則我國終可爲被髮左衽[198]乎?" 公曰: "倭奴之爲患, 自羅季麗末, 無歲不入, 及我朝, 凡三入寇, 皆不利而退。但爲患而已, 豈以鱗介[199], 易我衣裳[200]乎?"【正德[201]庚午, 三浦倭叛[202], 兵判[203]柳聃年[204]討平之, 嘉靖[205]乙卯, 入寇湖

---

195 皆: 而皆.

196 順天(순천): 전라남도 동남부에 위치한 고을.

197 前無禦, 後無挽(전무어, 후무만):《東萊博議》〈隨叛楚〉의 "앞에서 막는 자가 없으니 성인이 되고자 하면 성인이 되고, 뒤에서 만류하는 자가 없으니 미치광이가 되고자 하면 미치광이가 된다.(前無禦者, 欲聖則聖, 後無挽者, 欲狂則狂.)"에서 나오는 말.

198 被髮左衽(피발좌임): 오랑캐의 풍속을 가리킴.《論語》〈憲問篇〉에, 孔子가 管仲의 공을 찬양하면서 "만약에 관중이 없었더라면 우리들은 머리를 풀고 좌임하는 오랑캐의 신세가 되고 말았을 것이다.(微管仲, 吾其被髮左衽矣.)"라고 말한 데서 나온다.

199 鱗介(인개): 물고기와 벌레. 여기서는 천하다는 의미로 오랑캐를 지칭하였다.

200 易我衣裳(역아의상):《後漢書》 권78 〈楊終傳〉에 "光武帝가 西域의 나라들과 국교를 단절하여, 개린으로 하여금 우리의 의상으로 바꿔 입지 못하게 하였다.(光武絶西域之國, 不以介鱗易我衣裳.)"라고 한 데서 나오는 말. 李賢의 주에, "개린은 먼 오랑캐를 비유한다.(介鱗, 喩遠夷.)"라고 하였다.

201 正德(정덕): 명나라 武宗의 연호(1506~1521).

202 三浦倭叛(삼포왜반): 1510년 釜山浦, 乃而浦, 鹽鋪 등 삼포에서 거주하고 있던

南[206], 防禦使南致勤[207], 擊破之, 萬曆[208]丁亥, 又犯湖南[209], 鹿島[210]萬戶李大元[211], 戰死之.】

24일(계축)

진법(陣法)을 어제처럼 연습하고나서 소를 잡아 군졸들에게 배불리 먹였다.【협주: 이때 소 1마리를 바치는 이도 있었고, 또 쌀 2섬을 바치는 이도 있었다.】

왜인들이 대마도의 지원을 받아 일으킨 폭동 사건.

203 兵判: 兵曹判書.

204 柳聃年(류담년, ?~1526): 본관은 文化. 1496년에 당상관이 되었고, 1509년에 좌포도대장이 되었다가 이듬해에 경상도우방어사가 되었다. 이 해에 三浦의 왜인들이 난을 일으키자 黃衡과 함께 김해에서 급히 수군을 조발하여, 왜인들이 鎭將을 죽이고 점거하고 있던 熊川·釜山浦 등을 탈환하고 그들을 소탕하는 데 큰 공을 세웠다.

205 嘉靖(가정): 명나라 世宗의 연호(1522~1566).

206 寇湖南(구호남): 乙卯倭變을 가리킴. 조선 明宗 때인 1555년 왜구가 전라남도 영암·강진·진도 일대에 침입한 사건.

207 南致勤(남치근, ?~1570): 본관은 宜寧, 자는 勤之. 1552년 왜구가 제주를 노략질할 때 제주목사 金忠烈을 대신하여 목사가 되어 이들을 무찔렀다. 1555년 왜구가 60여 척의 배로 대거 침입하여 長興·靈巖 등 여러 성을 함락시키는 을묘왜변을 일으키자 전라도좌방어사로 李浚慶과 함께 南平에서 대파하고, 또 鹿島를 쳐들어오는 왜구를 소탕하였다.

208 萬曆(만력): 명나라 神宗의 연호(1573~1619).

209 犯湖南(범호남): 정해왜변을 가리킴. 1587년 왜구들이 전라도 남해안을 범한 사건.

210 鹿島(녹도): 鹿島鎭. 전라남도 고흥군 도양읍 봉암리에 있었다.

211 李大元(이대원, 생몰년 미상): 왜적들이 녹도 근처에 침범했을 때 주장에게 미처 보고하지 않은 채 수급을 베어 공을 세우자, 水使 沈巖이 손죽도에 왜선들이 침범하자 이대원이 척후가 되었지만 응원하지 않아 전사한 인물.

　　양산(梁山)과 밀양(密陽)이 잇달아 함락되었다는 소식이 들렸다.
【협주: 지난 16일 양산이 함락되자 밀양 부사(密陽府使) 박진(朴晉)이
성을 버리고 달아났으며, 17일 밀양이 함락되자 김해 부사(金海府
使) 서예원(徐禮元)이 성을 버리고 도망갔으며, 순찰사(巡察使) 김수
(金睟)도 달아나 경상우도(慶尙右道)로 돌아왔다. 그리하여 여러 고
을들이 흙 무너지듯 걷잡을 수 없이 무너지고 있는 형세였다.】

　　날이 저물어서야 홍이원(洪履元) 선전관이 돌아와 보고하기를,
"도중에서 듣자니 토구(土寇: 지방의 도둑) 수백 명이 순천(順天) 등지
에 출몰하며 촌락을 침범해 약탈하고는 얼마 후에 어디로 갔는지
알지 못한다고 하였는데, 어떤 이는 왜장(倭將) 대남비(大南飛)가 병
사 수만 명을 거느리고서 순천에 쳐들어와 차지했다고 하였습니
다."라고 하자, 사람들이 말하기를, "만일 토구라면 걱정거리가 못
되지만, 만일 왜적이라면 크게 걱정스러운 일이다."라고 하였다.

　　二十四日(癸丑)

　　習陣如昨, 而擊牛犒師[212]。【時有獻牛一隻[213], 又有獻米兩石[214].】
聞梁山[215]·密陽[216], 連陷之報【前十六日陷梁山, 密陽守朴晉[217]棄城

---

212 犒師(호사): 군사에게 음식을 주면서 위로하는 일. 군졸들을 위로하기 위하여
　　술과 음식을 배불리 먹이는 일이다.

213 一隻: 一隻者.

214 兩石: 兩石者.

215 梁山(양산): 경상남도 동북부에 있는 고을.

216 密陽(밀양): 경상남도 동북부에 있는 고을.

217 朴晉(박진, ?~1597): 본관은 密陽, 자는 明甫, 시호는 毅烈. 밀양 부사였을 때
　　임진왜란이 일어나자 李珏과 함께 蘇山을 지키다가 패하여 성안으로 돌아왔다

走, 十七日陷密陽, 金海[218]守徐禮元[219]棄城走, 巡察使金睟[220]走還
右道。列邑有土崩[221]之勢。}。及暮, 洪宣傳還報曰: "中路聞土賊
數百, 出沒順天等地, 侵掠村閭, 俄而不知去處云, 或言倭將大南

가, 적병이 밀려오자 성에 불을 지르고 후퇴했다. 이후 경상좌도 병마절도사로
임명되어 나머지 병사를 수습하고, 군사를 나누어 소규모의 전투를 수행하여
적세를 저지하였다. 1592년 8월 영천의 민중이 의병을 결성하고 永川城을 근거
지로 하여 안동과 상응하고 있었던 왜적을 격파하려 하자, 별장 權應銖를 파견,
그들을 지휘하게 하여 영천성을 탈환하였다. 이어서 안강에서 여러 장수들과
회동하고 16개 邑의 병력을 모아 경주성을 공격하였으나 복병의 기습으로 실패
하였다. 그러나 한 달 뒤에 군사를 재정비하고 飛擊震天雷를 사용하여 경주성을
다시 공략하여 많은 수의 왜적을 베고 성을 탈환하였다. 이 결과 왜적은 상주나
서생포로 물러나지 않을 수 없었고, 영남지역 수십 개의 읍이 적의 초략을 면할
수 있었다. 1593년 督捕使로 밀양·울산 등지에서 전과를 올렸고, 1594년 2월
경상우도 병마절도사, 같은 해 10월 순천부사, 이어서 전라도 병마절도사, 1596
년 11월 황해도 병마절도사 겸 황주 목사를 지내고 뒤에 참판에 올랐다.

218 金海(김해): 경상남도 동남부에 위치한 고을.

219 徐禮元(서예원, ?~1593): 본관은 利川. 1573년 무과에 급제하여 선전관이 되었
다. 1591년 김해부사로 부임하였으며, 임진왜란이 일어나 왜군과 공방전을 벌이
다가 패주하였다. 이 일로 삭탈관직 당했으나 의병장 金沔과 함께 왜적과 싸웠
으며, 제1차 진주성싸움에서 목사 金時敏을 도와 왜적과 항전하였다. 1593년
진주목사가 되었으며 제2차 진주성싸움에서 순국하였다.

220 金睟(김수, 1547~1615): 본관은 安東, 자는 子昂, 호는 夢村. 1573년 알성문과
에 급제하여 평안도관찰사·경상도관찰사를 거쳐 대사헌, 병조·형조의 판서를
두루 지냈다. 임진왜란이 일어났을 때 경상우감사로 진주에 있다가 동래가 함락
되자 밀양과 가야를 거쳐 거창으로 도망갔다. 전라감사 李洸, 충청감사 尹國馨
등이 勤王兵을 일으키자 함께 용인전투에 참가했으나 패배한 책임을 지고 한때
관직에서 물러났다. 당시 의령에서 의병을 일으켰던 곽재우와 불화가 심했는데
이를 金誠一이 중재하여 무마하기도 했으며, 경상감사로 있을 때 왜군과 맞서
계책을 세워 싸우지 않고 도망한 일로 사람들의 비난을 받았다.

221 土崩(토붕): 흙이 무너지듯이 점차로 무너져 어찌할 수 없이 됨.

飛, 率兵數萬, 入據順天云." 衆曰: "若土賊則不足憂, 而若倭兵則
大可憂也."

25일(갑인)

들건대 우리 전라도 순찰사(全羅道巡察使: 李洸)가 나주(羅州)에
있었는데 사람들의 마음이 모두 소문만 듣고도 그 방향으로 쏠리자,
광주목사(光州牧使) 정윤우(鄭允佑: 廣州牧使인바 잘못임)가 찾아가서
보고는 그에게 근왕(勤王: 임금에게 충성을 다함)할 것을 권했다고 하
였다. 공(公: 류팽로)이 사람들에게 말하기를, "그가 어찌 권할 만하
단 말인가? 내가 경성(京城)에 있었을 때 한번 순찰사를 보았는데,
그의 사람됨이야 비록 선할지라도 큰일을 해내기에는 부족하였으
니, 옛날에 이른바 나라를 위해 인재를 얻기가 어렵다고 한 것이야
말로 이 사람일러라."고 하였다. 관리들로 하여금 격문(檄文)을 받
들어 우리 고을의 모든 집에 널리 알려서 왜적을 토벌하는데 협력해
야 하는 뜻을 깨우치게 하였다.

二十五日(甲寅)

聞本道巡察使【李洸[222]】, 在羅州[223], 人皆望風趨向, 而光州牧使

---

222 李洸(이광, 1541~1607): 본관은 德水, 자는 士武, 호는 雨溪散人. 1567년 생원
이 되고, 1574년 별시 문과에 급제하였다. 평안병마평사·성균관전적·병조좌랑
·정언·형조좌랑 등을 거쳐 1582년 예조정랑·지평, 이듬해 성균관직강·북청판
관·함경도도사를 지냈다. 1584년 병조정랑·장악원첨정을 거쳐, 함경도 암행어
사로 나가 북도민의 구호 현황을 살피고 돌아와 영흥부사가 되었다. 1586년 길
주목사로 나갔다가 함경도관찰사 겸 순찰사로 승진했고 1589년 전라도관찰사가
되었다. 그해 겨울 모역한 鄭汝立의 문생과 그 도당을 전부 잡아들이라는 영을

丁允祐[224], 入見, 勸其勤王云。公語人曰: "何足勸哉? 吾在京時,
一見巡察, 其爲人雖善, 而不足濟大事, 古所謂爲國得人難者, 是
也." 令官吏輩, 奉檄通告本邑[225]諸家, 喩以協力討賊之意[226]。

26일(을묘)

홍이원(洪履元) 선전관이 부모의 병환 소식을 듣고서 작별인사를
하고 돌아가려 하자, 공(公: 류팽로)이 말하기를, "병간호를 잘하여
회복하시기를 기다린 뒤에는 즉시 돌아오는 것이 좋겠네."라고 하
였다.

옥과 고을사람인 심민겸(沈敏謙)이 말채찍을 휘두르며 달려와서

어기고, 혐의가 적은 인물을 임의로 용서해 풀어주었다가 탄핵을 받고 삭직되었
다. 1591년 호조참판으로 다시 기용되었으며, 곧 지중추부사로서 전라도관찰사
를 겸임하였다. 이듬해 임진왜란이 일어나자 전라감사로서 충청도관찰사 尹先
覺, 경상도관찰사 金晬와 함께 관군을 이끌고 북상해 서울을 수복할 계획을 세
웠다. 그리하여 5월에 崔遠에게 전라도를 지키게 하고, 스스로 4만의 군사를
이끌고 나주목사 李慶福을 중위장으로 삼고, 助防將 李之詩를 선봉으로 해 林
川을 거쳐 전진하였다. 그러나 도중 용인의 왜적을 공격하다가 적의 기습을 받아
실패하자 다시 전라도로 돌아왔다. 그 뒤 왜적이 전주·금산 지역을 침입하자,
光州牧使 權慄을 도절제사로 삼아 熊峙에서 적을 크게 무찌르고, 전주에 육박
한 왜적을 그 고을 선비 李廷鸞과 함께 격퇴시켰다. 같은 해 가을 용인 패전의
책임자로 대간의 탄핵을 받고 파직되어 백의종군한 뒤, 의금부에 감금되어 벽동
군으로 유배되었다가 1594년 고향으로 돌아왔다.

223 羅州(나주): 전라남도 중서부 나주평야 중앙에 위치한 고을.
224 丁允祐(정윤우, 1539~1605): 1592년 임진왜란 당시 光州牧使는 權慄이고, 廣
　　州牧使가 丁允祐이었음. **원문은 착종된 것이다.**
225 本邑: 于本邑.
226 意: 義.

그와 더불어 무예를 강론하였다. 순창(淳昌) 사람인 신상용(申尙容)이 책을 짊어지고 와서 《효경(孝經)》의 가르침 받기를 청하니, 공(公)이 말하기를, "옛날 하후승(夏侯勝)과 황패(黃覇)가 함께 옥에 갇혀 있었는데, 황패가 하후승을 따르며 《상서(尙書)》를 배우려고 하자 하후승이 죄를 받아 죽을 몸이라는 이유로 사양하였지만, 황패가 말하기를, '아침에 도를 들으면 저녁에 죽어도 좋습니다.'라고 하니, 마침내 가르치면서 강론하기를 게을리하지 않았다고 하는바, 이제 자네가 난리를 당하여서도 배우기를 폐하지 않는데 내 어찌 사양하겠는가?"라고 하였다. 마침내 병서(兵書)를 걷어치우고 효경을 강론하였는데 큰 소리로 한 권을 다 읽고서야 그치니, 곁에서 보고들은 자들이 말하기를, "지금 세상이 어수선하고 소란스러우나 태평함은 이곳에 있구나."라고 하였다. 공(公)은 이윽고 그에게 집으로 돌아가서 부모를 잘 봉양하라고 권하였다.【협주: 심민겸의 자는 사윤(士允), 호는 두암(杜庵), 망세정(忘世亭) 심선(沈璿)의 후예인데, 공(公)과는 오래된 우의가 있었기 때문에 거의했다는 소식을 듣고 온 것이다. ○ 신상용의 자는 □□, 호는 칠휴(七休), 귀래정(歸來亭) 신말주(申末舟)의 후예로 일찍이 공(公)에게 학업의 가르침을 받았는데, 이때 나이가 17세였고 어버이를 섬김에 효성이 지극하였으니 주상의 명에 의하여 정려가 내려졌다.】

　二十六日(乙卯)

　洪宣傳, 聞親患, 辭歸, 公曰: "善護病, 待復後, 卽還可也." 鄕人沈敏謙[227], 揮一鞭馳來, 與之講武. 淳昌申尙容[228], 負笈而來, 請受孝經, 公曰: "昔夏侯勝[229]·黃覇[230], 俱在繫獄, 覇欲從勝受尙

書, 勝辭以罪死, 覇曰: '朝聞道, 夕死可矣.' 遂受而講論不怠, 今
子能[231]臨亂不廢, 吾何辭焉?" 遂掇兵書, 講孝經, 大讀一遍而止,
在傍觀聽者曰[232]: "當世紛擾[233], 而太平在此." 公因勸其歸家, 善
養父母.【敏謙, 字士允, 號杜庵, 忘世亭璿[234]之後, 與公有宿契,

---

227 沈敏謙(심민겸, 생몰년 미상): 본관은 靑松, 자는 士允, 호는 杜菴. 沈璿의 5대
   손이며, 증조부는 己卯名賢 사람인 沈豊이다. 1592년 임진왜란이 일어나자 의
   병을 모집하고, 도원수 權慄의 휘하에서 군량조달에 힘썼다. 특히 수원성싸움에
   서 큰 공을 세웠다. 정유재란 때에도 왜군을 격퇴하는 데에 공을 세워, 전란이
   끝나자 主簿에 제수되었다. 1624년 李适의 난이 일어나자 근왕병을 모집하여
   인조를 호종하였고, 정묘호란 때에는 동궁을 호종하였다.

228 申尙容(신상용, 생몰년 미상): 원래 淳昌의 士人. 호남에서 옮겨와 晉州 德山에
   서 살았다. 사람됨이 기개가 크고 효성스러웠다. 아버지 상을 당해서는 3년 동안
   죽만 먹었으며, 밤낮으로 슬퍼하였다. 효행이 조정에 알려져서 마을에 旌門을
   내려주었으며, 그 효행이《晋陽誌》권3〈孝行條〉에 기록되어 있다.

229 夏侯勝(하후승): 漢나라 宣帝 때의 유학자. 선제가 즉위하여 武帝의 덕을 기리
   고자 무제의 廟樂을 만들도록 명하였는데, 유독 하후승만이 무제가 四夷를 물리
   치고 국경을 개척하는 등 공은 많으나 선비를 많이 죽였고 사치스러워 백성을
   괴롭히는 등 덕이 없다고 하여 반대하였다.

230 黃覇(황패): 漢나라 宣帝 때의 관료. 廷尉正이 되어 疑獄을 공정하게 해결했다
   는 평을 받았다. 본시 丞相長史 때 夏侯勝이 詔書를 상의하지 않은 것을 탄핵하
   지 않았다가 함께 투옥되었다. 옥에서 하후승에게《尙書》를 배웠다. 출옥한 뒤
   하후승의 천거로 揚州刺史에 발탁되고, 潁川太守로 옮겼다. 당시 관리들이 嚴
   酷한 것을 유능하다고 여겼는데, 그는 항상 관대하면서도 명료하게 일을 처리하
   고, 교화에 힘쓰면서 처벌은 나중으로 미루었다.

231 今子能: 今吾子.

232 曰: 皆曰.

233 紛擾: 紛紜.

234 璿(선): 沈璿(?~1467). 본관은 靑松, 자는 潤夫. 좌익원종공신에 봉해졌으며,
   예조참의, 경기도 관찰사 등 여러 관직을 지냈다. 정자를 짓고 산수와 음율을
   즐겼는데, 세상사를 다 잊었다는 뜻으로 忘世亭이라 이름 붙였다.

故聞義而來。○ 尙容字□□，號七休，歸來亭²³⁵末舟²³⁶之後，曾受業于公，時年十七，事親至孝²³⁷，自上命旌閭²³⁸。】

27일(병진)

이날 군사를 정돈하여 두 대열로 나누었는데, 안후(安侯: 安鵠)로 하여금 그 가운데 한 대열을 거느리게 하고 방략(方略)을 일러 주었으며, 공(公: 류팽로) 스스로도 한 대열을 거느리고 옥과현 남쪽 앞의 들판에서 훈련하였다. 비록 칼을 부딪치며 맞붙어 싸우는 삼엄함은 없을지라도 앉고 서고 나아가고 물러서는 절도는 자못 한(漢)나라의 병사들이 류영(柳營: 細柳營)에 나가 진(陣)을 쳤던 것과 같았다.

二十七日(丙辰)

是日整旅，分作二隊，使安侯領其一枝，指授方略，公自領一枝，訓鍊于縣南前坪。雖無交鋒合戰之²³⁹嚴，其坐作進退²⁴⁰之節，殆若漢兵²⁴¹之出陣²⁴²柳營²⁴³也。

---

235 歸來亭: 歸來.

236 末舟(말주): 申末舟(1429~1503). 본관은 高靈, 자는 子楫, 호는 歸來亭. 申叔舟의 동생이다. 성격이 조용하고 담담하여 벼슬하기를 즐기지 않았다. 단종이 왕위에서 물러난 이후로 벼슬을 사임하고 물러나 순창에 살면서, 歸來亭을 지어 산수를 즐겼다.

237 至孝: 孝.

238 自上命旌閭: 추가.

239 之: 而.

240 坐作進退(좌작진퇴): 군사들이 훈련할 때 앉고 서고 나아가고 물러섬을 이르는 말.

241 漢兵(한병): 漢나라 周亞夫의 군율이 삼엄한 군대를 일컫는 말.

28일(정사)

왜적이 조령(鳥嶺)을 넘었다는 소식을 들었다.【협주: 이보다 앞서 왜적은 장기(長鬐)로부터 출발해 좌병영(左兵營) 울산(蔚山)을 함락하고 경주(慶州)·의흥(義興)·용궁(龍宮)을 거쳐 문경(聞慶)으로 나가 군진(軍陣)을 머무르면서 조령(鳥嶺)을 넘는 것을 꺼렸는데, 이때 조방장(助防將) 변기(邊璣)가 조령을 지키고 유극량(劉克良)이 죽령(竹嶺)을 지킬 뿐이지 별다른 방략이 없었다. 왜적이 사람을 시켜 정탐한 뒤 대비가 없음을 알고서는 곧 노래하고 춤추면서 이곳을 지나갔다.】

二十八日(丁巳)

聞賊踰鳥嶺²⁴⁴之報。【初賊²⁴⁵, 自長鬐²⁴⁶, 陷左兵營及蔚山²⁴⁷, 慶州²⁴⁸·義興²⁴⁹·龍宮²⁵⁰, 出聞慶²⁵¹留陣, 以踰鳥嶺爲憚, 時助防將邊璣²⁵²守鳥嶺, 劉克良²⁵³守竹嶺²⁵⁴, 無他方略。賊使人覘知無

---

242 出陣: 出.

243 柳營(류영): 細柳營. 漢文帝 때 흉노가 크게 변방을 침입하자 周亞夫가 陣을 쳤던 곳.

244 鳥嶺(조령): 경상북도 문경시 문경읍과 충청북도 괴산군 연풍면 사이에 있는 고개.

245 初賊: 初.

246 長鬐(장기): 경상북도 포항시 남구 일부와 경주시 일부를 관할하던 옛 행정구역.

247 蔚山(울산): 경상남도 북동단에 위치한 고을.

248 慶州(경주): 경상북도 남동단에 위치한 고을.

249 義興(의흥): 경상북도 군위군 북동부에 위치한 고을.

250 龍宮(용궁): 경상북도 예천군 중서부에 위치한 고을.

251 聞慶(문경): 경상북도 북서쪽에 위치한 고을.

252 邊璣(변기, 생몰년 미상): 본관은 原州. 아버지는 邊士倫이고, 아들은 邊彦城이다.

253 劉克良(유극량, ?~1592): 본관은 延安, 자는 仲武. 당시의 신분 제도에서는 과

備, 乃歌舞而過此²⁵⁵.]²⁵⁶

29일(무오)

새벽에 순찰사(巡察使: 李洸)의 관문(關文: 공문서)이 도착했는데, "조정에서 군사를 징발한다는 조치가 있으니, 온 도(道)의 병마들을 일제히 여산(礪山)으로 달려오게 하라."고 되어 있었다. 출정할 기일이 너무 촉박하자, 안후(安侯: 安鵠)가 말하기를, "나랏일이 이와 같이 급하니, 이를 장차 어찌해야 하겠는가?"라고 하니, 공(公: 류팽로)이 말하기를, "주상께서 내리신 명이온지라, 이에 병사들을 이끌고 급히 올라가지 않을 수 없습니다."라고 하였다. 안후가 즉시 전주(全州)를 향해 출발하였다. 공(公)은 또 사람을 시켜 운봉(雲峯)·함양(咸陽) 등지에 가서 적정을 탐문하고 돌아오게 하였다.【협주: 밀양(密陽)에 있던 왜적이 청도(淸道)와 대구(大邱)를 거쳐 상주(尙州)로 쳐들어갔다고 하였다.】

二十九日(戊午)

거에 응시할 수 없는 노비 출신이었으나, 洪暹의 깊은 배려로 노비 신분을 면제받았다. 여러 무관직을 거친 뒤 1591년 전라좌수사가 되었다. 1592년 임진왜란이 일어나자 申砬의 助防將이 되어 전임하였다. 竹嶺을 방어하다가 패배하자, 군사를 영솔해 방어사 申硈의 밑에 들어가 그 부장이 되었다. 대장 신할과, 마침 1,000명의 군졸을 이끌고 그 곳에 달려온 도순찰사 韓應寅 등과 함께 임진강을 방어하다가 전사하였다.

254 竹嶺(죽령): 경상북도 영주시 풍기읍과 충청북도 단양군 대강면 사이에 있는 고개.
255 **過此: 過.**
256 **협주의 내용은 원문이었음.**

曉巡察使關到, 云:"有朝廷徵兵之擧, 一道兵馬, 齊赴礪山[257]."
師期太迫, 安侯曰:"國事如是其急, 此將奈何?"公曰:"自上有
命, 此不可不提兵急上矣."安侯卽發向全州[258]。公又使人往于雲
峯[259]·咸陽[260], 探[261]賊情而還。【密陽賊, 自淸道[262]·大邱[263], 入[264]
尙州[265]云。】

30일(기미)

왜적이 상주(尙州)를 함락시켰고, 순변사(巡邊使) 이일(李鎰)이 패
하여 달아났다는 소식이 들렸다.【협주: 이보다 앞서 변경에서 보내
온 위급한 보고가 이르자, 이일을 순변사로, 성응정(成應井: 成應吉
의 오기)을 경상도 좌방어사로, 조경(趙儆)을 경상도 우방어사로 삼
았다. 이때 영남 고을에 주둔하고 있던 병사들은 경장(京將: 중앙에
서 파견한 장수)이 이르기를 기다리고 있었는데, 왜적이 점차 바싹
좁혀왔다. 때마침 큰비가 내린 데다 군량까지 부족하자, 관군들은
밤을 틈타 달아났고 여러 고을의 수령들도 단기(單騎)로 모두 달아

---

257 礪山(여산): 전라북도 익산 지역에 위치한 고을.
258 全州(전주): 전라북도 중앙에 위치한 고을.
259 雲峯(운봉): 전라북도 남원시에 위치한 고을.
260 咸陽(함양): 경상남도 서북단에 위치한 고을.
261 **探: 詞探.**
262 淸道(청도): 경상북도 최남단에 위치한 고을.
263 大邱(대구): 경상북도 남부 중앙에 위치한 고을.
264 **入: 轉入.**
265 尙州(상주): 경상북도 서쪽 끝에 위치하여 충청북도 접경을 이루고 있는 고을.

났다. 이일이 당도하니, 상주목사(尙州牧使) 김해(金澥)는 먼저 피신하였고, 판관(判官) 권길(權吉)은 수백 명의 무리를 색출하여 거느렸으나 대오를 잃고 자리에서 떨어져 나갔다. 왜적이 대거 쳐들어오자, 이일은 말을 버리고 머리를 풀어헤친 채 충주(忠州)로 달아났는데 바로 신립이 군대를 주둔해 있던 곳이라고 한다.】

어제부터 지금까지 하늘과 잇닿은 듯 큰비가 내려 죽천(竹川)이 범람하여 사람들이 통행할 수가 없었다.【협주: 듣자니 수해를 입은 것이 사람 5명과 소 3마리 및 가산 등의 물건으로 그 수를 셀 수가 없다고 하였다.】

三十日(己未)

聞賊陷尙州, 巡邊使李鎰[266]敗走之報。【初邊報[267]之至, 以鎰爲巡邊使, 成應井[268]·趙儆[269]左右仿禦。時嶺邑屯兵, 待京將來, 賊

---

266 李鎰(이일, 1538~1601): 본관은 龍仁, 자는 重卿. 1558년 무과에 급제하여, 전라도 수군절도사로 있다가, 1583년 尼湯介가 慶源과 鐘城에 침입하자 慶源府使가 되어 이를 격퇴하였다. 임진왜란 때 巡邊使로 尙州에서 왜군과 싸우다가 크게 패배하고 충주로 후퇴하였다. 충주에서 도순변사 申砬의 진영에 들어가 재차 왜적과 싸웠으나 패하고 황해로 도망하였다. 그 후 임진강·평양 등을 방어하고 東邊防禦使가 되었다. 이듬해 평안도병마절도사 때 명나라 원병과 평양을 수복하였다. 서울 탈환 후 訓鍊都監이 설치되자 左知事로 군대를 훈련했고, 후에 함북순변사와 충청도·전라도·경상도 등 3도 순변사를 거쳐 武勇大將을 지냈다. 1600년 함경남도병마절도사가 되었다가 병으로 사직하고, 1601년 부하를 죽였다는 살인죄의 혐의를 받고 붙잡혀 호송되다가 定平에서 병사했다.

267 邊報(변보): 변경에서 들어오는 보고.

268 成應井(성응정): 成應吉(생몰년 미상)의 오기. 본관은 昌寧, 자는 德一. 成渾의 재종당질이다. 무과에 급제한 뒤 여러 관직을 거쳐 1563년 사복시판관이 되었는데 私奴를 馬賊으로 잘못 알고 살해하여 파직당하였다. 그 뒤 복직되어 1587년

漸逼。會大雨, 且乏粮, 官軍夜潰[270], 列邑守單騎皆走。鎰及至,

尙州牧使金澥[271]先遁, 判官權吉[272]括率衆數百, 失伍離次。賊大

至, 鎰棄馬被髮, 走于忠州[273], 申砬[274]駐兵所云。】自昨至今, 連天

에 順川府使, 1589년에 전라병사를 역임하였다. 1592년에 임진왜란이 일어나자 左防禦使로 임명되어 경상도로 가던 중 조방장 朴宗男과 함께 義興에서 왜적을 만나 죽령을 거쳐 의주 行在所로 향하였다. 전란중 방어사 沈喜壽의 종사관으로 활약하고 遼東에 들어가 원병을 요청하는 한편 명나라 장수 접대 등에 공로가 많다 하여 扈聖功臣에 거론되었으나 책록되지 못하였다.

269 趙儆(조경, 1541~1609): 본관은 豊壤, 자는 士惕. 무과에 급제하여, 선전관·제주목사를 거쳐, 1591년 강계부사로 있을 때 그곳에 유배되어 온 鄭澈을 우대하였다는 이유로 파직되었다. 이듬해 임진왜란이 일어나자 경상우도방어사가 되어 황간·추풍 등지에서 싸웠으나 패배, 이어 金山에서 왜적을 물리치다 부상을 입었다. 그해 겨울 수원부사로 적에게 포위된 禿山城의 權慄을 응원, 이듬해 도원수 권율과 함께 행주산성에서 대첩을 거두었다. 행주산성에서의 승리로 한양을 탈환할 수 있었고, 都城西都捕盜大將으로 임명되었고, 1594년 훈련대장이 되었다. 그 뒤 동지중추부사·함경북도병사·훈련원도정·한성부판윤을 거쳐 1599년 충청병사·회령부사를 지냈으며, 1604년 宣武功臣 3등에 책봉되고 豊壤君에 봉하여졌다.

270 夜潰: 且潰.

271 金澥(김해, 1534~1593): 본관은 禮安, 자는 士晦, 호는 雪松. 1560년 진사가 되고, 1564년 식년문과에 급제하였다. 1571년 형조좌랑, 1573년 지평을 거쳐 이듬해 장령이 되었으며, 1576년 사간으로 승진하였다. 1592년 상주목사로 재임 중 임진왜란을 당하여 당황한 나머지 순변사 李鎰을 맞이한다는 핑계로 성을 떠나 피신하였다. 그러나 뒤에 판관 鄭起龍과 함께 鄕兵을 규합하여 開寧에서 왜군을 격파하고 상주성을 일시 탈환하기도 하였다. 이듬해 왜적에게 포위되어 항전하다가 전사하였다.

272 權吉(권길, 1550~1592): 본관은 安東, 자는 應善. 음보로 기용되어 관력은 상주판관에 이르렀다. 1592년에 임진왜란이 일어나자 東萊府를 잃고 도주하여온 巡邊使 李鎰의 군사와 합세하였다. 상주에서 왜적과 전투를 벌일 때 죽음을 무릅쓰고 나라를 지킬 것을 맹세하였는데, 戶長 朴傑를 비롯해 많은 군사와 백성들이 이에 호응하여 싸웠지만 무기와 군병수의 열세로 패하여 전사하였다.

大雨, 竹川²⁷⁵盛溢, 人不通涉.【及聞, 爲水害者, 人五牛三若家
産等物, 不計其數云.】

● 5월

1일(경신)

군대 안에서 할 일이 없자 각기 대열을 정할 따름이었다.

저물녘에 김충남(金忠男)이 합강(合江)에서 와 보고하기를, "이번
홍수는 망망하기가 바다 같아서, 강을 뒤덮고 떠내려가는 집들이
종일토록 끊이지 않았으니 죽은 사람이 얼마나 많은지는 이것으로
미루어 알 수 있을 것이옵니다."라고 하자, 공(公: 류팽로)이 말하기
를, "이 역시 운명일러라. 만약 왜적에게 해를 당한다면 익사한 것
인들 무엇이 해롭겠느냐?"라고 하였다.

안후(安侯: 安鵠)가 완주(完州)에서 한밤중을 틈타 고을에 도착하
였다. 이때 공(公: 류팽로)은 촛불을 밝힌 채 자지 않고 있었는데,

---

273 忠州(충주): 충청북도 북부에 위치한 고을.

274 申砬(신립, 1546~1592): 본관은 平山, 자는 立之. 1567년 무과에 급제하여
    1583년 북변에 침입해온 尼湯介를 격퇴하고 두만강을 건너가 野人의 소굴을
    소탕하고 개선, 함경북도 병마절도사에 올랐다. 임진왜란 때 三道都巡邊使로
    임명되어 忠州 鎽川江 彈琴臺에서 背水之陣을 치며 왜군과 분투하다 패배하여
    부하 金汝岉과 함께 강물에 투신 자결했다.

275 竹川(죽천): 전라남도 화순군 동복면 瑞石 동쪽에서 나와 남쪽 達川이 되고,
    남쪽으로 흘러 寶城 북쪽에 이르는 강. 이 강을 亭子川이라고도 한다.

안후가 이윽고 말하기를, "이번에 남원 부사(南原府使) 윤안성(尹安性)과 함께 한 숙소에서 지냈는데, 어떤 사람이 사사로이 윤안성에게 이르기를, '순찰사(巡察使: 李洸)의 대응조치는 능히 도움이 되지 못하니, 필시 우리의 군대를 패하게 할 사람이라오. 공(公: 윤안성)은 항우(項羽)가 경자관군(卿子冠軍: 宋義)를 베어 죽이고 상장군(上將軍)을 대신하여 공훈을 세운 것처럼 하는 것이 좋겠소이다.'라고 했다네."라고 하니, 공(公: 류팽로)이 말하기를, "이는 양 주부(梁主簿)가 아니고서 그런 말을 할 사람이 없습니다."라고 하였다.【협주: 나중에 얻어들으니 과연 그 사람이었다. ○ 안후가 말하기를,"주부는 어떤 사람인가?"라고 하니, 공(公: 류팽로)이 말하기를, "주부는 양대박(梁大樸)으로 저의 이종형입니다. 일찍이 과거 급제하는 것을 사양하고 성리학에 정통하였는데, 따르며 배우는 자들이 모두 청계선생(靑溪先生)이라고 부릅니다."라고 하였다.】

이날 읍에서 집으로 돌아갔는데, 부인 김씨(金氏)가 문밖에 나와 맞이하며 서운한 기색으로 말하기를, "듣사온대 공(公)이 500명의 무리를 얻었다고 하던데, 어찌하여 곧바로 전쟁터에 달려가지 않고 오랫동안 머무르고만 있사옵니까?"라고 하자, 공(公)이 말하기를, "천 명을 얻으면 이에 바야흐로 먼길을 떠나려 하오."라고 하니, 또 부인이 말하기를, "그렇다면 어찌 속히 도모하지 않으십니까? 지난번에 한마디의 말로도 500명의 무리를 얻을 수 있었던 것은 난리 초기여서 인심이 본래 가지고 있었기 때문이지만, 지금은 비록 수많은 말로도 한 사람조차 복종시키기 어려운 것은 난리가 오래되어서 인심이 더욱 흩어졌기 때문이옵니다. 인심이 흩어지면 그 도리를 잃게 되니 경전(經傳: 맹자)에 이르기를, '도리를 잃은 자는 도와주는 사람이 적나니 도와주는 사람이 적은 것이 극에 이르면 친척까지 배반한다.'고 하였사오니, 하물며 보통사람들이겠사옵니까? 아마도 공(公)께서 번민하고 탄식하시게 될 것입니다."라고 하였다. 공(公)이 말하기를, "부인의 말이 맞소."라고 하고는 즉시 청사(廳舍: 사랑채)로 나아갔는데, 병사 모집하는 일을 결심하고 손수 창의 격문(倡義檄文)을 지으니 밤이 이미 깊었다. 촛불을 밝히고 아침을 기다렸다.

五月

初一日(庚申)

軍中無事, 各定行伍而已。及暮忠男, 自合江[276]來, 報曰: "今番大水, 茫茫如海, 浮家蔽江, 終日不止, 人死之衆, 推此可知也。"公曰: "此亦命也。若爲賊所害, 則溺死者, 亦何傷焉?"安侯, 自完用[277]夜半到邑。時公明燭不寐, 安侯因言曰: "今者, 與南原倅尹安性[278]同舍[279], 有何人私謂安性曰: '巡察擧措, 不足濟

---

276 合江(합강): 전라남도 곡성군의 玉果川이 섬진강과 합류하는 지점에 있는 마을.

277 完用: 完州.

278 尹安性(윤안성, 1542~1615): 본관은 坡平, 자는 季初, 호는 宜觀. 1572년 별시 문과에 병과로 급제하여, 南原府使였을 때 임진왜란이 일어나 난민이 官倉을 부수고 약탈과 살육을 자행하자 단신으로 말을 달려 수십 명을 죽여 난을 진압시키고 남원을 사수할 계획을 세웠으나, 巡檢使 金命元의 종사관이 되어 용인에 진을 쳤다. 그러나 밤중에 순검사 등이 도망하자 남원에 돌아와서 전심전력을 다하여 흩어진 군졸을 모아 왜적과 싸웠다. 그 뒤 안동 판관을 거쳐 숙천 부사를 역임하고, 또다시 전주 부사로 전직되어 금산에 침입하여온 적군을 막지 못하고

事²⁸⁰, 必敗吾軍者也。公須²⁸¹如斬卿子冠軍²⁸², 代上將, 樹勳可也.'云."公曰: "此非²⁸³梁主簿, 則無是言."【後得聞, 則果是其人。○ 安侯曰: "主簿, 何許人?" 公曰: "主簿, 梁大撲²⁸⁴, 吾姨從也。早謝公車²⁸⁵, 精通理學, 從學者皆稱²⁸⁶靑溪先生."】是日, 自邑還家, 夫人金氏²⁸⁷, 出門迎²⁸⁸, 慍有言曰: "聞公得衆一旅²⁸⁹, 何不直赴戰場, 而久爲留連?"曰: "可得千人, 爰方啓行²⁹⁰."曰: "然

전주의 官庫을 소각하여 많은 미곡을 소실시켰다는 죄로 파직 당하였다.

279 同舍(동사): 한 방에서 지냄.

280 濟事(제사): 도움이 됨.

281 須: 項의 오기인 듯. 項羽를 가리킴.

282 卿子冠軍(경자관군): 楚나라 懷王의 신하 宋義의 호. 楚나라 懷王이 宋義를 上將軍으로, 項羽를 次將으로 삼아 秦나라로부터 공격을 받는 趙나라를 구원하게 하였는데, 安陽에 이르자 송의는 진나라 군대를 두려워하여 진영에 머문 채 46일을 관망하자 항우가 화가 나서 왕명을 칭탁해서 송의를 죽이고, 漳河를 건너 鉅鹿에서 진나라와 싸워 진나라 군대를 대파했다.

283 此非: 非.

284 梁大撲(양대박): 梁大樸(1543~1592)의 오기. 본관은 南原, 자는 士眞, 호는 松巖·竹巖·荷谷·靑溪道人. 1592년 4월 임진왜란이 일어나자, 學官으로서 아들 梁敬遇와 家僮 50명으로 의병을 일으켰다. 같은 해 6월 高敬命이 담양에서 의병을 일으키자, 고경명을 맹주로 추대하고 幼學 柳彭老와 함께 從事官으로 활약하였다. 같은 달 7일 군대를 정비하고, 이튿날 출정에 나서자 전주로 가서 의병 2,000명을 모집하기도 하였다. 이때의 과로로 발병하여 珍山의 진중에서 죽었다.

285 公車(공거): 과거에 급제하는 것.

286 皆稱: 稱.

287 夫人金氏(부인김씨): 본관은 原州. 아버지는 副司果 金琛이다.

288 迎: 迎後.

289 一旅(일여): 중국 周나라에서 병사 500명을 일컫던 말.

則, 何不速圖? 向者一言而得一旅者, 亂初而人心固有也, 今雖
衆言而難服一人者, 亂久而人心益散也。人心散, 則失其道, 經
曰: '失道者寡助, 寡助之至親戚叛之[291].' 況衆人乎? 窃爲公憫歎
也." 公曰: "夫人言是也." 卽出就廳舍[292], 以募兵事心忪, 而手草
倡義檄, 夜已深矣。明燭待朝。

2일(신유)

가동(家僮: 집안 하인)에게 분부하여 발 빠른 자 50여 명을 골라뽑
아서 각기 격문 1통씩 가지고 남도 지방의 각 고을 수령 및 모든
선비와 백성들에게 두루 알리도록 하였다. 이어서 즉시 말을 달려
성에 들어갔는데, 여러 날을 계속해 군사 훈련을 하여 매우 지쳐서
이날 쇠고기와 술을 크게 베풀고 병사들을 쉬며 즐기도록 하였다.
저물녘에 다시 일일이 조사하니 거의 천여 명이었다.【협주: 대개 의
병으로써 성을 지킨 지 며칠 만에 떠나갔던 백성들이 죄다 되돌아와
밭을 갈 사람은 밭갈고 베를 짤 사람은 베를 짜며 온 경내가 공(公:
류팽로) 덕분에 온전해지자, 인근 고을로 왜적을 피해 왔던 자들이

---

290 啓行(계행): 길을 떠남.

291 失道者寡助, 寡助之至, 親戚叛之.(실도자과조, 실조지지, 친척반지):《孟子》
〈公孫丑章句 下〉의 "도리를 얻은 자는 도와주는 사람이 많고, 도리를 잃은 자는
도와주는 사람이 적나니, 도와주는 사람이 적기가 극에 이르면 친척까지 배반하는
것이고, 도와주는 사람이 많기가 극에 이르면 천하가 순종하게 된다.(得道者多助,
失道者寡助, 寡助之至, 親戚畔之, 多助之至, 天下順之.)"에서 나오는 말.

292 廳舍(청사): 관아. 관청의 건물. 여기서는 사랑채로 쓰인 듯.

소문을 듣고 와서 다투어 관군이나 의병으로 들어갔던 것이다.】

初二日(辛酉)

分付家僮, 擇其疾足者五十餘人, 各持一本, 遍告南中列邑守宰及諸士民. 因²⁹³趣駕²⁹⁴入城, 連日軍務甚勞, 以是日大置牛酒, 休兵作娛. 及暮, 更指閱²⁹⁵, 則殆千餘.【盖以義兵, 守城²⁹⁶幾日, 流民盡歸, 耕者耕, 織者織, 一境賴公²⁹⁷以全, 近邑避賊者, 聞風而來, 爭²⁹⁸投軍兵.】

3일(임술)

새벽에 듣건대 대가(大駕)가 서쪽으로 피난한 것이 지난달 그믐날이었다고 하자, 공(公: 류팽로)이 하늘을 부르고 통곡하여 말하기를, "나는 이미 호종(扈從)할 수 없게 되었으니 장차 무엇으로 나라에 보답하리오?" 하고는 이윽고 칼을 두들기며 맹세하기를, "안노산(顔魯山: 顔魯公의 오기, 顔眞卿)은 성을 굳게 지키다가 죽었지만 일찍이 당시 군주로부터 인정받지 못했고, 조사아(祖士雅: 祖逖)는 뱃전을 치면서 맹세하였으니 어찌 반드시 순조롭고 곤란한 형세를 따졌겠느냐?"라고 하였다. 이 말을 들은 자들은 눈물을 뿌리지 않은 이가

---

293 因: 卽.
294 趣駕(촉가): 속히 수레를 준비함.
295 指閱: 點閱.
296 義兵守城: 義.
297 公: 此.
298 爭: 或作居民或.

없었다.【협주: 애초에는 조정에서 이원익(李元翼)을 평안도관찰사(平安道觀察使)로, 최흥원(崔興源)을 황해도관찰사(黃海道觀察使)로 삼았고, 장차 서쪽으로 봉진하려는 뜻이 있어서 이양원(李陽元)을 수성대장(守城大將)으로, 이전(李戩)을 좌위장(左衛將)으로, 변언수(邊彦琇)를 우위장(右衛將)으로, 상중(喪中)에 있던 김명원(金命元)을 기용해 도원수(都元帥)로 삼아 경성(京城)을 지키게 하였다. 대가(大駕)가 다급하게 궐문(闕門)을 나서서 벽제역(碧蹄驛)에 이르자 비가 물을 퍼붓듯 내렸고, 저물녘이 되어서야 동파역(東坡驛)에 이르렀는데, 파주 목사(坡州牧使) 허진(許晉)과 장단 부사(長湍府使) 구효연(具孝淵)이 임시로 어주(御廚: 임금의 식사를 조리하기 위한 부엌)를 설치하였지만 음식을 주상에게 바칠 수가 없게 되자, 모두 달아나 버렸다. 다음날 서흥 부사(瑞興府使) 남억(南嶷)이 병사와 말을 갖추고 먼저 당도해 있었다. 이로써 출발하여 저녁이 되어서 개성(開城)에 도착하였는데, 황해도관찰사 조인득(趙仁得)이 오는 길목에 장막을 설치하여 비로소 수라를 먹을 수 있었고, 백관(百官)들도 또한 겨우 시장기를 면할 수 있었다.】

군대의 대오를 살피고 정돈하여 수레를 타고 장차 출발하려는데. 오직 김충남(金忠男) 하나만이 따라 나섰다. 곡성(谷城)의 우측에서 순천(順天) 방향으로 돌아 저물녘이 되어서는 대광사(大廣寺)에 들어갔다. 절은 텅 비었고 승려도 없었지만, 언뜻 보니 불당에는 베개와 안석(案席)이 있고 부엌에는 그릇들도 있어 사람이 살고 있는 듯한데도 적막하였다. 이는 필시 도적의 해침을 받은 것이 아니라면 맹수들의 해를 입은 것이었다. 이날 밤에 촛불을 밝히고 자지 않고 있으니, 과연 3마리의 커다란 호랑이가 곧바로 들어왔다가 공(公: 류팽로)을 보고 깜짝 놀라 뒷걸음을 치고는 쭈그려 앉았다. 공(公)이 칼을 짚고 서서 공언하기를, "너희들은 비록 미물일지라도 모든 짐승의 수장이 되었거늘, 혹시라도 구월산(九月山)에서 있었던 지난날의 약속을 알고 있느냐?"고 하니, 호랑이들이 이내 머리를 수그리고 듣다가 꼬리를 드리우고서 가버렸다.

얼마 후에 두 승려가 빈 벽에서 나와 절하며 무릎꿇고 말하기를, "이 절과 가까운 깊은 골짜기로 피난했던 사람들이 호랑이에게 해를 입은 것이 많았고 또 이 사찰도 범하여 어젯밤에 승려 3명 또한 해를 입었사온데, 지금은 공(公) 덕분에 화를 모면했지만 만약 공(公)이 떠나가신 뒤로 후환이 있을까 두렵사옵니다."라고 하자, 공(公)이 말하기를, "우리 성군(聖君)께서 애초에 덕을 힘써서 새와 짐승이며 물고기와 자라 등도 두루 평안했거늘, 저 왜추(倭酋: 풍신수길)가 하늘을 거스리고 덕을 어지럽혀 사람과 귀신이 뒤섞일 즈음에 짐승 또한 제자리가 편안했겠소? 제 살곳을 잃었기 때문에 그 화(禍)가 사람에게 미친 것이오. 대체로 호랑이가 사람을 보고 두려워하였으니, 사람이 호랑이를 두려워한 것과 똑같아서 죽이려고 한 까닭이라오. 장차 내가 바야흐로 의병을 모집하여 왜추(倭酋)를 소탕하려고 하니, 저 또한 이 땅에서 먹고사는 미물로서 반드시 감동하는 바가 있을 것이오."라고 하였다.

初三日(壬戌)

曉聞大駕西幸, 在前晦日云, 公呼天[299]慟哭, 曰: "吾旣不得扈從, 將何報國?" 因擊釰而誓, 曰: "顔魯山[300], 嬰城而死, 曾不蒙世

主之知, 祖士雅³⁰¹, 擊楫而盟, 豈必較利鈍之勢?" 聞者, 莫不揮
泣。【初, 以李元翼³⁰²爲箕伯, 崔興源³⁰³爲海伯, 將有西幸之意,
李陽元³⁰⁴爲守城將, 李戩³⁰⁵·邊彦琇³⁰⁶爲左右衛, 起復³⁰⁷金命

---

299 呼天: 號天.

300 顔魯山(안노산): 顔魯公의 오기. 唐나라의 충신이며 書藝家인 顔眞卿. 노공은
   그의 封號이다. 安史의 난 때 의병을 일으켜 적을 토벌하였으며, 반란한 李希烈
   을 회유하려다 잡혀 살해되었다.

301 士雅(사아): 晉나라 명장 祖逖의 字. 石勒를 격파하려고 강을 건널 즈음에 中流
   에서 뱃전을 치며 中原을 맑게 하지 못하는 한 살아서 돌아오지 않겠다고 맹세한
   고사가 있다.

302 李元翼(이원익, 1547~1634): 본관은 全州, 자는 公勵, 호는 梧里. 벼슬이 영의
   정에 이르렀으나 청빈한 생활을 했으며, 병제와 조세제도를 정비하여 1587년
   이조참판 權克禮의 추천하여 安州牧使로 있을 때 六番制를, 1608년에 대동법
   을 실시하는 데 공헌했다. 이러한 공로에 힘입어 대사헌·호조 및 예조의 판서를
   지냈다. 이조판서 때 임진왜란이 일어나자 평안도 도순찰사가 되어 왕의 피란길
   에 호종하고, 1593년 李如松과 합세하여 평양 탈환작전에 공을 세워 평안도관찰
   사가 되었으며, 1595년 우의정에 올라 陳奏辨誣使로 명나라에 다녀온 후 1598
   년 영의정이 되었는데, 柳成龍를 변호하다 사직하였다. 1600년에는 좌의정을
   거쳐 도체찰사에 임명되어 영남지방과 서북지방을 돌아보았다. 1604년 임진왜
   란 때의 공적으로 扈聖功臣에 책훈되고 完平府院君에 봉해졌다.

303 崔興源(최흥원, 1529~1603): 본관은 朔寧, 자는 復初, 호는 松泉. 1555년 소과
   를 거쳐 1568년 증광문과에 급제하여, 장령·정언·집의·사간을 역임하였으며,
   이어 동래와 부평의 부사를 지냈다. 1578년 승지로 기용되고, 1588년 평안도관
   찰사가 되었다. 이후 지중추부사를 거쳐 1592년 임진왜란이 일어나자 경기도와
   황해도 순찰사, 우의정·좌의정을 거쳐 柳成龍의 파직에 따라 영의정에 기용되
   었다. 임진왜란 당시 왕을 의주까지 호종했던 공으로 1604년 扈聖功臣에 追錄
   되었다.

304 李陽元(이양원, 1526~1592): 본관은 全州, 자는 伯春, 호는 鷺渚. 1592년 임진
   왜란이 일어나자 留都大將으로 수도의 수비를 맡았으나 한강 방어의 실패로 楊
   州로 철수, 分軍의 부원수 申恪과 함경도병마절도사 李渾의 군사와 합세해 蟹
   蹊嶺에 주둔, 일본군과 싸워 승리한 뒤 영의정에 올랐다. 이때 의주에 피난해

元³⁰⁸爲都元師, 守京³⁰⁹。大駕倉黃出闕門, 至碧蹄驛³¹⁰, 雨下如

있던 선조가 遼東으로 건너가 內附(딴 나라에 들어가 붙음)한다는 소식을 전해 듣고, 탄식하며 8일간 단식하다가 피를 토하고 죽었다 한다.

305 李戩(이전, 1517~?): 본관은 羽溪, 자는 彦祐·彦漸, 초명은 彦晢. 李戩의 동생, 李福男의 조부. 1587년 경기도수군절도사로 있을 때 도성을 나서자마자 바로 교자에 올라탔다는 이유로 사헌부의 탄핵을 받고 파직되었다. 이후 포도대장, 군기시제조, 비변사당상 등을 역임하였다. 1592년 4월 임진왜란 발발 직후 수성좌위장을 맡아 성곽을 수축했으며, 임금에게 전략 12조를 헌책하였다. 4월 말 어가의 파천이 정해지자, 피난가는 선조의 어거를 의주까지 호종한 공로로 知中樞府事로 승진하였다.

306 邊彦琇(변언수, 1544~1592): 본관은 原州, 자는 君獻. 1592년 유도대장에 제수되어 都元帥 金命元과 副元帥 申恪을 도와 한강을 지키는 임무를 맡았다. 임진왜란이 발발하여 왕실이 긴박한 상황에 처했을 때 먼 남쪽에 있던 崔遠이 1만 군사를 거느리고 임금을 보필하기 위해 달려온 데에 반해, 가까운 곳에 있던 邊彦琇는 더 이상 적들과 맞서는 것은 헛수고에 불과하다며 구원 명령에 응하지 않다가 군율을 어기고 군사들마저 잃어버린 죄로 白衣從軍을 명받게 되었다. 그러나 후에 오랑캐에게 망명하고자 겨울에 얼음 언 강을 몰래 건너 새벽녘에 楸島를 엄습한 사실이 드러나 벌을 받아 죽었다.

307 起復(기복): 起復出仕. 상을 당해 휴직 중인 관리를 복상기간 중에 직무를 보도록 기용하는 것.

308 金命元(김명원, 1534~1602): 본관은 慶州, 자는 應順, 호는 酒隱. 1568년 종성부사가 되었고, 그 뒤 동래부사·판결사·형조참의·나주목사·정주목사를 지냈다. 1579년 의주목사가 되고 이어 평안병사·호조참판·전라감사·한성부좌윤·경기감사·병조참판을 거쳐, 1584년 함경감사·형조판서·도총관을 지냈다. 1587년 우참찬으로 승진했고, 이어 형조판서·경기감사를 거쳐 좌참찬으로 지의금부사를 겸했다. 1589년 鄭汝立의 난을 수습하는 데 공을 세워 平難功臣 3등에 책록되고 慶林君에 봉해졌다.1592년 임진왜란이 일어나자, 순검사에 이어 팔도도원수가 되어 한강 및 임진강을 방어했으나, 중과부적으로 적을 막지 못하고 적의 침공만을 지연시켰다. 평양이 함락된 뒤 순안에 주둔해 行在所 경비에 힘썼다. 이듬해 명나라 원병이 오자 명나라 장수들의 자문에 응했고, 그 뒤 호조·예조·공조의 판서를 지냈다. 1597년 정유재란 때는 병조판서로 留都大將을 겸임했다.

309 守京: 守漢江 領府事金貴榮請固守京城 掌令權悏亦大呼守京.

注, 昏到東坡驛³¹¹, 坡州³¹²守許晉³¹³·長湍³¹⁴守具孝淵³¹⁵, 畧供御
廚³¹⁶, 將闕上供, 皆得而逃。翌日, 瑞興³¹⁷守南嶷, 具兵馬先到。
以此治行, 夕次開城³¹⁸, 海伯趙仁得³¹⁹, 設帳中途, 始進水剌, 百
官僅得療飢。】考整軍伍, 命³²⁰駕將出, 一忠男隨之行。自谷城³²¹
之右, 轉向順天, 暮入大廣寺³²²。寺空而無僧, 轉眠則堂有枕几,

---

310 碧蹄驛(벽제역): 경기도 고양시 벽제역에 있는 조선시대 중국 사신이 한양으로
 들어오기 하루 전에 유숙하던 객사.

311 東坡驛(동파역): 조선시대 경기도 長湍에 위치한 역참.

312 坡州(파주): 경기도 북서부에 위치한 고을.

313 許晉(허진, 1536~1616): 본관은 陽川, 자는 景昭, 호는 西橋. 임진왜란이 일어
 나자 1594년 동지사로 중국에 들어가서 왜적의 동태를 알리고, 아울러 군수품의
 무역을 바라는 정문을 올려 귀국 시에 많은 무기를 교역하고 돌아왔다.

314 長湍(장단): 경기도 북서부에 위치한 고을.

315 具孝淵(구효연, 1526~?): 본관은 綾城. 內資寺直長 具徵의 아들. 1561년 생원
 시에 입격하여 橫城縣監·長湍府使 등을 지냈다.

316 御廚(어주): 임금이 먹을 음식을 조리하는 부엌.

317 瑞興(서흥): 황해도 중동부에 위치한 고을.

318 開城(개성): 경기도 북서부에 위치한 고을.

319 趙仁得(조인득, ?~1598): 본관은 平壤. 자는 德輔, 호는 滄洲. 1592년 임진왜
 란 때 황해도관찰사로 해주 앞바다의 섬으로 피신하였다가 황해도병마절도사로
 전직되었으며, 그 뒤 판결사를 지냈다. 1594년 황해도병마절도사로 있을 때 비
 변사의 건의로 精兵을 모집하였으며, 이에 束伍法이 최초로 적용되기도 하였다.
 이로써 당시 시급한 砲手 양성에 노력하고 있던 각 지방군의 束伍軍化가 촉진되
 었다. 1595년 도승지가 되고, 이듬해 충청도관찰사·공조참판·길주목사 등을 역
 임하였다.

320 命: 卽命.

321 谷城(곡성): 전라남도 북동부에 위치한 고을.

322 大廣寺(대광사): 전라남도 순천시 주암면 대광리 용문마을에 있었던 사찰.

廚有哭皿, 似有人跡而寂寥。此必無賊害, 則有獸患。是夜, 明
燭不寐, 果有三大虎直入, 見公愕然, 退步蹲坐。公杖釖立而宣
言曰: "爾雖微物, 爲百獸長, 則倘識九月山前事[323]耶?" 虎乃俯首
而聽, 低尾而逝。久之, 二僧, 自空壁出, 拜跪曰: "近寺深谷避亂
人, 多爲虎所害, 而且犯寺, 昨夜三僧, 亦爲所害, 今則賴公而免
禍, 若公行次後, 恐有後慮矣。" 公曰: "吾聖君, 始懋厥德, 鳥獸魚
鱉咸若[324], 而彼倭酋, 逆天亂德, 民神雜糅之際, 獸亦安其處所
乎? 失其所, 故禍及於人者。盖虎之見人畏, 如人之畏虎[325], 而欲
殺故[326]也。且吾方以義募兵, 欲掃除倭酋, 則彼亦食土之物[327],
必有所感動[328]矣。"

---

323 九月山前事(구월산전사): 고려시대 柳孝金의 일화를 가리킴. 본관은 文化. 黃
海道 九月山에 놀러갔다가 길에서 만난 호랑이의 입에서 은비녀를 뽑아주었다.
그날 밤 꿈에 낮에 본 호랑이가 나타나 "나는 구월산의 신령인데 어제 聖堂里에
서 어떤 부인을 잡아먹다 너무 급히 먹어 비녀가 목에 걸려 죽는구나 하던 즈음
에 그대가 구해주어 고맙소. 앞으로 그대의 자손은 대대로 卿相이 될 것이오."라
고 했다는 우화가 전해진다.

324 鳥獸魚鱉咸若(조수어별함약): 《書經》〈伊訓〉에 "옛날 夏나라 先王들은 덕을 힘
썼으므로, 하늘의 재변이 없었고 산천의 귀신들이 또 모두 편안하였으며, 조수
와 어별들도 모두 천성을 따라 즐거워하였다.(古有夏先后, 方懋厥德, 罔有天
災, 山川鬼神, 亦莫不寧, 曁鳥獸魚鼈咸若。)"에서 나오는 말.

325 畏虎: 見虎.

326 而欲殺故: 畏.

327 物: 物也.

328 所感動: 感動.

4일(계해)

공(公: 류팽로)이 길을 떠나려 하자, 두 승려가 만류하며 말하기를, "원컨대 하룻밤만 더 머물러 동정을 다시 살펴봐주소서."라고 하였다. 이에 공(公)이 승려들 및 김충남(金忠男)과 함께 칼을 지팡이로 삼아 깊은 골짜기의 궁벽한 곳까지 아무 거리낌 없이 다녔지만, 두 승려는 따라다니지 못하였다.【협주: 두 승려는 나이가 모두 80여 세였다.】

김충남에게 명하여 큰 소리로 외치게 하기를, "이곳에 피란해 있는 자들은 모두 나오시오! 난리가 이미 평정되었거늘, 어찌 이 산속에 오래 지내려 한단 말이오?"라고 하였다. 한참 있으려니, 혹은 바위틈에서 혹은 숲속에서 차츰차츰 모여든 사람들이 100여 명이나 되었는데, 모두가 따르기를 원했다. 공(公)이 다 함께 사찰에 들어가 이날 밤을 편히 보냈다.【협주: 그 후로는 호랑이의 피해가 없어져 피란하는 자들이 이 산으로 다시 들어가 살 수 있었던 사람이 수천 명이라고 하였다.】

初四日(癸亥)

公將行, 二僧固挽曰: "願留一夕, 復看動靜." 公與僧及忠男杖釖, 橫行於深谷僻處, 盖二僧不能追也.【二僧年皆八十餘[329].】命忠男大呼, 曰: "避亂在此者皆出! 亂已平矣, 安能久居此乎?" 良久, 或自巖穴, 或出[330]林藪, 稍稍屯聚者百餘[331], 皆願從[332]。公俱

---

329 餘: 有餘.

330 出: 自.

與入寺, 安過是夜。【自後無虎患, 避亂者復入此山, 得生者數千人[333]云云.】

5일(갑자)

이른 아침에 말을 먹이고 길을 재촉하려는데, 두 승려가 긴 칼과 짧은 창을 각기 5개씩 바치며 말하기를, "군수물자에 보탬이 되기를 바랍니다."라고 하자, 김충남(金忠男)에게 영을 내려 그것들을 신도록 하였다. 또 100여 명이 모두 따르고자 하니, 공(公: 류팽로)이 만류하며 말하기를, "나는 바야흐로 의병을 모집하기 위하여 여러 고을들을 두루 다녀야 하니, 그대들은 우선 이곳에 머물러 있으면서 훗날을 기다리는 것이 좋겠소이다."라고 하였다. 이윽고 승려를 불러 말하기를, "이 사람들을 음식주며 접대하는 것은 그대들이 할 수 있을 것이외다."라고 하였다. 승려들에게 쌓아둔 곡식이 있었으니 무슨 어려움이 있겠는가. 말을 마치고 곧바로 동복(同福)으로 가서 진사(進士) 정암수(丁巖壽)를 찾아가 시국의 일에 관해 이야기를 나누고 훗날 서로 만나기로 약속한 뒤에 우리 곡성 고을로 돌아와 관음사(觀音寺)에 묵었다.

○ 듣건대 도순변사(都巡邊使) 신립(申砬)이 충주(忠州)의 탄금대(彈琴臺)에서 싸우다가 죽었다고 하였다.【이날 승려가 곡성 고을에

---

331 百餘: 百餘人.
332 從: 從之.
333 數千人: 千有餘人.

서 보고서를 보고 찾아와 공(公: 류팽로)에게 알리니, 공(公)이 탄식하며 말하기를, "신립이 의(義)를 위하여 목숨을 버린 것은 나라를 빛내는 광채일러니, 누군들 소매를 떨치며 일어나지 않겠는가?"라고 하였다. 지난달 27일 왜적이 단월역(丹月驛)에 이르면서부터 포성이 땅을 뒤흔들자, 신립이 충주성으로 말을 채찍질해 달려들었으나 도리어 왜적에게 밀리어 달천강(㺚川江)에 이르러 죽었다. 모든 군사가 크게 궤멸되어 떠내려 오는 시체가 강을 뒤덮어 강물이 흐르지 못하였다. 김여물(金汝岉) 또한 따라 죽었으나, 이일(李鎰)은 또 탈출하여 도망쳐 간곳을 알지 못한다고 하였다.】

初五日(甲子)

早朝秣馬促行, 二僧獻長釗·短釷各五, 曰: "願助軍用." 令忠男載之, 且百餘人皆欲從, 公挽留曰: "吾方募兵, 遍行列邑, 則君等姑留於此, 以待後日, 可也." 因招僧曰: "此人供待, 子能爲之." 僧[334]有積粟, 何難之有? 言迄, 卽低同福[335], 訪丁進士巖壽[336], 語

---

334 僧: 僧曰寺.

335 同福(동복): 전라남도 화순군 동부에 위치한 고을.

336 丁進士巖壽(정진사암수): 進士 丁巖壽(1534~1594). 본관은 昌原, 자는 應龍, 호는 滄浪. 1561년 進士試에 합격하였다. 1589년 鄭汝立의 기축옥사가 일어나자, 12월에 朴天挺·朴大鵬·任尹聖·金承緖·梁山龍·李慶男·金應會·柳思敬·柳瑛 등과 연명하여 李山海·鄭彦信·鄭仁弘·柳成龍 등은 나라를 병들게 하는 姦人이며 역당이므로 멀리할 것을 청하는 상소를 왕에게 올렸다. 상소를 본 선조는 연명한 사람 모두를 잡아들일 수 없으니 정암수를 포함하여 10명만을 추국하도록 명하였다. 그러나 1591년 사헌부와 사간원이 뜻을 모으고 太學生들도 정암수를 탄원하는 상소를 올려 구원 받았다. 1592년 임진왜란에는 高敬命을 따라 금산 전투에 참여했으며, 고경명의 시신을 수습하는 데 힘썼다.

及時事, 約以後日相見, 越宿于本邑觀音寺[337]。○ 聞都巡邊使戰
沒于忠州彈琴臺[338]云。【是日, 僧自本邑, 見報而來者, 告于公,
公慨然曰: "申某之取義, 爲國之光, 孰不奮袂而起哉?" 盖前月二
十七日賊自丹月驛[339]至, 砲聲震地, 砬[340]策馬突入, 旋爲賊所擠,
赴水而死。諸軍大潰, 浮尸蔽江, 水爲之不流。金汝岉[341]亦從死,
李鎰又脫身走, 不知去處云。】

6일(을축)

아침 식사 후에 공(公: 류팽로)이 빈 누각에 앉아서 승려의 무리들
을 불러놓고 말하기를, "그대들 가운데 능히 기이한 계책을 내어

---

337 觀音寺(관음사): 전라남도 곡성군 오산면 선세리 성덕산에 있는 사찰.

338 彈琴臺(탄금대): 충청북도 충주시 칠금동에 있는 고적지.

339 丹月驛(단월역): 충청북도 충주의 남쪽에 위치한 역참.

340 砬(립): 申砬(1546~1592). 28일 새벽 왜군은 부대를 나누어 본진은 충주성에
돌입하고, 左軍은 達川 강변으로 숨어 내려왔으며, 右軍은 산으로 숨어 동쪽으
로 나가 강을 건넜다. 신립은 당황해 忠州城으로 급히 말을 달렸으나, 군대의
전열이 미처 정비되기도 전에 성안의 왜군이 나팔소리를 신호로 일제히 출격,
조선의 관군은 대패하였다. 신립은 탄금대로 돌아와 副將 金汝岉과 함께 적병
수십 명을 사살한 뒤, 강물에 몸을 던져 자결하였다.

341 金汝岉(김여물, 1548~1592): 본관은 順天, 자는 士秀, 호는 披裘·畏菴. 영의정
金瑬의 아버지이다. 1567년에 진사시에 합격하고 1577년에 알성문과에 장원으
로 급제하였다. 문무를 겸비했으나 성품이 호탕하고 법도에 얽매이는 것을 싫어
해 높은 벼슬자리에는 등용되지 못하였다. 忠州都事, 담양부사를 거쳐, 1591년에
는 의주목사로 있었으나, 서인 鄭澈의 당으로 몰려 파직, 의금부에 투옥되었다.
1592년 임진왜란이 일어나자 도체찰사 柳成龍이 무략에 뛰어남을 알고 옥에서
풀어 자기 幕中에 두려고 하였다. 그런데 도순변사로 임명된 申砬이 자기의 종사
관으로 임명해줄 것을 간청해 신립과 함께 출전하였다가 전사하였다.

왜적을 평정할 수 있는 자는 모두 나를 따르게."라고 하였다. 이때 같이 있던 자는 단지 10명의 승려이었을 뿐인데, 모두가 대답하기를, "소승(小僧)들이 절을 지키며 살았으니 바라는 것은 이와 같을 뿐이며, 이 또한 공의 힘이옵니다. 다만 군량미에 보탤 10섬을 며칠 전 곡성(谷城) 의병소(義兵所)에 운반해 두었습니다."라고 하였다.

이곳에 피란해 있던 자들 가운데 또한 오랜 벗들이 많았으니 서로 보고 매우 기뻐하였는데, 혹자는 왜적을 격파할 방책을 묻기도 하고 혹자는 병란(兵亂)을 피할 방법을 묻기도 하는지라, 공(公)이 말하기를, "치면 깨는 것이요, 숨으면 피하는 것이니, 이와 같을 따름이네."라고 하자, 한 사람이 응대하여 말하기를, "쳐서 반드시 깨뜨릴 수 있으면 무슨 환란이 있을 것이며, 숨어 반드시 피할 수 있으면 어찌 죽음이 있겠는가?"라고 하였다. 이에 공(公)이 말하기를, "환란을 생각하여 미리 대처한다면 치지 않는 것이 옳고, 죽음을 생각하여 미리 도모한다면 숨지 않는 것이 옳네."라고 하였다.【협주: 그 사람은 충성스러운 말이나 기이한 계책도 없이 단지 살려는 계책만 도모하여 묻는 것이 이 같았기 때문에 공(公)이 대답한 바 또한 이와 같았던 것이다.】

저물녘이 되어서 고을에 돌아오자, 안후(安侯: 安鵠)가 마중나와 위로하는 것이 매우 은근하였으며, 이어서 신립(申砬)의 패전 소식을 말하였다. 공(公)이 말하기를, "제가 사찰에 있으면서 이미 들어 알고 있사옵니다. 애초 신립이 순변사(巡邊使)로서 말타고 내려왔을 때 저에게 보낸 편지에 이르기를, '비로소 문사(文事: 행정업무)에 있는 자라도 무비(武備: 무장 대비함)해야 한다는 것을 알았으니, 어찌

해야 군대를 합하여 적을 토벌하고 동방을 평정하리오.'라고 하였
사온데, 이 일을 이루지 못하고 먼저 죽었으니 애석함을 금할 수가
없사옵니다."라고 하였다.【협주: 제단(祭壇)을 차려 제사를 지냈는
데, 의리로 군사들을 권면하고 깨우치려 한 것이다. ○ 계미년(1583)
북쪽의 오랑캐[尼湯介]가 경원(慶源)을 공격해 함락시켰을 때에 부
사(府使) 김수(金燧: 金璲의 오기인 듯)는 성을 지키지 못한 죄로 참형
에 처해지고 병사(兵使) 이제신(李濟臣)은 잡아와 국문하였지만, 신
립(申砬)이 온성 부사(穩城府使)로서 적을 죽인 공이 있으므로 발탁
해 병사(兵使)로 삼아서 지금 도순변사(都巡邊使)가 되었다.】

  들건대 호서(湖西)의 왜적이 곧바로 왕도(王都: 한양)로 향하였는
데, 그 칼날이 예리하여 감당하기가 어렵다고 하였다.【협주: 공(公:
류팽로)이 군사를 점고하려고 장대(章臺: 將臺의 오기, 지휘대)에 나가
칼을 짚고 서 있다가 이 말을 듣고 비통한 소리를 한번 내지르면서
칼로 돌을 치니, 돌이 쩍 갈라졌다. 공(公)이 말하기를, "내가 왜놈
의 머리를 베기를 또한 이 돌처럼 하리라."고 하였다. 대개 장대(章
臺: 將臺의 오기)는 전면에 둥근 돌이 있었는데, 사람들이 모두 들어
서 힘을 시험하는 것이다.

  적이 김해(金海)·성주(星州)·김산(金山: 金泉)을 경유하여 영동(永
同)으로 나가 청주(淸州)를 함락시키고 나서 충주(忠州)의 적과 군대
를 합쳐 곧바로 도성(都城)을 쳐들어갔다고 하였다.】

初六日(乙丑)

朝後, 公坐空樓, 召僧徒, 曰: "汝能出奇計平倭者, 皆從我." 時
所在者, 只十僧而已, 皆對曰: "小僧等, 守寺得生, 所願如此, 此

亦公之力也。但所助軍糧米十石，日昨[342]運置于本邑義兵所矣。”避亂在此者，亦多知舊，相見歡甚，或問破倭之策，或問避兵之方，公曰：“擊則破，隱則避，如斯而已。”一人應聲曰：“擊則必破[343]，何患之有？隱則必避[344]，何死之有？”公曰：“思患而預防，則不擊可也，思死而預圖，則不隱可也。”【其人，無忠言奇謀，但以圖生爲計，而所問如此，故公之所答，亦如此。】及暮還邑，安侯[345]迎勞甚勤，因言申砬敗報，公曰：“吾在寺，已聞知矣。初砬以巡邊使，騎下時[346]，寄書于余曰：‘始知有文事者有[347]武備，安得與合師，討賊以平東邦。’云，此事未成而先死，可勝惜哉。”【設壇致奠，以義勉喩[348]軍中。○癸未，北胡陷慶源[349]，府使金燧失守〈坐斬〉，兵使李濟臣[350]拿鞫，砬以穩城守，殺賊有功，擢爲兵使，今爲

---

342 日昨(일작): 日前. 며칠 전.

343 必破: 破.

344 必避: 避.

345 安侯: 추가.

346 騎下時(기하시): 申砬이 1587년 興陽에 왜구가 침입하자 右防禦使가 되어 군사를 인솔하여 토벌에 나섰다가 이미 왜구들이 달아나는 바람에 철수한 사실을 일컫는 듯. 그렇다면 순변사가 아니라 우방어사라야 한다. **원문에는 착종되어 있다.**

347 有: 必有.

348 以義勉喩: 以勉喩.

349 慶源(경원): 함경북도 북단에 위치한 고을.

350 李濟臣(이제신, 1536~1583): 본관은 全義, 자는 夢應, 호는 淸江. 1571년 울산군수로 나가 아전들의 탐학을 근절시키고, 백성들의 불편을 없애는데 힘썼다. 1578년 진주목사가 되어 선정을 펴서 공이 많았는데, 이때 토호들의 모함으로 兵符를 잃고 벼슬을 사임, 향리에 은거하였다. 1581년 강계부사로 다시 등용되

都巡邊使.】聞湖西賊, 直向王都, 其鋒銳難當云.【公點軍次, 出
章臺[351], 杖釰立, 而聞此言, 號痛一聲, 以釰擊石, 石忽斷. 公曰:
"吾斬倭頭, 亦如此石." 盖章臺, 前有圓石, 人皆擧而試力也. 賊
自金海・星州[352]・金山[353], 出永同[354], 陷淸州[355], 與忠州賊合師,
直抵都城云.】[356]

7일(병인)

또 담양(潭陽) 남쪽의 한 모퉁이에서부터 화순(和順)을 두루 찾아
다니다가 삼계(三溪) 최경회(崔慶會) 어른을 찾아갔으나 만나지 못
하였고, 그의 아들과 조카들에게 의병을 일으키도록 권하는 일로
인하여 익산(益山) 조경중(曺景中)의 옛 거처로 옮겨갔다가 감탄하

고, 이어서 함경북도병마절도사가 되었다. 그러다가 1583년 여진족 尼湯介가
쳐들어와 경원부가 함락되자, 패전의 책임으로 의주 麟山鎭에 유배되었다가 그
곳에서 죽었다.

351 章臺(장대): 將臺의 오기인 듯. 장수가 올라서서 명령・지휘하던 대. 城, 堡 따위
의 동서 양쪽에 돌로 쌓아 만들었다.

352 星州(성주): 경상북도 남서쪽에 위치한 고을.

353 金山(김산): 金泉. 경상북도 남서부에 위치한 고을.

354 永同(영동): 충청북도 최남단에 위치한 고을.

355 淸州(청주): 충청북도 중앙부에 위치한 고을.

356【公點軍次, 出章臺, 杖釰立, 而聞此言, 號痛一聲, 以釰擊石, 石忽斷. 公曰:
"吾斬倭頭, 亦如此石." 盖章臺, 前有圓石, 人皆擧而試力也. 賊自金海・星州・
金山, 出永同, 陷淸州, 與忠州賊合師, 直抵都城云.】【賊自金海・星州・金山,
出永同, 陷淸州, 與忠州賊合師, 直抵都城云.】公點軍次, 出章臺, 杖釰立, 而聞
此言, 號痛一聲, 以釰擊石, 石忽斷. 公曰: "吾斬倭頭, 亦如此石." 盖章臺, 前
有圓石, 人皆擧而試力者也.

기를, "조공(曺公)은 진실로 한 시대의 영웅이었거늘 지금 어디에 계신단 말인가?"라고 하며 이윽고 애석해 마지않았다.【협주: 조공은 세상을 구제할 만한 재주를 지녔으나 난리가 일어나기 전에 이미 죽었고, 그의 아들과 조카들이 모두 난리를 만나서 더불어 의논할 사람이 없었기 때문에 이같이 말한 것이다.】

즉시 광주(光州)로 가서 장군(將軍) 김덕령(金德齡)을 찾아갔는데 날이 이미 저물었다. 이날 밤에 조용히 무예를 강마(講磨)하였는데, 적을 토벌할 방략을 물으며 함께 의병 일으키는 일을 약속하려 했지만, 김공(金公: 김덕령)이 어버이가 살아계시다면서 사양하였다. 그의 형인 김덕홍(金德弘)과 동생인 김덕보(金德甫: 金德普의 오기) 또한 자리에 있어서 촛불을 밝히고 밤을 새웠다.

初七日(丙寅)

又自潭陽[357]南一隅, 歷抵和順[358], 訪崔三溪[359]丈[360]【慶會】不遇,

---

357 潭陽(담양): 전라남도 북부에 위치한 고을.

358 和順(화순): 전라남도 중앙부에 위치한 고을.

359 三溪(삼계): 崔慶會(1532~1593)의 호. 본관은 海州, 자는 善遇, 호는 日休堂. 전라남도 陵州 출신이다. 崔慶長의 동생이다. 임진왜란 때는 喪中이라서 전라남도 화순에서 집을 지키고 있었다. 1592년 임진왜란이 일어나자 형 崔慶雲·崔慶長과 함께 고을사람들을 曉諭하여 의병을 모집하였다. 이때는 高敬命이 이미 전사한 뒤여서 그의 휘하였던 文弘獻 등이 남은 병력을 수습하여 이에 합류함으로써 의병장에 추대되었다. 각 고을에 격문을 띄워 의병을 규합, 금산·무주에서 전주·남원으로 향하는 일본군을 장수에서 막아 싸웠고, 금산에서 퇴각하는 적을 추격하여 牛旨峙에서 크게 격파하였다. 이 싸움은 진주승첩(제1차 진주전투)을 보다 쉽게 하였다. 이 공로로 경상우병사에 임명되었다. 1593년 6월 加藤淸正 등이 진주성을 다시 공격하여오자 창의사 金千鎰, 충청병사 黃進, 復讐義兵將 高從厚 등과 함께 진주성을 사수하였으나 9일 만에 성이 함락되자,

因勸其子侄擧義事, 轉到曹益山³⁶¹【景中】舊居, 感歎曰:“曹公固
一世之雄也, 而今安在哉?”因嗟惜不已。【曺公有濟世之才, 而
已沒于亂前, 其子侄皆爲破亂, 而無可與議者, 故言如是耳。】³⁶²
卽向³⁶³光州, 訪金將軍德齡³⁶⁴, 日已暮矣。是夜, 從容講武, 問討

남강에 투신자살하였다.

360 三溪丈: 三溪.

361 益山(익산): 曺景中(1533~1584)의 호. 본관은 昌寧, 자는 信民, 호는 碧松齋.
화순 출신으로 1561년 생원시에 합격하고, 1567년 문과에 급제하여 兵曹正郎과
吏曹正郎을 지내고 三郡의 수령을 역임하였다. 수령이 되었을 때 청렴 결백함
으로 이름났고, 고을마다 그의 덕을 칭송하였다. 高敬命이 큰 학자라고 일컬었
고, 白光勳, 林億齡, 重峰이 尙友라고 일컬었다.

362 轉到曹益山【景中】舊居, 感歎曰:“曹公固一世之雄也, 而今安在哉?”因嗟惜不
已。【曺公有濟世之才, 而已沒于亂前, 其子侄皆爲破亂, 而無可與議者, 故言
如是耳。】: 추가.

363 向: 發向.

364 金將軍德齡(김장군덕령): 將軍 金德齡(1567~1596). 본관은 光山, 자는 景樹.
光州 출신이다. 1592년 임진왜란이 일어나자 형과 함께 의병을 일으켜 高敬命
의 막하에서 전라도 경내로 침입하는 왜적을 물리치기 위해 전주에 이르렀다.
그때 돌아가서 어머니를 봉양하라는 형의 권고에 따라 귀향하였다. 1593년 어머
니 상중에 담양부사 李景麟, 장성현감 李貴 등의 권유로 담양에서 의병을 일으
켜 세력을 크게 떨치자, 선조로부터 형조좌랑의 직함과 함께 忠勇將의 군호를
받았다. 1594년 세자의 分朝로 세워진 撫軍司에 지략과 용맹이 알려져 세자로
부터 翼虎將軍의 칭호를 받고, 선조로부터 다시 超乘將軍의 군호를 받았다. 그
뒤 崔聃年을 별장으로 삼아 남원에 머물다가 다시 진주로 옮겼는데, 이때 조정
에서는 작전상의 통솔과 군량 조달 문제로 각처의 의병을 통합, 충용군에 속하도
록 하였다. 이로써 의병장이 되어 郭再祐와 함께 權慄의 막하에서 영남 서부
지역의 방어 임무를 맡았다. 왜적의 전라도 침입을 막기 위해 진해·고성 사이에
주둔하며 적과 대치했으나, 이때 강화 회담이 진행 중이어서 별다른 전투 상황도
없고 군량도 부족해, 예하 3,000여 명 가운데 호남 출신 500여 명만 남기고 모두
귀농시켰다.

賊方略, 約以同事, 金公辭以親在[365]。其兄德弘·弟德甫[366], 亦在座, 明燭達曙[367]。

8일(정묘)

출행에 임박하여 김공(金公: 김덕령)에게 말하기를, "거의하는 일을 함께 도모하지 못해 한스럽네."라고 하자, 김공이 말하기를, "듣건대 공(公: 류팽로)은 한마디 말로도 500명이나 얻었다고 하는데, 이로써 인심을 헤아리건대 비록 천 명이나 만 명일지라도 얻을 것이니 적을 격파하는 데에 무슨 상관이겠습니까?"라고 하였다.

이윽고 창평(昌平)으로 가서 부사(府使) 정종명(鄭宗溟)·현감(縣監) 조효원(趙孝元)·문관(文官) 오빈(吳玭) 등을 두루 찾아만나 시국의 일을 간략히 말하며 훗날 서로 만날 것을 약속하였다.

날이 저물어서야 서봉사(瑞峯寺)에 들어가 승려들을 불러놓고 영규(靈圭)가 요즘 어느 절에 머물고 있는지 물었는데, 승려들이 대답

---

365 辭以親在(사이친재): 《小學》〈明倫篇〉의 "부모가 계시면 친구를 위하여 자신의 목숨을 바치는 것을 약속해는 안된다.(父母存, 不許友以死)"에 근거한 표현. **辭以親老 因講武經宵在.**

366 德甫(덕보): 金德普(1571~1627)의 오기. 본관은 光山, 자는 子龍, 호는 楓巖. 1592년 임진왜란이 일어나자 담양부사 李景麟, 장성현감 李貴 등의 권고로 형 金德弘·金德齡 등과 함께 의병을 규합하여 왜군을 전라도 곳곳에서 격파하였다. 그 뒤 김덕홍이 高敬命과 함께 금산에서 전사한 데다가 김덕령이 무고에 의해 옥사하자 향리에 돌아가 세상의 일에는 뜻을 두지 않고 학문연구에만 힘을 기울였다.

367 **其兄德弘·弟德甫, 亦在座, 明燭達曙: 추가.**

하기를, "중년의 나이로 계룡산(鷄龍山) 속으로 들어갔는데, 과연 지금도 그 사찰에 있는지는 알지 못합니다."라고 하였다. 공(公)이 영규를 보지 못한 것 때문에 탄식하고 한탄해 마지않았다.【협주: 중년의 한 중이 대문 앞에 찾아와서 시주를 청하자, 공(公)이 나가 맞이하여 방에 들이고 함께 이야기하니 매우 기뻤다. 여러 날을 담론하다가 작별을 할 적에 시를 지어 주고 갔다. 그 후로도 여러 차례 서봉사로 찾아갔으며, 생사(生死)를 같이하기로 약속했다고 하였다.】

이때 적을 피해 절에 들어온 자들이 많았는데, 공(公)의 행색에 이상한 낌새가 있음을 알아차리고 모두 피해 달아나자, 공(公)이 화가 나서 언성을 높여 말하기를, "나는 사람을 해치려고 하지 않거늘 어찌 도망하여 숨는 것이냐?"라고 하니, 무리 가운데 한 사람이 응대하여 말하기를, "백성을 살려내기 위한 방도로 백성들이 죽으면 설사 죽게 된다고 하더라도 죽는 것을 원망하지 않는다고 하였으니, 이는 추성(鄒聖: 맹자)이 하신 말입니다. 지금 살려내기 위한 방도도 사람들을 깨우친다면 감히 좇지 않겠습니까?"라고 하자, 무리가 "그렇습니다."라고 하였다.

이날 저녁에 듣건대 한강(漢江)을 지키는 데 실패했다고 하였다. 【협주: 승려로 고을을 다녀온 자가 변경의 소식을 전하면서, 알리기를, "이달 3일에 적들이 한강을 건너 도성으로 들어가니 무인지경과 같았고, 유도대장(留都大將) 이양원(李陽元)·도원수(都元帥) 김명원(金命元)이 모두 패하여 달아났다."라고 하였다.】

初八日(丁卯)

臨行, 語金公曰: "恨不與同事." 曰: "聞[368]公以一言, 得五百人云, 以此推心, 則雖千萬人, 可得, 於破賊何有?"因向[369]昌平[370], 歷訪府使鄭宗溟[371]·縣監趙孝元[372]·文官吳玭[373], 略陳時事[374], 約以後日相見。及暮, 入[375]瑞峯寺[376], 招僧, 問靈圭[377]近住何寺?

---

368 聞: 吾聞.

369 向: 與悵別直抵.

370 昌平(창평): 전라남도 담양지역에 위치한 고을.

371 鄭宗溟(정종명, 1565~1626): 본관은 延日, 자는 士朝, 호는 華谷·薛隱. 할아버지는 鄭惟沉이고, 아버지는 鄭澈이다. 1592년 7월 의주행재소에서 실시된 별시문과에 장원으로 급제하여 병조좌랑에 超授되고 곧이어 예조좌랑에 改授되었다. 1594년에 전년에 동인의 모함으로 강화에 퇴거했다가 죽은 아버지의 죄를 추론하면서 관작을 추탈하자 이에 항변하다가 삭출되었다. 이후 인조가 즉위하기까지 20여 년에 걸쳐 아버지에 대한 선조의 혐오와 동인과 대북의 박해 및 성혼을 극력으로 배척한 鄭仁弘의 집요한 음모 등으로 仕宦이 금지당함은 물론, 생명이 위협당하는 고통을 겪었다.

372 趙孝元(조효원, 1552~1592): 본관은 淳昌, 자는 行源. 아버지는 趙春鶴이다. 무과에 급제하였다. 1592년 임진왜란이 일어나자 전 현감으로서 적세가 매우 성함을 보고 姜恬 등과 함께 義士 70여 명을 이끌고 군량과 군기 등을 모아 고경명의 의진에 나아갔다. 금산 전투에서 무수한 적을 참살하였으나 마침내 패하여 고경명과 함께 전사하였다. 이때 당숙 趙挺과 6촌형제 趙敬訥과 趙應訥도 같이 참전하였다.

373 吳玭(오빈, 1547~1593): 본관은 咸陽, 자는 瑩甫, 호는 聖山. 1592년 임진왜란이 일어나자, 직접 적과 싸우기로 결심하고 의병장 高敬命 휘하로 달려가서 금산전투에 참가하였다. 그 싸움에서 아군이 패하게 되자 이듬해 의병장 高從厚와 함께 다시 의병을 모아 진주성으로 달려갔다. 그 해 8월, 지난 번 그곳에서 참패한 원한을 풀기 위하여 총병력으로 공격해오는 왜군과 처절한 혈전을 벌이다가 끝내 성이 무너지려 하자, 金千鎰, 동료 고종후와 함께 남강에 투신하여 자결하였다.

374 歷訪府使鄭宗溟·縣監趙孝元·文官吳玭, 略陳時事: ◆에서 이동.

375 約以後日相見 及暮 入: 추가.

376 瑞峯寺(서봉사): 전라남도 담양군 남면 정곡리 무등산 기슭에 있었던 사찰. 지

對³⁷⁸曰: "中年入鷄龍山³⁷⁹中³⁸⁰, 果未知今在其寺矣." 公以不見靈圭, 嗟歎³⁸¹不已. 【中年³⁸²有一僧, 來乞門前, 公出迎入堂, 與語大悅. 數日³⁸³談論, 臨別以詩³⁸⁴贈行. 其後, 累往瑞峯³⁸⁵, 死生³⁸⁶同約云.】◆時避賊入寺者多, 而見公行色有異, 皆走避, 公厲聲曰: "我非害人, 則何亡匿爲?" 徒中一人, 應聲曰: "以生道殺民, 雖死,

---

금은 그 터만 남아 있다.

377 靈圭(영규, ?~1592): 密陽朴氏. 호는 騎虛. 충청남도 공주 출신. 계룡산 甲寺에 들어가 출가하고, 뒤에 休靜의 문하에서 법을 깨우쳐 그의 제자가 되었다. 임진왜란이 일어나자 분을 이기지 못하여 3일 동안을 통곡하고 스스로 승장이 되었다. 義僧 수백 명을 규합하여 관군과 더불어 청주성의 왜적을 쳤다. 관군은 패하여 달아났으나 그가 이끄는 승병이 분전하여 마침내 8월초 청주성을 수복하였다. 이어 의병장 趙憲이 전라도로 향하는 고바야가와(小早川隆景)의 일본군을 공격하고자 할 때, 그는 관군과의 연합작전을 위하여 이를 늦추자고 하였다. 그러나 조헌이 듣지 않자 그는 조헌을 혼자서 죽게 할 수는 없다고 하면서 조헌과 함께 금산전투에 참가하였다. 그리하여 조헌이 이끄는 의사와 영규가 거느린 승군은 1592년 8월 18일 금산전투에서 최후의 한사람까지 싸워 일본군의 호남침공을 저지하였다.

378 對: 答.

379 鷄龍山(계룡산): 충청남도 공주시와 계룡시, 대전광역시에 걸쳐 있는 산. 갑사, 신원사, 동학사가 있다.

380 中年入鷄龍山中(중년입계룡산중): 靈圭는 전라남도 무등산의 원효사에서 수도했을 뿐만 아니라 서봉사에 머물렀던 사실이 있으며, 류팽로와 시문을 주고받은 것이 月坡集에 실려 있음.

381 嗟歎: 嗟惜.

382 中年: 年前.

383 與語大悅 數日: 日夜.

384 詩: 一律.

385 瑞峯: 瑞峯寺.

386 死生: 以死生.

不怨殺者[387], 是鄒聖所言也。今以生道喻人, 則敢不從乎?"衆曰:
"然." 是夕[388], 聞漢江失守。【僧自邑來者, 以邊報之傳, 告曰[389]:
"今初三日, 賊渡江入城, 如無人之境, 留都大將李陽元·都元帥金
命元皆敗走."】

9일(무진)

창평(昌平)에서 진원(珍原)의 경계에 들어서며 말하기를, "이 고을
은 나의 선친(先親: 柳景顏)이 수령으로서 덕을 끼친 곳이니, 백성들
이 반드시 화합할 것이다."라고 하였다. 이윽고 마을의 여러 곳을
돌아다녔는데, 비록 깊은 산의 궁벽한 골짜기일지라도 두루 다니지
않은 곳이 없었다. 사대부나 이서(吏胥)들은 말할 것도 없고 심지어
초야의 백성들에 이르기까지 공(公: 류팽로)이 의병을 일으킨다는 소
문을 듣자 귀담아듣고 따라나서는 자가 거의 수백 명을 헤아렸는데,
모일(某日)에 옥과(玉果) 근처로 와서 모이자고 서로 약속하고 나서
헤어졌다.

初九日(戊辰)

自昌平, 入珍原[390]界, 曰: "此邑, 吾先君[391]遺愛[392]之地, 民必和

---

387 以生道殺民, 雖死, 不怨殺者(이생도살민, 수사, 불원살자): 《孟子》〈盡心章句
上〉에 나오는 구절.

388 時避賊入寺者多, 而見公行色有異, 皆走避, 公厲聲曰: "我非害人, 則何亡匿
爲?"徒中一人, 應聲曰: "以生道殺民, 雖死, 不怨殺者, 是鄒聖所言也。今以生
道喻人, 則敢不從乎?"衆曰: "然." 是夕: 추가.

389 僧自邑來者 以邊報之傳 告曰: 추가.

矣." 因循行³⁹³閭里, 雖深山窮谷, 無不遍焉。無論士夫·吏胥, 至
於草野之氓, 聞公擧義, 聳聽³⁹⁴而從者, 殆數百計, 以某日來到王
果次, 相約而分。

10일(기사)

장성(長城)에 들어서는데, 갑자기 선친(先親: 柳景顔)이 김하서(金
河西: 金麟厚)와 종유한 것이 생각나서 즉각 맥동(麥洞)에 도착하였
다. 때마침 여러 사람이 한 집에 단란하게 모여 의논할 일이 있었는
데, 공(公: 류팽로)을 보고 흔쾌히 맞이하며 유가(儒家)가 해야 할 일
을 물으니, 공(公)이 그에 관련하여 말하기를, "오늘날 의논할 바가
나랏일 외에 무슨 말을 할 수 있겠습니까? 예전의 하서 선생께서
선견지명으로 이러한 난리를 미리 아시고 필시 남기신 가르침이 있
었을 것이니, 그 가르침의 한마디 말씀을 듣고 떠나렵니다."라고 하
자, 좌우에 있던 사람들이 모두 아무런 말 없이 단지 떠나는 것을
굳게 만류하기만 할 뿐이었다. 공(公)은 일이 급하다면서 굳이 사양

---

390 珍原(진원): 전라남도 長城郡에 위치한 고을.
391 先君(선군): 柳景顔(1515~1590)을 가리킴. 본관은 文化, 자는 希容, 호는 合江
　　居士. 사마시에 합격하였다. 충주 판관을 지냈다. 1545년 을사사화가 일어났을
　　때 조정에서 물러나 전라도 옥과현에 위치한 合江 근처로 이사하였다. 이조참판
　　에 증직되었다.
392 遺愛(유애): 德政을 베풀어 후대에까지 은택을 미침.
393 循行(순행): 여러 곳을 돌아다님.
394 聳聽(용청): 귀를 솟구고 듣는다는 뜻에서, 몹시 열중하여 귀담아 들음을 이르
　　는 말.

하고 떠났다.【협주: 선친인 참판공(參判公: 柳景顏)이 진원(珍原)의 고을수령이었을 때 하서 선생이 살던 곳과 멀지 않아서 도의지교(道義之交)를 맺었다. 그러다가 을사사화(乙巳士禍)의 기미를 예견하고 물러나 옥과(玉果)에 살았을 때, 선생이 마침 옥과 현감(玉果縣監)이어서 또 서로 종유(從遊)하였다. 선생을 만날 때마다 탄식하여 말하기를, "내가 나이 40이 넘었는데도 소생이 없소이다."라고 하자, 선생이 말하기를, "어찌 자식이 없음을 걱정하는 것이오? 이 땅은 마땅히 대인군자(大人君子)가 날 곳인데, 장수하면 한 시대를 대표하는 유학자[宗儒]가 될 것이고 요절하면 일국의 충신이 될 것이오."라고 하였으며, "설혹 아들이 있다 한들 장수할지 요절할지를 어떻게 기약할 수 있단 말이오?"라고 하니, "나라가 다스려지면 장수할 것이고, 나라가 어지러우면 요절할 것이오."라고 하였다. 선생의 사후에 과연 귀한 아들을 얻었는데, 문장이며 재주와 덕행으로 일찍이 세상에 이름났으나 불행하게도 난리를 만나 죽어 절개를 지켰다. 이때 나이가 29살이었으니, 선생의 말은 과연 여기서 증명되었다.

○ 참판공(參判公: 柳景顏)이 하서 선생과 종유했을 때에 오갔던 서찰과 주고받았던 시들이 모두 합강일기(合江日記)에 실려 있었으나 전쟁의 참화에 대부분 잃어버리고 다만 전해지는 것은 〈별하서(別河西)〉·〈억하서(憶河西)〉라는 시 2편이므로 여기에 기록하여 보게 한다. 시에 이르기를, "진원과 옥과는 남도 고을의 명승지이나니 / 내 앞서고 그대 뒤서서 고을수령이었어라. 이번 길에 끝내 고향으로 돌아갈 생각이니 / 작별의 뜻 아득하여 진정을 다 펴지 못하네. (珍玉南州擅勝名, 我先君後得專城. 今行終作歸山計, 別意茫茫未盡情.)"

라고 하였으며, 또 이르기를, "하서를 보지 못한 지 십수 년이라 / 공자의 가르침 이어받아 누가 있어 전해주랴. 분명코 내 일찍 다녔던 곳을 기억하나니 / 맥동의 산천이 내 눈앞에 삼삼하도다.(不見河西十數年, 繼開斯道有誰傳. 分明記我曾行處, 麥洞山川在眼前.)"라고 하였다.】

지나는 길에 금강(錦江) 기효간(奇孝諫)·망암(望菴) 변이중(邊以中) 두 어른을 찾아뵙고 말하기를, "저는 바야흐로 의병을 모집하는 일로 이곳을 지나다가 어르신들과 상의드리고자 하니, 원컨대 지휘를 듣고자 합니다."라고 하자, 두 어른이 각기 대답해주었다. 말이 끝나자, 인사를 하고 길을 떠났다.【협주: 금강이 말하기를, "자네가 이미 앞장서서 의리를 주창하였으니, 나는 반드시 뒤에서 도울 것이네. 이처럼 주상이 욕을 당하고 있는 때에 신하 된 자는 모두 죽을 곳을 찾아야 할진대, 어찌 마원(馬援)보다 뒤에 있겠는가? 자네는 힘쓸지어다."라고 하였다. ○ 망암이 그의 아들 변경윤(邊慶胤)을 돌아보며 이른 뒤, 이어 공(公: 류팽로)에게 말하기를, "두 사람이 마음을 함께하여 의(義)로써 일을 결단하면, 무슨 일인들 이루지 못하겠는가? 늙은이는 이러한 말로 권면한다네."라고 하였다.

장성 관아로 들어가 장성현감(長城縣監: 백수종인 듯)을 만나 나랏일에 관하여 몇 마디의 이야기를 주고받았을 따름인데, 날이 저물어서 즉시 객관(客館)으로 나와 묵었다.

初十日(己巳)

入長城[395], 忽憶先君與金河西[396]從遊, 而即到麥洞[397]。時諸公團會一堂, 有所議事, 見公欣迎, 問以儒家事, 公因言: "今日所

議, 國事外有何言哉? 昔河西先生, 以先見之明, 預知此亂, 必有
遺戒, 則願聞一言而行." 左右皆默然, 但固挽而已. 公以事急,
固辭以出.【先君參判公之守珍原也, 與河西先生, 相居不遠, 結
爲道義交. 預見乙巳禍機, 退居王果時, 先生適守玉果, 又相從
遊. 每見先生, 歎曰: "吾年踰四十, 而無育." 先生曰: "何患無
子? 此地, 當出大人君子[398], 壽則爲一世宗儒, 殀則爲一國忠臣."
曰: "設或有子, 壽殀何可必也?" 曰: "國治則壽, 國亂則殀." 先生
沒後, 果得貴子[399], 文章才德, 早名於世, 不幸遭亂死節. 時年二
十九, 則先生之言, 果驗於此矣. ○ 參判公, 與河西先生從遊時,
往復書及唱酬詩, 俱載合江日記, 而多逸於兵燹, 但所傳者, 別河
西·憶河西詩二篇, 故記此而觀之. 詩曰: "珍玉南州擅勝名, 我
先君後得專城. 今行終作歸山計, 別意茫茫未盡情." 又曰: "不見
河西十數年, 繼開斯道有誰傳. 分明記我曾行處, 麥洞山川在眼
前."】歷路[400], 訪見奇錦江[401]【孝諫】·邊望菴[402]【以中】兩公, 曰: "吾

---

395 入長城: 入見珍原守.

396 河西(하서): 金麟厚(1510~1560). 본관은 蔚山, 자는 厚之, 호는 湛齋. 장성 출
   신이다. 1540년 문과에 합격하고 1543년 홍문관 박사 겸 세자시강원 설서를 역
   임하여 당시 세자였던 仁宗을 가르쳤다. 같은 해 부모의 봉양을 위해 옥과현감
   으로 나갔다. 인종이 즉위하여 9개월 만에 사망하고 1545년 을사사화가 일어나
   자 고향으로 돌아가 성리학 연구와 후학 양성에만 정진하였다.

397 麥洞(맥동): 전라남도 장성군 황룡면 맥호리 보리올. 김인후가 태어난 곳이다.

398 大人君子(대인군자): 말과 행실이 바르고 점잖은 사람. 훌륭한 덕을 갖춘 사람.

399 先生沒後, 果得貴子(선생몰후, 과득귀자): 이에 따르면 류팽로의 생년에 대해
   현재 1554년으로 알려진 것은 잘못이고, 1564년이라야 함.

400 歷路(역로): 지나는 길.

方以募兵事過此, 而欲謀於長者, 願聞指揮." 兩公各有所答。言
迄, 拜辭而出。【錦江曰: "君旣爲先倡, 則吾必有後助矣。當此主
辱之日, 爲人臣者, 皆得死所, 豈在馬援[403]後耶? 君其勉哉." ○
望菴顧謂其子慶胤[404], 因語于公, 曰: "二人同心, 以義決事, 何所
不成? 老夫, 以是勉之."】入見長城倅[405], 接數語國事而已[406], 日
將[407]暮矣, 卽[408]出舘而宿。

---

401 錦江(금강): 奇孝諫(1530~1593)의 호. 본관은 幸州, 자는 伯顧, 호는 忍齋. 아
    버지는 奇大有이며, 동생은 奇孝謹이다. 일생 동안 벼슬길에 나아가지 않고 학
    문에만 전념하였으며 후진양성에 주력하여 호남의 隱德君子로 불리었다.

402 望菴(망암): 邊以中(1546~1611)의 호. 본관은 黃州, 자는 彦時. 1592년에는 전
    라도 召募使가 되어 軍備 수습에 힘썼다. 그 뒤 調度御使가 되어 누차 전공을
    세우는 한편, 火車 300량을 제조하여 순찰사 權慄에게 주어, 행주대첩에 크게
    기여하였다. 1600년 사용원정, 1603년 함안군수를 지내다가 1605년 벼슬을 그
    만두고 고향 장성에 돌아가 여생을 보냈다.

403 馬援(마원): 後漢의 伏波將軍. 멀리 交趾를 정벌하고 반란을 진압한 뒤에, 두
    개의 구리 기둥을 세워서 한나라의 영토임을 알렸다. 또한 그는 나이가 70이
    넘어 전쟁에 노구를 이끌고 참가하여 연승을 거두면서 노장이라는 별명을 얻기
    도 하였다.

404 慶胤(경윤): 邊慶胤(1574~1623). 본관은 黃州, 자는 子餘, 호는 紫霞. 1603년
    식년 문과에 급제하였다. 1608년 校書館著作으로서 偏黨에 따른 기강과 刑政
    의 문란, 士習·公道의 어지러움, 국가재정·민생의 파탄 등 시폐를 논하고 이의
    시정을 상소하였다.

405 長城倅(장성쉬): 長城縣監 白守宗을 가리키는 듯. 본관은 水原, 자는 孝先.
    1576년 식년시에 급제하였다. 1592년 임진왜란 당시는 백수종이었고, 1593년
    2월에 李貴가 부임하여 입암산성을 수축하였다. 그런데 백수종이 喪中이어서
    楊士衡이 임시 교체되어 있었기 때문에 구체적으로 누구인지 파악하기가 쉽지
    않다.

406 忽憶先君~接數語國事而已: 추가.

407 將: 已.

11일(경오)

먼동이 틀 무렵 첫새벽에 말을 먹이고 하루도 지나지 않았지만 담양(潭陽)의 남북 경계까지 두루 다니며 사람들을 찾아내었고, 정읍(井邑)의 동쪽 모퉁이에서부터 고개를 넘어 순창(淳昌)의 북쪽 삼방(三防)에까지 어느 곳이고 들어가지 않은 곳이 없었다.

이때 피난한 자들이 이 땅에 더욱 많았는데, 순창이 옥과(玉果)와의 거리가 멀지 않아서 공(公: 류팽로)에 관해 벌써 익숙하게 들어 공(公)을 보고는 어찌 이리도 늦었느냐며 서로 모여 있다가 말하기를, "우리 모두는 나랏일에 따라나서기를 원합니다."라고 하였다. 또한 모일(某日)에 옥과 근처로 모이기로 약속하고 헤어졌는데, 무리 가운데 장정 37명이 긴 칼을 하나씩 차고 따라나서며 말하기를, "훗날을 기다리지 않고 즉시 공(公)의 뒤를 따라 뜻밖의 변고에 대비하겠습니다."라고 하였다. 마침내 그들과 함께 모두 길을 나섰다.

회문산(回門山) 속에서부터 임실(任實)로 돌아 갈담역(葛潭驛)을 향하는데, 왜적 300여 명이 시골 마을을 약탈하고 있었다. 공(公)이 사람을 시켜 상세히 탐문하게 하니, 모두 머리를 깎고 승복을 입은 놈들이었다. 지난번에 듣건대 왜장(倭將) 대남비(大南飛)가 순천(順天)을 범했다고 하더니, 이는 필시 남비(南飛)가 선발대를 보내어 지형을 탐색하고 군대의 행진을 밝히려는 것이었다. 공(公)이 말을 채찍질하여 돌진해 들어가며 큰소리로 외치기를, "너희 대장 남비(南

---

408 卽: 因.

飛)는 어디 있느냐? 이곳은 곧 너희들이 몰사할 땅이니 어찌 신속하게 물러가지 않는단 말이냐?"라고 하자, 37명이 제각기 칼로 쳐 죽이면서 혼자 왜적 10명을 당해내지 않는 자가 없었다. 300여 명을 일시에 죽여 없앴으니 어찌 통쾌하지 않겠는가. 집에 있던 시골 마을 사람들이 다투어 쇠고기와 술을 가지고 와서 위로했는데, 이때는 밤이 이미 깊었다.

十一日(庚午)

曉頭餧馬[409], 未終日, 而潭之南北界, 遍行搜伏, 自井邑[410]東隅越嶺, 抵淳昌北三防[411], 無處不入. 時避亂者, 尤多於此地, 淳之於王, 相去不遠[412], 聞公已熟矣, 見公何晚[413]? 相聚而言, 曰: "◆皆願從國事." 亦[414]以某日, 來到王果次, 相約而分, 徒中壯丁三十七人, 皆帶一長釖出, 曰: "不待他日, 卽從公後, 以備不虞[415]." 遂與之俱行. 自回門山[416]中, 轉向任實[417]葛潭驛[418], 賊兵三百餘名[419],

---

409 餧馬: 秣馬.

410 井邑(정읍): 전라북도 남서부에 위치한 고을.

411 三防(삼방): 전라북도 순창군 쌍치면을 가리킴. 산과 협곡으로 둘러싸인 곳으로 비교적 높은 지대에 속한 천연요새다. 세 군데에 關防이 설치된 데서 유래한 말이다. 정읍 산내면으로 통하는 오봉리(一防), 내장산은 물론 장성과 담양의 접경지인 둔전리(二防), 순창 복흥면과 연결된 樂德亭의 협곡(三防)을 사수하면 철저하게 외부와 단절된다고 한다.

412 不遠: 不遠矣.

413 聞公已熟矣, 見公何晚: ◆에서 이동.

414 亦: 추가.

415 不虞(불우): 생각하지 못했던 변고.

416 回門山(회문산): 전라북도 순창군 구림면에 있는 산. 〈여지도서〉에 "순창의 무

劫掠村閭。公使人詳探， 則皆剃髮緇服[420]者。頃聞倭將大南飛，
犯順天云， 此必南飛送先軍，以探地形，啓軍行者也。公策馬突
入，大呼曰：“爾將南飛， 安在? 此地， 卽汝等沒死之地，何不速退?”
三十七人， 名[421]以釰擊殺，無不一當十矣。三百餘人[422]， 一時坑
除，豈不快哉? 村人在家者，爭獻牛酒以勞，時夜已深矣。

12일(신미)

근처의 산에 들어가 왜적을 피했던 자들이 이곳에 모여들어서 모
두가 따르기를 원하자, 또한 모일(某日) 옥과(玉果) 근처에 모이기로
약속하고 갔다. 갈담역(葛潭驛)에서부터 왜적의 잠복병이 있는지 수
색하며 남원(南原) 가는 길로 향하던 차에 듣건대, 이광(李洸)이 관
군을 전진시켜 금강(錦江)에 이르렀을 때에 도성(都城)이 함락되었
다는 소식을 듣고는 허둥지둥 군대를 해산하고서 병사들을 물리자
인심이 겁에 질린 데다 적의 기세마저 창궐하니, 이광은 겨우 몸만

림산에서 뻗어나온다. 관아의 서쪽 40리에 있다. 산의 형세가 높고도 크며 커다
란 돌이 병풍처럼 서 있다. 민간에서는 흔히 '開門山'이라고도 부른다."라고 기
록되어 있다. 回文山이라고도 한다.

417 任實(임실): 전라북도 중남부에 위치한 고을.

418 葛潭驛(갈담역): 전라도 任實에 위치한 역으로, 전라우도 參禮道의 屬驛 가운
데 하나.

419 三百餘名: 百餘名.

420 緇服(치복): 승려가 입는 검은 물을 들인 옷.

421 名: 各.

422 三百餘人: 三百餘名.

빠져 나와서 청주(淸州)·내포(內浦)를 거쳐 임피(臨陂)에 이르자마자 즉시 관문(關文: 공문서)을 도내(道內: 전라도)에 띄워 정예병을 징발하여 바닷길로 임진(臨津)에 도달하려고 하였으나, 인심이 소란하고 두려워하여 선뜻 명령에 응하지 않으려 한다고 하였다.【협주: 애초에 조정에서 군사를 징집하는 교지가 내려지자, 이광이 군대를 출동시키려고 독촉하였다. 기일이 몹시 촉박하고 비가 쏟아붓는 바람에 길이 막힌 데다 군졸들도 굶주림과 목마름에 매질을 견디지 못하여 어떤 자는 길에서 죽고 어떤 자는 물에 뛰어드니, 공주(公州)에 도착한 뒤 7일 동안 머무르다가 끝내 군대를 해산하고 병사들을 물려서 대군(大軍)이 마침내 무너지자 인심이 더욱 흩어지고 거짓말이 멀리 퍼졌던 것이다.】 곧장 들어가 남원 부사(南原府使) 윤안성(尹安性)을 만나보고서 두어 마디 나랏일에 관한 이야기를 나누었을 따름이나, 윤후(尹侯: 윤안성)가 말하기를, "근래에 양 주부(梁主簿: 梁大樸)의 말을 듣자니 류 학유(柳學諭: 류팽로)의 의로운 명성이 사방을 깜짝 놀라게 한다는데, 이는 실로 국가에 일조할 것으로 호남에서 먼저 주창한 이가 그대가 아니고 누구겠는가?"라고 하며 또 갈담역(葛潭驛)에서 왜적을 격파한 일을 위로하여 말하기를, "이에 힘입어 왜적들이 감히 우리 경내를 침범하지 못했네."라고 하고는 이윽고 쇠고기와 술을 마련하여 공(公)을 따라간 37명에게 보내주었다. 인사가 끝나고 객관(客館)으로 나가 묵었다.

十二日(辛未)

近處入山避兵者, 來會于此, 皆願從, 亦以某日, 來到玉果次, 相約而去[423]。自葛潭驛, 窺潛搜伏, 轉向南原[424]路次, 聞李洸進

선조 25년 임진년(1592) 131

軍, 至錦江[425], 聞都城失守, 蒼黃罷陣退兵, 人心怔劫, 賊勢猖獗, 洸僅以身免, 由淸州[426]·內浦[427], 到臨陂[428], 卽馳關道內, 徵發精兵, 欲由海路, 達臨津[429], 然而人心洶懼, 不肯從令。【初朝廷有徵兵之敎, 洸督發師。期太迫, 雨注路塞, 士卒飢渴, 不勝鞭扑[430], 或死於道, 或投於水, 到公州, 留連七日, 而竟罷陣退兵[431], 大軍遂潰, 人心益散, 而訛言遠播[432]。】卽入見本倅[433]尹安性, 接數語國事而已, 尹侯, "近聞梁主簿之言, 則柳學論之義聲, 聳動四方, 此實國家之一助, 湖南先倡, 非君[434]而誰也?" 又勞葛潭驛破倭之事, 曰: "賴此而賊不敢犯我." 因備牛酒, 餉從者三十七人。禮畢, 出宿于舘。

---

423 去: 分.

424 南原(남원): 전라북도 남동부에 위치한 고을.

425 錦江(금강): 전라북도 장수군 장수읍의 神舞山에서 발원하여 충청남북도를 거쳐 강경에서부터 충청남·전라북도의 도계를 이루면서 군산만으로 흘러드는 강.

426 淸州(청주): 충청북도 중앙부에 위치한 고을.

427 內浦(내포): 충청남도 홍성군에 위치한 고을.

428 臨陂(임피): 전라북도 군산 지역에 위치한 고을.

429 臨津(임진): 경기도 파주시 군내면 지역에 위치한 고을.

430 鞭扑(편박): 관리들이 백성들을 매질하는 것.

431 退兵: 추가.

432 播: 播矣.

433 本倅: 南原倅.

434 非君: 非公.

13일(임신)

아침 식사 후에 양 청계(梁靑溪)를 만나러 창의소(倡義所)에 들어
갔다.【협주: 청계의 이름은 대박(大樸), 자는 사진(士眞)으로 곧 공
(公: 류팽로)의 이종이다. 이달 1일에 공(公)에게 편지를 보냈는데,
이르기를, "군(君: 류팽로)이 의병을 일으킨 것이 나보다 앞이고 내가
의병을 일으킨 것은 군보다 뒤이니, 앞뒤로 서로 이은 것으로 마음
을 같이하고 힘을 합하여 큰공을 세울 자가 군과 내가 아니겠느냐?
또한 우리고을 사인(士人) 안영(安瑛)이 군과 서로 사이가 좋은 데다
큰 방략(方略)을 지녔으니 대사(大事)를 함께할 수 있을 것이네. 국
가에 대하여 이익될 일로 말하면, 한(漢)나라의 상홍양(桑弘羊)·동
곽함양(東郭咸陽)·공근(孔僅) 세 사람처럼 이로운 일을 말하며 세밀
하게 분석할 자는 이 사람이네. 잘 모르겠네만 의견이 어떠한가?"라
고 하였다. 그때 즉시 답신을 하지 못한 것은 의병을 모집하려고
여러 고을들을 두루 돌아다닌 것에 얽매였기 때문인데, 지금에서야
남원(南原)에 도착한 것이다.】인사를 끝낸 뒤, 37명을 불러 나아가
뵙게 하면서 말하기를, "저 사람들은 모두 장사(壯士)들입니다. 지
난번 임실(任實)로 향하던 차, 왜놈 300여 명이 산골짜기에 가득하
였지만 각기 칼 한 자루씩 들고서 왜적 10명을 당해내었으니, 훗날
나와 함께 공을 세우려는 자들이 이들입니다."라고 하자, 양공(梁
公: 양대박)이 크게 칭찬을 하며 "군(君)은 사람들을 얻었도다."라고
하고는 계속 머물게 하고서 의병 모집하는 일을 의논하였다.

十三日(壬申)

朝後, 入見梁靑溪于倡義所。【靑溪, 名大樸[435], 字士眞, 卽公

之姨從也。今月初吉日, 抵書于公, 曰: "君之擧義先於吾[436], 吾之擧義後於君, 則先後[437]相繼, 同心協力, 以立大功者, 非君與吾耶? 且鄙鄉士人安瑛[438], 與[439]君相善, 而有大略, 可[440]與共大事。於國家, 以利言之, 則如漢[441]之桑弘羊[442]·東郭咸陽[443]·孔僅[444]三人, 言利事, 析秋毫者, 是也。未知尊意之如何?"云。其時未卽修謝, 拘於募兵通行列邑, 而今到南原[445]。]禮畢後, 招三十七人, 進見曰: "彼人者, 皆壯士也。嚮於任實路次, 倭奴三百餘名, 彌滿山谷, 各持一釰[446]當十, 他日與我成功者, 此也。"梁公大

---

435 大樸: 大僕.

436 吾: 추가.

437 先後: 後先.

438 安瑛(안영, ?~1592): 본관은 順興, 자는 元瑞, 호는 淸溪. 남원 출신이다. 1592년 임진왜란이 일어나서 서울에 있는 모친을 봉양하기 위해 가는 길에 高敬命 휘하의 의병에 가담, 활약하다가 금산 싸움에서 장렬한 전사를 하였다.

439 與: 素與.

440 可: 何如.

441 漢(한): 漢武帝를 가리킴. 그는 흉노원정을 지속하기 위해 거대 소금 상인인 東郭咸陽과 거대 철 상인 孔僅 그리고 상인 집안 출신인 桑弘羊을 재정관으로 기용하여 국가의 경제정책을 처리하도록 하는 파격적인 조치를 취했다.

442 桑弘羊(상홍양): 중국 前漢 武帝와 昭帝 때의 관리. 무제가 소금과 철의 전매 등 새로운 재정책을 필요로 하자 재무관료로 두각을 나타내 회계를 관장하고 균수관 설치에 착수했다. 염철 전매를 장악, 균수평준법을 실시했고 대사농으로 술의 전매제를 시행했다.

443 東郭咸陽(동곽함양): 동곽은 성, 함양은 이름. 漢文帝 때의 소금 장수.

444 孔僅(공근): 漢나라 南陽 사람. 鐵冶로 직업을 삼았고 武帝 때에 大農丞이 되고 東郭咸陽과 함께 鹽鐵使를 거느렸다.

445 南原: 面叙以謝.

加稱賞[447], "君其得人乎?" 因留, 講論兵事。

14일(계유)

이 고을사람 방원진(房元震)은 공(公: 류팽로)과 같이 공부하던 자이다. 이때 나이가 18세로 말과 행동이 같은 또래보다도 특출하였는데, 공(公)이 왔다는 소식을 듣고 만나보기를 청하였다. 공(公)이 나가 맞이하여 함께 이야기하고 크게 기뻐하였으며, 양공(梁公: 양대박) 또한 매우 칭찬하고 장려하였다.【협주: 원진(元震)의 자는 이성(而省), 호는 만오(晩寤)이다. 사계(沙溪) 방응현(房應賢)의 손자로 또한 의병을 일으켰고 훗날 찰방이 되었다.】

十四日(癸酉)

鄉人房元震[448], 與公同學者也。時年十八, 言談擧止, 特出等倫, 聞公來而求見[449]。公出迎, 與語大悅, 梁公亦甚嘉奬焉。【元震, 字而省, 號晩寤[450], 沙溪[451]應賢孫[452], 亦擧義, 後爲察訪。】

---

446 一釰: 一釰以一.

447 大加稱賞: 大加稱賞曰.

448 房元震(방원진, 1575~1650): 본관은 南陽, 자는 而省, 호는 晩悟. 남원 출신이다. 1592년 임진왜란 때 梁大樸과 함께 의병을 일으켰다가 아버지 상을 당하여 중지하였다. 28세 때 사마시에 합격하여 성균관유생으로 3년간 문과에 대비하여 학업에 열중하였으나 정국이 어지러움을 보고 과거를 단념하고 낙향하였다.

449 求見: 請見.

450 號晩寤: 추가.

451 沙溪(사계): 房應賢(1524~1589)의 호. 본관은 南陽, 자는 俊夫. 남원 출신이다. 일찍이 曺植·李恒의 문하에 출입하며 학문을 닦았으나 관직에 뜻이 없어 과거에 나가지 않았다. 향리의 沙溪川 위에 집을 짓고 일생을 誦詩와 독서로

15일(갑술)

공(公: 류팽로)이 양공(梁公: 양대박)에게 말하기를, "제봉(霽峯) 고
경명(高敬命)이 전 교리(前校理)로서 한 시대의 매우 두터운 명망을
지녔고 연세와 덕이 모두 높은데 바야흐로 광주(光州)에서 의병을
일으키려고 한다 하니, 편지를 써서 힘을 합쳐 왜적을 토벌하자는
뜻을 전하는 것이 좋겠습니다."라고 하자, 양공이 말하기를, "내 뜻
도 또한 그러하다."라고 하였다. 곧장 편지를 써서 소매에 넣고 집
으로 돌아와 김충남(金忠男)을 시켜 곧장 광주에 전달하게 하였다.

十五日(甲戌)

公語梁公, 曰: "霽峯⁴⁵³高公敬命, 以前校理, 負一代重望, 且年

自適하는 가운데 課農·理圃·灌漑·花竹 등 농학 분야의 生理問題에 관심을
두었다.

452 應賢孫: 應賢之孫.

453 霽峯(제봉): 高敬命(1533~1592)의 호. 본관은 長興, 자는 而順, 호는 苔軒. 아
　버지는 대간 高孟英이며, 어머니는 진사 徐傑의 딸이다. 1552년 진사가 되었
　고, 1558년 식년문과에 장원으로 급제해 成均館典籍에 임명되고, 이어서 공조
　좌랑이 되었다. 그 뒤 홍문관의 부수찬·부교리·교리가 되었을 때 仁順王后의
　외숙인 이조판서 李樑의 전횡을 논하는 데 참여하고, 그 경위를 이량에게 몰래
　알려준 사실이 드러나 울산군수로 좌천된 뒤 파직되었다. 1581년 영암군수로
　다시 기용되었으며, 이어서 宗系辨誣奏請使 金繼輝와 함께 書狀官으로 명나라
　에 다녀왔다. 이듬해 서산군수로 전임되었는데, 明使遠接使 李珥의 천거로 從
　事官이 되었으며, 이어서 종부시첨정에 임명되었다. 1590년 承文院判校로 다
　시 등용되었으며, 이듬해 동래부사가 되었으나 서인이 실각하자 곧 파직되어
　고향으로 돌아왔다. 1592년 임진왜란이 일어나 서울이 함락되고 왕이 의주로
　파천했다는 소식을 전해들은 그는 각처에서 도망쳐온 官軍을 모았다. 두 아들
　高從厚와 高因厚로 하여금 이들을 인솔, 수원에서 왜적과 항전하고 있던 廣州
　牧使 丁允佑에게 인계하도록 했다. 전라좌도 의병대장에 추대된 그는 종사관에

德俱高, 方擧義光州[454]云, 可[455]裁書諭以幷力討賊之意." 梁公
曰: "吾意亦然." 卽裁書[456], 袖而還家, 令忠男卽傳于光州。

16일(을해)

며칠 전부터 오늘에 이르기까지 사방에서 응모하여 온 자가 천여
명이나 되었다. 이에 지난날 비축해두었던 군복(軍服)·군량(軍糧)·
군기(軍器)를 죄다 꺼내어서 입히고 먹이고 사용하게 하였다.【협주:
공(公: 류팽로)은 살고 있는 마을 뒤편 옥출산(玉出山) 꼭대기의 성치
(城峙: 성재)가 있는 깊은 골짜기에다 수년 전에 3칸짜리 집을 지었
는데, 한 칸에는 야장(冶匠: 대장장이) 사내종 5,6명으로 하여금 날마
다 병기를 만들게 하였고, 또 한 칸에는 침선(針線: 바느질) 계집종
5,6명으로 하여금 날마다 군복을 짓게 하였고, 또 다른 한 칸에는
바치는 세미(稅米) 수백 석을 해마다 거두어 보관하였다가 오늘날과
같은 때의 쓰임에 대비하게 하였지만, 세상에 아는 사람이라고는
없었다.】

十六日(乙亥)

柳彭老·安瑛·楊大樸, 募糧有司에 崔尙重·楊士衡·楊希迪을 각각 임명했다.
그러나 錦山전투에서 패하였는데, 후퇴하여 다시 전세를 가다듬어 후일을 기약
하자는 주위의 종용을 뿌리치고 "패전장으로 죽음이 있을 뿐이다."고 하며 물밀
듯이 밀려오는 왜적과 대항해 싸우다가 아들 인후와 류팽로·안영 등과 더불어
순절했다.

454 光州: 於光州.
455 可: 何.
456 裁書: 共裁書.

自數日前, 至于今日, 四方⁴⁵⁷應募而來者, 千有餘矣⁴⁵⁸。於是,
盡出前日所儲軍服·軍糧·軍器, 衣之食之用之。【公所居村後,
玉出山⁴⁵⁹上城峙⁴⁶⁰, 深谷中, 自數年前, 築室三間, 一間令冶匠五
六奴, 日鑄兵器, 一間令針線婢五六⁴⁶¹, 日製軍服, 一間捧稅米幾
百石, 年年收藏, 以備今日之用⁴⁶², 而世無知者矣.】

17일(병자)

고공(高公: 고경명)의 답서가 왔는데, 이번 달 23일 담양면(潭陽面)
에 모여서 의병 일으키는 일을 토의하여 결정하자고 하였다.【협주:
김충남(金忠男)이 말하기를, "그저께 편지를 가지고가 고공(高公)에
게 바쳤더니, 읽기를 마치고서 두 아들을 돌아보시며 말씀하시기
를, '일전에 그의 격문을 보니 말의 뜻이 늠름하여 사람을 감동시키
는 점이 있어 내가 함께 일하기를 원하였으나 하루의 교분조차 없는
것이 한스러웠다. 이제 이 편지를 보니 나의 마음이 문득 기뻐서

---

457 四方: 추가.

458 矣: 人.

459 玉出山(옥출산): 전라북도 순창군의 남쪽 풍산면 대가리 일대와 전라남도 곡성
군 옥과면 합강리 경계에 위치한 산. 일부 산록은 전라남도 곡성군의 옥과면에
해당된다.

460 城峙(성치): 임진왜란 때 군량미를 저장해 두었다고 하는 산성. 오교리 북쪽 큰
까끔 넘어 순창과 남원 간 국도변 섬진강 가에 158m 높이에 돌로 쌓은 성이
있다.

461 五六: 五六婢.

462 用: 所用.

늙음조차 잊을 정도로, 내 뜻을 무어라 형용할 줄 모르겠구나. 그리고 양모(梁某: 양대박)는 나와 오래도록 깊은 교분이 있는 데다 사람을 섬길 줄 알도다. 지금 이 두 사람과 함께 일을 할 수 있다면 무엇인들 이루지 못하겠느냐?' 하셨사옵니다."라고 하였다.】

十七日(丙子)

高公答書至, 而以今月二十三日, 會于潭陽面, 討決事云。【忠男曰: "日昨奉書, 獻于高公, 則覽畢, 顧謂其二子曰: '日前見其檄文, 凜凜辭意, 有感動人者, 吾所願與同事, 恨無一日之雅[463]矣。今見此書, 吾心輒欣然, 忘老, 不知喩意。而梁某與我, 有宿契, 且知事人也。今與得[464]二人同事, 則何所不成.'云云."】

18일(정축)

고공(高公: 고경명)의 답서를 남원(南原)의 창의소(倡義所)로 보내고 곧장 성으로 들어갔는데, 안후(安侯: 安鵠)가 수성군(守城軍)을 거느리고 5리길까지 나와 맞이하였다. 안후가 미리 쇠고기와 술을 마련하여 공(公: 류팽로)을 대접하였는데, 오늘 성대한 잔치를 베풀어 음식을 먹이고 위로한 뒤에 관군과 의병을 점고하니 수천 명이나 되었다.

---

463 一日之雅(일일지아): 잠시 만났던 정분. 《漢書》 85권 〈谷永傳〉의 "하루 정도 만난 정분과 좌우의 소개도 없이 발탁되어 조의의 관리가 되었다.(無一日之雅, 左右之介, 擢之, 皁衣之吏.)"에서 나오는 말이다.

464 與得: 得與.

十八日(丁丑)

送高公書于南原倡義所, 卽入城, 安侯率守城軍, 出迎于五里
程. 安侯預置牛酒, 以待公, 今日設大宴犒餉, 後點閱軍兵, 則數
千餘矣[465].

19일(무인)

의병을 거느리고 옥과현 남쪽 앞의 들판에 나가 진을 치니, 군대
의 규율이 엄정했고 군대의 위용이 엄숙하게 펼쳐졌다. 이에 좌랑
(佐郞) 김감(金鑑)·참봉(參奉) 권의덕(權懿德)·별좌(別坐) 허찬(許纘)
및 부자들이 어느 누구를 막론하고 다투어 쇠고기와 술, 혹 돼지와
개 고기, 혹 곡식을 가지고 와서 바치지 않는 이가 없이 말하기를,
"우리 고을의 온 경내는 류 장군(柳將軍)에 힘입어 온전할 수 있겠
다."라고 하였다.

十九日(戊寅)

領義兵, 出陣于縣南前坪, 師律嚴整, 軍威蕭張. 本鄉金佐郞
鑑[466]·權參奉懿德·許別坐纘及富饒者, 無論某人, 爭持牛酒, 或
豚狗, 或米粟, 無不來獻, 曰: "吾一境, 賴柳將軍, 以得全."

---

465 **數千餘矣**: 殆數千餘人.

466 金佐郞鑑(김좌랑감): 佐郞 金鑑(1566~?). 본관은 錦山, 자는 仲虛, 호는 笠澤.
   아버지는 金聲遠이다. 1588년 생원시에 합격하고 1613년 알성문과에 급제하였
   다. 1617년 이조정랑으로 사신 李尙吉의 書將官이 되어 명나라에 다녀왔으며,
   1618년 평안도어사를 거쳐 경상도도사를 역임하였다. 1620년 兩南提督을 지낸
   것을 마지막으로 관직을 그만두고 귀향하였다.

20일(을묘)

순창(淳昌)의 직장(直長) 양사형(楊士衡)이 그의 친족 양희적(楊希迪)과 나란히 말을 달려 왔다. 그들과 더불어 군사훈련을 하고난 뒤 훗날 담양(潭陽)에서 서로만나기로 약속하고 이내 헤어졌다.【협주: 사형의 호는 어은(漁隱)이다. 공(公: 류팽로)과 같은 해에 진사가 되었고 같은 해에 문과 급제하였다. 나이는 공보다 많으나 나이를 가리지 않는 친한 벗이 되었다.】

二十日(乙卯)

淳昌楊直長士衡[467], 與其族[468]希迪[469], 聯鞭而來。與之講武, 期以後日, 相遇于潭陽, 而因別。【士衡, 號漁隱。與公同年進士[470], 同年文科。年則長於公, 而爲[471]忘年交.】

---

467 楊直長士衡(양직장사형): 直長 楊士衡(1547~1599). 본관은 南原, 자는 季平, 호는 暎霞亭·漁隱. 아버지는 楊洪이다. 1579년 생원시에 합격하였다. 1588년 식년문과에 급제한 뒤 軍資監의 奉事·直長 등을 역임하였다. 1592년 벼슬을 사임하고 남원에 낙향하였는데, 그 해 여름에 왜적이 침범하자 李大胤·崔尙重 등과 군량을 모아 금산의 전지로 보냈다. 1594년 尹斗壽가 체찰사로 삼남지방을 순시할 때 참좌하였다. 또 邊士貞·丁焰 등과 의병으로 활동한 공로가 평가되어 병조정랑에 오르고, 이어서 춘추관기사관·경기도사·南平縣監·예조정랑을 거쳐 1599년 靈光郡守로 임지에서 죽었다.

468 其族: 其弟.

469 希迪(희적): 楊希迪(1555~1601). 본관은 南原, 자는 吉夫, 호는 慕亭. 아버지는 楊士選이다. 1592년 임진왜란을 당하여 류팽로·양대박 등과 함께 거병하여 高敬命을 의병장으로 추대하였다. 이때 류팽로·양대박은 종사관이 되고, 양사형·이대윤·최상중 등은 군량을 모으는 募糧官을 맡아 삼남에서 모은 군량을 금산으로 운송하였다. 정유재란 때 李彦賛이 의병을 거느리고 남원에 있을 때 運糧將 朴天挺과 함께 양곡과 군기를 공급하였다.

470 進士: 進.

21일(경진)

남원(南原)의 전 봉사(前奉事) 윤대표(尹大彪)는 바로 공(公 : 류팽로)의 외사촌형으로 공(公)이 의병을 일으켰다는 소식을 듣고 합강촌(合江村)에 찾아와서 머물러 있었다. 이날 성에 들어와 의병진의 형세를 보고 말하기를, "어떻게 나이 젊은 서생(書生)으로서 이렇게까지 할 수 있었단 말인가? 비록 옛날의 명장이라 할지라도 이보다 더할 수는 없을 것이다. 내 응당 재산을 기울여 군량으로 바친다 해도 족히 아까울 것이 없다."라고 하였다.

날이 저물자 합강촌으로 되돌아가려 하니, 공(公)이 절하면서 전송하며 말하기를, "훗날의 주선은 형님의 손에 달려 있습니다."라고 하였다.

二十一日(庚辰)

南原前奉事尹公大彪[472], 卽公之外從兄也, 聞公擧義, 來留合江村。是日入城, 見義兵陣勢, 曰 : "何以妙年書生, 至於如此? 雖古之名將, 蔑以加矣。吾當傾家財, 供兵食[473], 不足惜也。"云。及

---

471 而爲 : 爲.

472 大彪(대표) : 尹大彪(생몰년 미상). 본관은 南原, 자는 景文. 1592년 임진왜란이 일어나자 당시 봉사로 있던 종질 尹廷璣와 역시 종질인 윤정반과 함께 의병을 일으켰다. 제봉 고경명의 격문을 보고, 그때까지 모았던 장사 3백여 명을 거느리고 고경명 부대로 들어가 많은 적병을 사살하는 전과를 올렸다. 고경명 등이 금산전투에서 순절하자 다시 고향으로 돌아와서, 사재를 털고 백성으로부터 군량을 모아 5백 석을 만들어 본도의 운량장 이대윤·최상중 등과 협력하여 의병의 군량을 보급하였다.

473 兵食(병식) : 군량.

暮, 還向合江村, 公拜送曰: "他日周旋, 權在吾兄."

22일(신사)

들건대 왜적이 용인(龍仁)을 함락시켜 삼도(三道)의 근왕병(勤王兵)들이 모두 무너졌다고 하였다. 이보다 앞서 순찰사(巡察使: 李洸)는 길에서 머뭇거리며 모든 군사를 돌려 진위(振威)에 도착해 5,6일 동안 묵었는데, 사람은 모두 비를 맞고 서 있었다. 용인(龍仁) 전투에 이르러 왜적은 북두산(北斗山: 北斗門山) 꼭대기의 아주 험한 곳에 진을 치고 목책(木柵)을 세워 스스로 방위하고 있었다. 이광은 마음속으로 쉽게 여기고 장사(壯士) 백광언(白光彦)·이시례(李時禮)로 하여금 나가 싸우게 하였으나 적에게 해를 입었다. 이때 짙은 안개가 사방에 가득하여 지척을 분간할 수가 없었는데, 왜적이 무리들을 다 이끌고 공격해오자 세 순찰사[三巡察使: 전라도순찰사 이광, 충청도순찰사 尹國馨, 경상도순찰사 金睟]가 한 명도 병법에 익숙하지 않아서 제 마음대로 통제하기가 어려웠다. 갑자기 세 왜적이 앞장서서 오며 칼을 휘두르면서 크게 고함치자, 충청도 절도사의 군대가 먼저 무너지니 모든 군사들이 뒤이어 무너졌다. 전마(戰馬) 2천여 필, 화약과 총통 등 여러 병장기들을 모두 적에게 남겨두게 되었다고 하였다.【본도(本道: 전라도) 순찰사는 임피(臨陂)로 달아났고, 경상도 순찰사 김수(金睟)는 경상우도로 달아났고, 충청도 순찰사 윤국형(尹國馨)은 공주(公州)로 달아났으나, 태인(泰仁)의 전 판관(前判官) 전덕린(全德獜: 全德麟의 오기) 또한 이곳 용인에서 죽었다고 하였다.】

二十二日(辛巳)

聞賊陷龍仁三道兵皆潰。先是, 巡察在道遲, 回諸軍, 到振
威[474], 宿五六日, 人皆雨立。至龍仁之戰, 賊結陣于北斗山[475]上
絶險處, 對柵自衛。洸心易之, 令壯士白光彦[476]·李時禮出戰, 爲
賊所害。時大霧四塞, 咫尺莫辨, 賊悉衆攻之, 三[477]巡察一無兵
略, 難爲專制。忽有三賊, 挺身前來, 揮釰大喊, 忠淸節度兵先
潰, 諸軍繼之。戰馬二千餘及火藥·銃筒·諸兵器, 皆遺賊云。
【本道伯遁臨陂[478], 嶺伯[479]金睟逃嶺右, 錦伯尹國馨[480]走公州, 泰

---

474 振威(진위): 경기도 평택군에 위치한 고을.

475 北斗山(북두산): 北斗門山. 경기도 용인 남쪽 10리쯤에 있는 산.

476 白光彦(백광언, 1554~1592): 본관은 海美, 호는 楓巖. 1592년 모친상을 당하
여 泰仁에 머무르고 있는 중에 임진왜란을 만나 全羅監司兼巡察使 李洸의 助
防將이 되었다. 이때 이광이 전라도병사 8,000명을 이끌고 공주까지 북상했다
가 서울이 함락되었다는 소식을 듣고 퇴군하여 전주에 이르자 백광언은 "君父께
서 서쪽으로 播遷하셨는데 공은 수하에 많은 병력을 거느리고 퇴군하여 싸우려
하지 않으니 이 무슨 연고이시오."라고 꾸짖어 북상할 것을 약속받고 다시 2만
여의 군사를 모아 전열을 재정비한 뒤 수원을 향하여 진격하였다. 龍仁城 남쪽
10리에 이르러 우군선봉장이 된 백광언은 좌군선봉장 李之詩와 함께 文小山의
적진을 협공하였으나 패전하여 모두 전몰하고 말았다.

477 三: 三道.

478 臨陂(임피): 전라북도 군산의 동부에 위치한 고을.

479 **嶺伯: 嶺南伯.**

480 尹國馨(윤국형, 1543~1611): 본관은 坡平, 초명은 尹先覺, 자는 粹夫, 호는 恩
省·達川. 1592년 충청도관찰사가 되자 왜적의 침입에 대비하여 무기를 정비하
였다. 그해 임진왜란이 일어나 왜적을 막아 내다 패하여 파직당하였다. 뒤에 다
시 기용되어 충청도순변사가 되었고, 判決事·병조참판·同知中樞府事 등을 거
쳐 備邊司堂上이 되어 왜란 뒤의 혼란한 업무들을 처리하였으며, 광해군 초에
공조판서를 지냈다.

仁[481]前判官全德獜[482]亦死于此云.】

23일(임오)

양공(梁公: 양대박)이 남원(南原)에서부터 혼자 말을 타고 오니 해가 중천을 향하고 있었다. 몇 마디 이야기를 나누고는 곧장 행장을 꾸려 담양(潭陽)을 향해 가는데 김충남(金忠男) 1명만이 따라나섰다. 양공이 말하기를, "나의 말은 오룡(烏龍)이고 군(君: 양대박)의 말은 오려(烏驪)이니 사람과 말이 제 임자를 만났네."라고 하였다. 날이 저물어서야 성에 들어가니, 고공(高公: 고경명)이 먼저 와서 기다리고 있다가 웃으며 말하기를, "군(君)들은 모두 늦게 온 벌을 받아야겠네."라고 하였다.

二十三日(壬午)

梁公自南原, 單騎而來, 日將午矣。接數語而卽治裝, 向潭陽, 一忠男隨之。梁公曰: "我馬烏龍, 君馬烏驪, 可謂人馬相得也." 及暮入城, 高公先至以待, 笑曰: "君皆有後至之誅."

24일(계미)

어젯밤부터 오늘까지 의병에 관한 일을 충분히 논의하고 그 방안

---

481 泰仁(태인): 전라북도 정읍지역에 위치한 고을.
482 全德獜(전덕린): 全德麟(?~1592)의 오기. 본관은 天安, 자는 祥卿. 태인 古縣內(지금의 전라북도 정읍시 칠보면)에서 출생하였으며, 무과에 입격하여 벼슬이 判官에 이르렀다. 1592년 임진왜란이 일어나자 고향의 친우 白光彦과 함께 의병을 일으켰고, 전라도관찰사 李洸이 이끌었던 용인전투에 출전하여 싸우다가 전사하였다.

과 전략을 구획하고 나서 서로 헤어졌다. 양공(梁公: 양대박)이 먼저 길을 떠나 곧장 남원(南原)으로 향하였다. 공(公: 류팽로)은 그 뒤에 길을 떠나 저물어서야 돌아왔다.

二十四日(癸未)

自昨夜至今日, 爛議兵事, 區畫方略而相分。梁公先發, 卽向南原。公後發, 及暮而還。

25일(갑신)

우리 옥과(玉果) 고을의 동지(同知) 심언겸(沈彦謙)이 군량 3석과 말먹이 콩 2석을 보내와 의병의 소용에 보태도록 하였고, 곡성(谷城)의 봉사(奉事) 신언해(申彦海)가 소 1쌍을 보내고 또한 편지를 보내어 권면하였으며, 순창(淳昌)의 사인(士人) 조식(趙軾)과 조철(趙轍) 형제 및 김봉학(金奉鶴)·김익복(金益福)·이학령(李鶴齡)이 각자 가동(家僮)을 거느리고 나란히 말을 달려 와서는 종일토록 군사훈련을 하고 저물어서야 객관(客館)으로 나가 묵었다.

二十五日(甲申)

本鄕沈同知彦謙[483], 送軍糧三石·馬太二石, 以資兵用, 谷城申奉事彦海[484], 送牛一雙, 又以書勉之, 淳昌趙士人[485]軾·轍[486]兄弟

---

483 沈同知彦謙(심동지언겸): 同知 沈彦謙(생몰년 미상). 본관은 靑松. 李适의 난 때 仁祖를 공주까지 호종한 沈民覺의 아버지이다.

484 申奉事彦海(신봉사언해): 奉事 申彦海(?~1592). 본관은 高靈. 아버지는 申潤輔이다. 1592년 임진왜란이 일어나자, 충무공 이순신의 막하로 들어가 한산도대첩 등 여러 곳에서 큰 공을 세웠다. 한산도대첩에서 전사하였다.

及金奉鶴[487]·金益福[488]·李鶴齡, 各率家僮, 聯鞭而來, 終日講武,
及暮出宿于館。

26일(을유)

다섯 사람이 들어와 말하기를, "전쟁시의 일은 어떻게 해야 하는
것이오? 각기 주관하는 사람이 있은 뒤라야 일이 번거롭지 않을 것
이오."라고 하자, 공(公: 류팽로)이 말하기를, "지난번에 고공(高公:
고경명)과 이미 약속한 바가 있으니, 그대들도 또한 기다렸다가 다시
담양(潭陽)에 모여 함께 모의하면 될 것이오."라고 하고는 이내 서로
약속하고서 헤어졌다.

二十六日(乙酉)

五人入言: "軍中事, 何以爲之? 各有主者, 然後事不煩矣." 公

---

485 趙士人: 士人趙.

486 趙士人軾轍(조사인식철): 士人 趙軾(생몰년 미상)과 趙轍(생몰년 미상). 1592
  년 임진왜란 당시 錦山의 趙憲 막하에서 왜적과 싸우다 전사하였다.

487 金奉鶴(김봉학, 1515~1592): 본관 慶州, 자는 胎仙. 1592년 임진왜란이 일어나
  자 78세의 고령으로 金克福·李彭齡 등과 함께 종을 거느리고 錦山으로 달려가
  서 초토사 高敬命의 막하로 들어갔다. 7월 9일부터 10일까지 의병 및 관군과
  합세하여 왜군과 금산 전투에서 함께 싸웠으나 전사하였다

488 金益福(김익복, 1551~1598): 본관은 扶安, 자는 季膺. 1573년 진사가 되고
  1580년 별시문과에 급제, 도사·군수를 역임하였다. 1592년 임진왜란이 일어나
  자 능성현령으로 전 현감 任啓英과 함께 인근의 여러 고을에 격문을 돌려 의병
  을 모아 여러 차례 전공을 세웠다. 1597년 정유재란 때는 부모 상중이었는데
  도원수 權慄이 격문을 보내자 다시 나와서 권율 장군의 종사관이 되었다. 1598
  년 영광군수로 부임하여 명나라 장수 陳璘과 협조 아래 曳橋 싸움에 참여하였다
  가 전사하였다.

曰: "嚮與高公, 旣有所約, 則君等亦待, 更會潭陽, 同謀可也." 因
相約而分。

27일(병술)

고공(高公: 고경명)이 편지를 보내왔는데, 이르기를, "이번 그믐날
에 담양에서 군대를 합쳐 며칠 동안 훈련하여 대오를 갖추도록 하고
여러 참모의 직임을 나누어 맡긴 뒤라야 대사를 완수할 수 있을 것
이네."라고 한지라, 즉시 답서를 써서 보냈다.【협주: 고공(高公)이 그
의 서제(庶弟) 고경신(高敬身)에게 주어 소매에 넣어서 왔다. 이 편
지는 즉시 양공(梁公: 양대박)의 의소(義所)에 전해졌다.】

二十七日(丙戌)

高公以書來, 曰: "今晦日, 合師于潭陽, 幾日練習, 以成行伍,
而凡諸參謀之任, 分定然後, 俾完大事."云, 卽修答而送之.【高
公, 以其庶弟敬身[489], 袖書而來。此書, 卽傳梁公義所.】

28일(정해)

먼동이 트려는 첫새벽에 말에게 먹이를 먹이자마자 합강촌(合江
村)에 가서 부모의 묘소를 참배하고 또 가묘(家廟: 사당)에 고하면서
통곡하며 하직인사를 하고는 이내 아내와 서로 작별하기를, "만일
불행한 일이 생긴다면, 나의 뒤를 잇게 해줄 사람은 경성(京城)에

---

489 敬身(경신): 高敬身(생몰년 미상). 高敬命의 庶弟. 전투에 필요한 말을 구하러
제주도에 갔다 오다가 풍랑을 만나 익사하였다.

거주하는 전 목사(前牧使) 류경례(柳敬禮)이라오."라고 한 뒤, 또 이내 어린 동생 류팽진(柳彭眞: 柳彭貞의 오기)의 등을 어루만지며 말하기를, "너는 집안을 전할 수 있겠느냐?"라고 하였다. 그러자 부인이 말하기를, "옛날 곽거병(霍去病)이 집을 돌보지 않았다고 하던데 바로 오늘날과 같은 때를 말한 것일진대, 군자가 마땅히 나라를 위함에는 집을 돌보지 않아야 하거늘 어찌 사사로운 일을 이야기한단 말입니까?"라고 하자, 공(公: 류팽로)이 말하기를, "맞소이다. 부인이 잘 알아서 하기를 바라오."라고 하고는, 즉시 말채찍하여 성으로 들어갔다.

二十八日(丁亥)

曉頭秣馬, 卽到合江村[490], 省考妣墓, 又告家廟, 痛哭拜辭後, 因妻相訣曰: "如有不幸, 則立吾後者, 居京[491]前牧使敬禮也." 又因稚弟[492]彭眞[493]撫背曰: "汝能傳家乎?" 夫人曰: "昔者霍去病[494]之不爲家[495], 正謂今日, 則君子當爲國而不爲家, 何言之私也?"

---

490 合江村: 合江.

491 居京: 추가.

492 稚弟: 弟.

493 彭眞(팽진): 柳彭眞. 柳彭直(생몰년 미상)의 옛 이름인 柳彭貞의 오기.

494 霍去病(곽거병): 중국 前漢 武帝 대의 명장. 흉노 토벌에 큰 공을 세웠다. 정예 부대를 이끌고 대군보다 먼저 적진 깊숙이 쳐들어가는 전법으로 한제국의 영토 확대에 지대한 공을 세웠다.

495 霍去病之不爲家(곽거병지불위가): 唐나라 蘇頲의 〈同餞陽將軍兼原州都督御史中丞〉에 "흉노의 우측 땅은 구사와 접해 있어, 조정에서도 그곳에 유능한 장군 임명하였네. 장연명과 같이 사방 이민족을 감화해서 풍속을 고치고, 곽거병과 같이 집을 돌보지 않고 신명을 바치라는 것이네.(右地接龜沙, 中朝任虎牙.

公曰: "然。願夫人自爲之." 卽策馬入城。

29일(무자)

수천 명의 의병을 이끌고 담양(潭陽)으로 달려 가려는데, 이때 안후(安侯: 安鵠) 및 사대부와 이서(吏胥)들이 오례원(五禮院)까지 나와서 전송하였다. 도중에 대가(大駕)가 평양(平壤)을 향하면서 천조(天朝: 명나라)에게 구원해주기를 간청한다는 소식을 듣고서 즉시 의병진을 멈추고 북쪽으로 행재소(行在所)를 바라보며 4번 절한 뒤에 날이 저물어서야 성에 들어갔다. 조금 있다가 고공(高公: 고경명)도 이르렀는데, 그의 둘째아들 고인후(高因厚)가 모시고 뒤따라 왔다. 후군(後軍)이 들어오는 것이 그쳤을 때에는 밤이 이미 삼고(三鼓: 밤 12시 전후)였다. 담양 부사(潭陽府使: 이경린)의 지휘가 엄명하여 해당 고을의 아전들이 벌벌 떨며 분주하였다. 진영 안의 불빛은 별들이 벌여 있는 듯했고, 성문은 밤새도록 닫히지 않았다.

二十九日(戊子)

領數千義兵, 赴于潭陽, 時[496]安侯及士夫·吏胥, 出轉至五禮院[497]。路次聞大駕向平壤[498], 乞援天朝[499]之報, 卽留陣, 北望行在四拜後, ◇[500]期暮而入城。俄而, 高公亦至, 其仲子學論因

然明方改俗, 去病不爲家.)"라고 한 데서 나오는 말.

496 時: 추가.

497 五禮院(오례원): 전라남도 담양군 무정면 오례리에 있었던 驛院.

498 平壤(평양): 평안남도 서남부에 위치한 고을.

499 天朝: 于天朝.

厚⁵⁰¹陪從。及後軍來止，夜已三鼓矣。本府使⁵⁰²指揮嚴明，該郡
吏震慴奔走。營中火光星列，城門通夕⁵⁰³不閉。

● 6월

1일(경신)

어떤 사람이 찾아와서 전하기를, "순찰사(巡察使: 李洸)가 격문(檄
文)으로 좌수사(左水使) 이순신(李舜臣)·무주 조방장(茂朱助防將) 이
계정(李繼鄭)을 불러 태인(泰仁)에 모이게 하여 의논할 일이 있다고
하는데, 의논할 일이란 것이 과연 무슨 일인지는 부윤(府尹: 전주부
윤) 권수(權燧: 權慄의 오기)와 도사(都事: 전주도사) 최철견(崔鐵堅)도

---

500 行軍: 누락.

501 因厚(인후): 高因厚(1561~1592). 본관은 長興, 자는 善健, 호는 鶴峯. 1592년
　　임진왜란이 일어나자 전라도관찰사 李洸은 관군을 이끌고 북상, 공주에 이르러
　　선조가 몽진하였다는 소식을 듣고 군대를 해산, 귀향시켰다. 이때 광주의 향리
　　에 있으면서 아버지의 명에 따라 이들을 다시 모아 형 고종후와 함께 수원에
　　留陣하고 있는 丁允祐에게 인계하고 행재소로 가려 하였으나, 길이 막혀 귀향
　　중에 북상중인 아버지의 의병 본진과 泰仁에서 합류하였다. 의병이 礪山에 이르
　　러 黃澗·永同의 왜적이 장차 전라도로 침입하려 한다는 정보를 입수하고, 당초
　　의 계획을 변경하여 금산으로 향하였다. 금산에서 방어사 郭嶸의 관군과 합세하
　　여 왜적을 방어하기로 하였으나, 왜적이 침입하자 관군이 먼저 붕괴되고, 이에
　　따라 의병마저 무너져 아버지 고경명과 함께 전사하였다.

502 本府使(본부사): 李景麟(1533~?)을 가리킴. 본관은 全州, 자는 應聖. 淸海守
　　李彩의 아들이다. 담양부사를 1592년 5월 13일에 경상감사로 부임한 李聖任의
　　뒤를 이어 1596년까지 재임하였다.

503 通夕(통석): 밤을 새움.

또한 그 본심을 알지 못합니다."라고 하자, 공(公: 류팽로)이 말하기를, "이광(李洸)은 나라의 안위를 맡은 신하가 되지 못할진대 의논하는 것이 사사로운 일이라면 군법에 의거하여 마땅히 베어야 할 것이며, 의논하는 것이 공적인 일이라면 무슨 믿는 바가 있단 말입니까?"라고 하니, 고공(高公: 고경명)이 "그러게 말이네."라고 하였다.

담양부(潭陽府) 사람인 이인경(李寅卿)이 군량 수십 석을 보내왔다.【협주: 이날 밤에 이인경이 와서 말하기를, "광주(光州)의 김덕홍(金德弘)·김덕령(金德齡) 형제는 참으로 장수 재목이니 격문으로 부른다면, 창의소(倡義所)에 큰 도움이 될 것입니다."라고 하였다.】

六月

初一日(己丑)

有人來傳: "巡察檄招[504]左水使李舜臣[505]·茂朱助防將[506]李繼

---

504 檄招: 檄召.

505 李舜臣(이순신, 1545~1598): 본관은 德水, 자는 汝諧. 1576년 식년무과에 급제했다. 1589년 柳成龍의 천거로 高沙里僉使로 승진되었고, 절충장군으로 滿浦僉使 등을 거쳐 1591년 전라좌도 水軍節度使가 되어 여수로 부임했다. 이순신은 왜침을 예상하고 미리부터 군비확충에 힘썼다. 특히, 전라좌수영 본영 선소로 추정되는 곳에서 거북선을 건조하여 여수 종포에서 點考와 포사격 시험까지 마치고 돌산과 沼浦 사이 수중에 鐵鎖를 설치하는 등 전쟁을 대비하고 있었다. 임진왜란이 일어나자 가장 먼저 전라좌수영 본영 및 관하 5관(순천·낙안·보성·광양·흥양) 5포(방답·사도·여도·본포·녹도)의 수령 장졸 및 전선을 여수 전라좌수영에 집결시켜 전라좌수영 함대를 편성하였다. 이 대선단을 이끌고 玉浦에서 적선 30여 척을 격파하고 이어 泗川에서 적선 13척을 분쇄한 것을 비롯하여 唐浦에서 20척, 唐項浦에서 100여 척을 각각 격파했다. 7월 閑山島에서 적선 70척을 무찔러 閑山島大捷이라는 큰 무공을 세웠고, 9월 적군의 근거지 부산에 쳐들어가 100여 척을 부수었다. 이 공으로 이순신은 정헌대부에 올랐다.

鄭[507], 會于泰仁, 有所議事云, 所議事果何事[508], 府尹權燧[509]·都
事崔鐵堅[510], 亦未知所由."云, 公曰: "李洸, 非社稷之臣, 所議者

1593년 다시 부산과 熊川의 일본 수군을 소탕하고 한산도로 진을 옮겨 本營으로 삼고 남해안 일대의 해상권을 장악, 최초로 삼도수군통제사가 되었다. 1596년 원균 일파의 상소로 인하여 서울로 압송되어 囹圄의 생활을 하던 중, 우의정 鄭琢의 도움을 받아 목숨을 건진 뒤 도원수 權慄의 막하로 들어가 백의종군하였다. 1597년 정유재란 때 원균이 참패하자 다시 삼도수군통제사에 임명되었다. 12척의 함선과 빈약한 병력을 거느리고 鳴梁에서 133척의 적군과 대결, 31척을 부수어서 명량대첩을 이끌었다. 1598년 명나라 陳璘 제독을 설득하여 함께 여수 묘도와 남해 露梁 앞바다에서 순천 왜교성으로부터 후퇴하던 적선 500여척을 기습하여 싸우다 적탄에 맞아 전사했다.

506 茂朱助防將(무주조방장):《선조실록》1593년 7월 5일자 2번째기사와 7월 10일 9번째기사에 의하면 李繼鄭은 이때 茂朱의 조방장이 되었음. **원문은 착종되어 있다.**

507 李繼鄭(이계정, 1539~1595): 본관 原州, 다른 이름은 繼勛, 자는 景胤. 아버지 는 李樟이다. 1570년 식년시에 급제하고, 1576년 重試에 합격하였다. 1589년 禦侮將軍行撞關鎭 兵馬僉節制使, 1591년 昆陽郡守에 轉任되어, 1592년 임진 왜란시 昆陽城을 지키고, 의병장 郭再祐 등과 함께 진주성을 공격해 온 왜군을 격퇴하였다. 1593년 折衝將軍으로 茂朱 助防將에 特除되어 식량이없어 굶주린 왜적이 호남곡창을 탐내어 침투하려는 적병을 그때마다 잘 막았다. 1594년 충청 도 水軍節度使가 되어 왕명으로 전국의 식량을 운반하는 임무를 수행하였고, 1595년 李舜臣 統制使와 연합하여 한산 앞 바다에서 왜군을 맞아 싸우다 전사 하였다.

508 何事: 所由.

509 權燧(권수): 權憓(1535~1592)의 오기. 본관은 安東, 자는 思遠, 호는 石泉. 아 버지는 운봉현감 權常이다. 1564년 생원이 되었고, 1567년 식년시에 장원 급제 하였다. 승정원 승지와 전주부윤을 지냈으며, 전주부 임소에서 죽었다.

510 崔鐵堅(최철견, 1548~1618): 본관은 全州, 자는 應久, 호는 夢隱. 1576년에 사마시에 합격, 1585년 별시문과에 장원으로 급제하여 典籍·감찰·형조좌랑· 사간원정언을 역임하였다. 1590년에는 병조정랑이 되어 書狀官으로 명나라에 다녀와서 전라도사가 되었다. 1592년 임진왜란이 일어나 관찰사 李洸이 패주

私, 則依軍法當斬, 所議者公[511], 則有何所恃?" 高公曰: "然." 本
府人李寅卿[512], 送兵糧[513]數十石.【是夜, 寅卿來言曰[514]: "光州金
德弘[515]·德齡兄弟, 眞將材, 可檄召, 則於倡義所, 爲一大助
耳[516]."】

2일(경인)

옥과 현감(玉果縣監) 안곡(安鵠)이 소 3마리를 보내면서 편지로 알
리기를, "우리 고을의 아전들이 장군(將軍: 류팽로)을 위해 베풀려고
했으나 미처 베풀기도 전에 길을 떠났기 때문에 특별히 사람을 시켜
소를 몰아서 보내니 한때일망정 군사들에게 먹이는데에 쓰시오."라
고 하였다. 곧바로 소를 잡아서 군사들에게 나누어 주었다.

初二日(庚寅)

하자, 죽기를 맹세하고 전주 士民에 포고하여 힘껏 싸워 전주를 수호하였다.
1597년 수원부사로 임명되고, 1599년 內資寺正, 1601년에 황해도관찰사가 되
었다가 호조참의로 전임되었다.

511 公: 雖公.

512 李寅卿(이인경, 생몰년 미상): 호는 萬松堂. 潭陽 출생. 김덕령의 처남이다.
    1592년 임진왜란이 일어나자 金德齡 등과 함께 담양에서 의병을 모집, 군사 5천
    여명을 거느리고 왜군과 싸우고, 난이 끝난 후 武科에 급제, 安岳·肅川 등의
    郡守를 지냈다.

513 兵糧: 兵.

514 寅卿來言曰: 來見高公 及公出語.

515 金德弘(김덕홍, ?~1592): 본관은 光山. 아버지는 金鵬燮이다. 金德齡의 형이
    다. 成渾의 문하에서 수학하였다. 1592년 임진왜란 때 의병을 일으켜 싸우다가
    고경명과 함께 금산에서 전사하였다.

516 爲一大助耳: 爲一大助.

王果倅安鵠, 送牛三隻, 以書示曰: "此邑小吏輩, 爲將軍設, 未及
而啓行, 故專人[517]驅送, 以資一時之軍犒."云。卽鮮而分給軍中。

3일(신묘)

의병진(義兵陣) 안에서부터 격서(檄書)를 돌려 임무를 나누었으
니, 금헌(琴軒) 이대윤(李大胤)·미능(未能) 최상중(崔尙重)은 재향운
량장(在鄕運糧將), 직장(直長) 양사형(楊士衡)·진사 박천정(朴天挺)은
부진운량장(赴陣運糧將)이었다. 남평(南平)의 주부(主簿) 홍민언(洪
民彦)이 군량 10석을 보내왔고, 주부 최응룡(崔應龍)과 그의 아들 최
영수(崔永水) 및 사인(士人) 최후립(崔厚立)·최홍립(崔弘立: 崔彦立의
오기인 듯) 형제는 장정 몇 명을 이끌고 왔다.

初三日(辛卯)

自義兵陣中, 傳檄分任, 則李琴軒[518]大胤·崔未能[519]尙重, 在鄕

---

517 專人(전인): 어떤 일로 특별히 보내는 사람.

518 琴軒(금헌): 李大胤(1532~?)의 호. 본관은 全州, 자는 景述, 호는 晩休堂. 아
버지는 李渾이다. 지금의 임실군 둔남면 둔덕 출생이다. 1585년 식년시에 급제
하였다. 벼슬은 正郞을 하다가 은퇴하고, 초야에서 후진을 양성하였다. 1592년
임진왜란이 일어나자 倡義 격문을 돌려서 남원부를 방어하도록 하였다. 이때
義兵所都有司兼募糧將으로 크고 작은 군대 일을 관장하며 군수물자와 의병을
모았다. 正郞.

519 未能(미능): 崔尙重(1551~1604)의 호. 본관은 朔寧, 자는 汝厚. 아버지는 崔潁
이다. 1576년 사마시에 합격하고, 1589년 증광문과에 급제하여 검열이 되었고,
1592년 임진왜란이 일어나자 도원수 權慄의 啓請으로 그의 종사관이 되어 5,
6년간 그를 보필하였다. 그 뒤 검열·예문관봉교·헌납·지평·장령·사간·교리
등을 역임하고 1602년 사간을 끝으로 관직생활을 청산하고 고향에 돌아갔다.

運糧, 楊直長士衡·朴進士天挺[520], 赴陣運糧。南平[521]洪主簿民彥[522], 送兵糧十石, 崔主簿應龍[523]與其子參奉永水及士人崔厚立[524]·弘立[525]兄弟, 率丁幾許而來。

4일(임진)

광주 목사(光州牧使) 정윤우(丁允祐: 權慄의 오기)가 군량 50석과 소 2마리를 보내왔고, 전 진사 류사경(柳思敬) 또한 군량과 기계를 모아서 도울 수 있게 보내주었다. 나주(羅州)의 일가붙이 류지경(柳

---

520 天挺(천정): 朴天挺(1544~?). 본관은 咸陽, 자는 應須, 호는 黃灘. 아버지는 朴認이다. 1568년 증광시에 급제하였다. 1592년 임진왜란이 일어났을 때는 高敬命을 따라 赴戰糧將이 되어 양곡 수천 석을 운반하였다. 權慄이 光州牧使에서 관찰사[道伯]로 승진되자, 그를 光州留鎭將으로 천거하였다.

521 南平(남평): 전라남도 나주 지역에 위치한 고을.

522 民彥(민언): 洪民彥(1537~1626). 본관은 豊山, 자는 季偉, 호는 壺隱. 임진왜란이 일어나자 從弟 洪民聖과 의병 5백 명을 모집하여 조헌의 진지로 출병하였다. 그러나 錦山에 도착하기 전에 조헌이 순절하자 崔時望과 함께 雲峰으로 진격하였다. 특히 南平 砥石江 전투에 참전하여 현감 朴之孝와 함께 왜적 3백여 명을 베고, 포로 152명을 탈환하는 전공을 세웠다. 정유재란 때도 兵糧을 모집했으나 왜적이 물러감으로 義穀을 관에 바쳤다.

523 應龍(응룡): 崔應龍(?~1592). 본관은 朔寧, 자는 士瑞, 호는 松巖. 아버지는 崔卿立이다. 1592년 임진왜란이 일어나자 南平에서 아들 崔永水와 함께 家僮私奴 崔同등을 이끌고 의병을 모집하였다. 南原 출신의 종질 募糧有司 崔尙重과 南平義兵을 창의하였다. 柳彭老가 이끄는 玉果義兵과 합류하였으며, 또 高敬命 의병진과 합류하였다. 금산전투에서 힘껏 싸웠으나 아들과 함께 전사하였다.

524 崔厚立(최후립): 崔大晟(1553~1597)의 아들.

525 弘立(홍립): 彥立의 오기인 듯. 崔彥立은 崔大晟의 아들이다. 전라남도 보성의 충절사에서 이 삼부자를 봉안하고 있다.

持敬)이 저물녘에 왔는데, 이때 나이가 18세(23세의 오기)이었으나 기개가 어떤 일에 구애받지 않았으며, 자신의 생각이나 의견을 말하는 것이 격렬하고 절실하니 공(公: 류팽로)이 머물러 있기를 바라면서 종사관으로 삼았다.【협주: 3일 동안 머무르다가 끝내 어버이가 살아계시다면서 사양하고 집으로 돌아갔다.】

初四日(壬辰)

光州守丁允祐, 送兵糧五十石·牛二隻, 前進士柳思敬[526], 亦聚糧械, 送以[527]助之。羅州宗人持敬[528], 乘暮而來, 時年十八[529], 氣岸[530]磊落[531], 言論激切, 公願留而從事。【留在[532]三日, 竟以親在辭歸[533]。】[534]

---

526 柳思敬(류사경, 1556~?): 본관은 文化, 자는 德新. 아버지는 柳惠이다. 1585년 식년시에 급제하였고, 1605년 증광시에 급제하였다.

527 以: 而.

528 持敬(지경): 柳持敬(1570~?). 본관은 文化, 호는 竹軒. 나주 출생이다. 鎭安縣監 柳如岡의 손자이다. 아버지는 柳憲이고, 숙부는 柳忍이다. 1597년 정유재란의 공적으로 일등공신이 되었고, 1624년 李适의 난에 공을 세웠다.

529 時年十八(시년십팔): 사마방목에 따르면 柳持敬의 생년 1570년인바, 이때는 23세가 됨. 원문은 착종되어 있다.

530 氣岸(기안): 마음이 견실함.

531 磊落(뇌락): 마음이 활달하여 작은 일에 거리낌 없음.

532 留在: 軍中.

533 **親在辭歸: 親在以辭歸.**

534 원문의 내용을 협주로 전환.

5일(계사)

광주(光州)의 김덕홍(金德弘)·김덕령(金德齡)이 격문에 응하여 왔다.【협주: 형제가 모두 의병진 안에 있었던 것이 오래였다. 나중에 김덕령은 그의 어머니를 봉양하기 위해 돌아갔고, 그 형만 홀로 의병진에 머물렀다.】 창평(昌平)의 오재(悟齋) 조언형(曺彦亨)【진사이다.】이 와서 병량장(兵糧將)을 맡았다.

初五日(癸巳)

光州金德弘·德齡◇535, 應檄而來。【兄弟俱在軍中者, 久矣。後德齡, 歸養其母氏536, 其兄獨留軍中537.】 昌平悟齋曺彦亨538, 來任兵糧。【進士】539

6일(갑오)

양공(梁公: 양대박)이 내일 행군할 것이라고 먼저 담양(潭陽) 의병소에 편지로 급히 알려왔고, 광주(光州)의 전 첨사(前僉使) 신건(申楗)·첨정(僉正) 하정(河丁)·사인(士人) 김세근(金世斤), 무안(務安)의 전 주부(前主簿) 박광조(朴光祖)·박광종(朴光宗) 형제, 해남(海南)의 전 부장(前部長) 고몽룡(高夢龍), 장성(長城)의 전 첨정(前僉正) 강염

---

535 兄弟: 누락.

536 其母氏: 其母.

537 軍中: 軍中耳.

538 曺彦亨(조언형, 1556~?): 본관은 昌寧, 자는 士達, 호는 悟齋. 아버지는 曺世鍑이다. 창평에 살았다. 1591년 식년시에 급제하였다.

539 昌平悟齋曺彦亨 來任兵糧【進士】: 추가.

(姜恬)이 앞서거니 뒤서거니 하며 잇따라 도착하였다.【협주: 강염은 의사(義士) 70여 명을 모집하여 왔다.】

初六日(甲午)

梁公, 以明日行軍次, 先以書馳報潭陽義兵所[540], 光州前僉使 申橶[541]·僉正河丁[542]·士人金世斤[543], 務安[544]前主簿朴光祖[545]·光宗兄弟, 海南[546]前部長高夢龍[547], 長城前僉正姜恬, 後先繼到. 【姜恬, 募義士七十餘人而來.】

---

540 潭陽義兵所: 於潭陽倡義所.

541 申橶(신건, 1540~1592): 본관 평산(平山). 자 사수(士樹). 호 덕계(德溪). 아버지는 申未禮이다. 1579년 무과에 합격하여, 宣傳官으로 加里浦水軍僉節制使를 지냈다. 1592년 임진왜란 때 錦山전투에서 분전, 많은 적병을 무찌르고 순절하였다.

542 河丁(하정, 생몰년 미상): 본관은 晉陽, 자는 謹卿, 호는 石齋. 아버지는 河光世이다. 1579년 무과에 급제하였다.

543 金世斤(김세근, 1550~1592): 본관은 金海, 자는 重賓, 호는 挿峰. 1576년 진사가 되고, 1577년 문과에 급제하여 宗簿寺主簿를 지냈다. 1592년 임진왜란이 일어나자, 高敬命의 擧義에 합세하여 많은 전과를 올리다, 錦山전투에서 고경명과 함께 순절하였다.

544 務安(무안): 전라남도 서남부에 위치한 고을.

545 朴光祖(박광조, ?~1592): 본관은 密陽, 자는 市榮, 호는 砥峯. 아버지는 朴蕃이다. 1588년 무과에 급제하여 훈련원 주부를 지냈다. 1592년 임진왜란 때 아우 朴光宗과 함께 의병을 일으켜 고경명 휘하로 들어가 금산전투에서 아우와 함께 전사하였다.

546 海南(해남): 전라남도 남서부에 위치한 고을.

547 高夢龍(고몽룡, ?~1592): 본관은 濟州, 자는 大見, 호는 三樂亭.

7일(을미)

공(公: 류팽로)이 나가 보니, 대홍기(大紅旗)가 앞장서 인도하고 의병으로 따르는 자가 수천 명이니 묻지 않아도 양공(梁公: 양대박)임을 알 수 있었다. 공(公)이 고공(高公: 고경명)과 함께 나가 맞아들이고 인사를 마친 뒤에 군사들을 시켜 소를 잡고서 술을 베풀어 푸짐하게 먹이고는 점고하였다. 남평(南平)의 진사 문홍헌(文弘獻)·생원 이영근(李永根) 또한 장정을 거느리고 왔다.

저물녘에 성문에서 보고하기를, "어떤 장수가 흑기(黑旗)를 세우고 병사를 거느리고 옵니다."라고 하여 공(公)이 나가서 보니, 바로 장군 안영(安瑛)이었다. 맞이하여 들이고는 고공(高公)을 뵙게 하니, 고공이 함께 이야기하고 크게 기뻐하였다.【협주: 안영의 자는 원서(元瑞), 호는 청계(淸溪), 사제당(思齊堂: 思齋堂의 오기) 안처순(安處順)의 증손으로, 이때 나이가 28세였다. 공(公)과 평소에 친하게 지냈다.】

初七日(乙未)

公出見, 大紅旗爲先導, 而義兵從者數千, 則不問可知爲梁公矣。公與高公, 出迎禮畢, 後令軍中擊牛置酒, 大犒點閱。南平進士文弘獻[548]·生員李永根[549], 亦率丁而來。及暮, 城門報："有

---

[548] 文弘獻(문홍헌, 1551~1593) : 본관은 南平, 자는 汝徵, 호는 敬庵·松溪. 1592년 임진왜란이 발생하자 문홍헌은 담양에서 다른 선비들과 회동하여 高敬命을 맹주로 추대하고 고향에서 의병 3백 명을 모았다. 그는 고경명의 휘하에서 활동하였으며 군량미를 확보하기 위해 동복에 머무를 때 錦山 패전과 고경명의 殉節 소식을 들었다. 이때 마침 모친상을 입어 화순에 머물고 있던 崔慶會를 찾아가

一將[550], 建黑旗[551], 率兵而來." 公出視, 則乃安將軍瑛也. 延接
而入[552], 見高公, 高公與語大悅.【瑛字元瑞, 號淸溪, 思齊堂[553]
處順曾孫, 時年二十八. 與公素善[554].】

8일(병신)

공(公: 류팽로)이 병사들과 의논하며 말하기를, "오늘의 일은 반드
시 명공대인(名公大人: 훌륭한 대인군자)이 맹주가 되신 뒤라야 병사
들의 마음을 진정시켜 대사를 이룰 수가 있을 것이오."라고 하였다.
이에, 단(壇)을 설치하고 예를 갖추어서 고공(高公: 고경명)을 추대하
여 대장으로 삼았다. 공(公)은 좌부장(左部將)이 되고 양공(梁公: 양
대박)은 우부장(右部將)이 되어 고공으로 하여금 단에 올라 병사들과

의병장이 되어줄 것을 요청하였다. 최경회는 문홍헌의 동생 문홍유의 장인이며
문과에 급제한 후 장수현감 담양부사를 역임하였다. 그는 나이 60이 넘었으나
상중에도 불구하고 倡義起兵하였다.

549 李永根(이영근, ?~1593): 본관은 全州. 文弘獻의 문인이다. 고경명 막하에서
일하다가 고경명이 죽자 통곡하고 고향으로 돌아왔다. 이윽고 문홍헌을 따라
전라우의병으로 활약하다가 진주성에 나아갔다. 성을 수비하기 위해 불화살 등
을 쏘아 적을 많이 죽였으나 성이 함락되던 날 죽었다.

550 有一將: 一將.

551 黑旗: 黑.

552 入: 因.

553 思齊堂(사제당): 思齋堂의 오기. 安處順(1492~1534)의 호. 본관은 順興, 자는
順之, 호는 幾齋. 남원 출신. 1513년 사마시에 합격하여 진사가 되고, 이듬해
별시문과에 급제하여 權知承文院副正字·藝文館檢閱·正字를 거쳐, 1517년 홍
문관박사가 되었으나, 어머니를 부양하기 위하여 구례현감으로 제수되었다.

554 與公素善: 公素與相善.

맹세하게 하였다. 이윽고 태공 병법(太公兵法)에 따라 오행진(五行陣)을 배치하였는데, 중앙의 단에는 대장기(大將旗)를 세우고 색은 황색을 숭상하는 자들이 중앙의 흙을 상징하는 정색(正色)을 취하였다. 동쪽의 단에는 청기(靑旗)를 세우고서 공(公)이 책임졌고, 남쪽의 단에는 홍기(紅旗)를 세우고서 양공(梁公)이 책임졌으며, 서쪽의 단에는 백기(白旗)를 세우고서 고공(高公)의 둘째아들 고인후(高因厚)가 책임졌고, 북쪽의 단에는 흑기(黑旗)를 세우고서 안공(安公: 安瑛)이 책임졌으며, 뒤이어 행군하게 하였다.

이날 병사들 중에 수군대며 떠드는 자들이 있었는데, 공(公)을 따르는 자들이 말하기를, "공의 명성을 사모하여 다투어 달려가는 것입니다."라고 하였고, 양공(梁公)을 따르는 자들이 말하기를, "공의 명성을 사모하여 다투어 따르는 것인데, 지금 도리어 대장 자리를 차지하지 않고 비워주니 이야말로 우리들을 버리는 것입니다."라고 하였다. 공(公)이 칼로 단을 치며 말하기를, "대사(大事)가 이미 정하여졌는데 무슨 이의가 있단 말인가? 우리 세 사람은 마음을 함께하여 한 몸이 되었으니, 너희들도 또한 한 몸처럼 받들어 행하는 것이 어찌 오늘 동맹한 뜻이 아니겠느냐?"라고 하였다. 이에, 담양(潭陽) 고을에 있던 병사들이 두려워하며 더 이상 감히 말할 수 없었다.

初八日(丙甲)

公謀于衆, 曰: "今日之事, 必得名公大人主盟, 然後可以鎭衆心濟大事." 於是, 設壇具禮, 推高公爲大將。公爲左副, 梁公爲右副, 令高公登壇誓師。因以太公兵法[555], 設五行陣, 於中壇建大將旗, 色尙黃者, 取中央土之正色也。於東壇建靑旗, 公主之,

於南壇建紅旗, 梁公主之, 於西壇建白旗, 高公仲子主之, 於北壇
建黑旗, 安公主之, 因令行軍中. 是日, 諸軍有偶語喧譁者, 從公
者曰: "慕公名而爭赴[556]." 從梁公者曰[557]: "慕公名而爭附, 今反虛
將位不居, 此吾等[558]所去也." 公以釰擊壇, 曰: "大事已定, 有何
異議? 吾三人, 同心爲一體, 則爾等, 亦以一體奉行, 豈非今日同
盟之義乎?" 於是[559], 一府中[560]慴伏[561], 無復敢言.

9일(정유)

　공(公: 류팽로)의 의로운 명성이 더욱 알려지자, 들은 사람이면 감
동하여 응하지 않는 자가 없었다.【협주: 원근에서 모두 말하기를,
"효로 임금을 섬기면 충성이 되고 공경으로 어른을 섬기면 순종이
되나니, 충성과 순종을 잃지 않고서 의리에 오로지 힘쓴 자는 류팽
로이다."라고 하였다.】

　광주(光州)의 사인(士人) 김세근(金世斤)이 병으로 하직인사하고
돌아가자, 공(公)이 마주해 말로 잘 타일러 말하기를, "병이 나으면

---

555 太公兵法(태공병법): 姜太公 呂尙이 지었단 병법서. 그는 渭水 물가의 磻溪에
　　서 낚시질하다가 文王을 처음 만나 師傅로 추대되었고, 뒤에 문왕의 아들인 武
　　王을 도와서 殷나라를 멸망시키고 천하를 평정하였다.

556 赴: 附.

557 曰: 亦曰.

558 吾等: 吾輩.

559 於是: 추가.

560 一府中: 一軍中.

561 慴伏(습복): 황송하여 엎드림. 두려워서 굴복함.

조속히 돌아오는 것이 좋겠다."라고 하였다.

창평(昌平)의 전 현감(前縣監) 조효원(趙孝元)·남원(南原)의 수문장(守門將) 이억수(李億壽)·전 현감(前縣監) 양정언(梁廷彦), 순창(淳昌)의 사인(士人) 김봉학(金奉鶴)과 조식(趙軾)·조철(趙轍) 형제가 칼을 지팡이로 삼거나 장정을 거느리고 왔다.

初九日(丁酉)

公之義聲益著, 聞者莫不感應者.【遠近咸曰: "以孝事君[562]則忠以敬事長則順, 不失忠順而[563]專美者, 柳某是也."】光州士人金世斤, 以病辭歸, 公面諭曰: "病愈, 則早還可也." 昌平前縣監趙孝元, 南原守門將李億壽[564]·前縣監梁廷彦[565], 淳昌士人金奉鶴·趙軾·轍兄弟, 或杖釰, 或率丁而來.

10일(무술)

광주(光州)의 전 봉사(前奉事) 정귀세(鄭貴世), 함평(咸平)의 전 주부(前主簿) 박응주(朴應柱), 영광(靈光)의 사인(士人) 이인우(李仁佑),

---

562 事君: 思君.

563 而: 추가.

564 李億壽(이억수, 생몰년 미상): 본관은 茂城, 자는 淸甫. 아버지는 李希芳이다. 1588년 무과에 급제하여 수문장이 되었다. 임진왜란 때 고경명을 쫓아 錦山 전투에서 전사하였다.

565 梁廷彦(양정언, 생몰년 미상): 본관은 濟州, 자는 伯亨. 아버지는 梁大冲이다. 행의로 천거되어 찰방에 제수되었고, 이어서 문과에 급제하여 양덕현감을 지냈다. 1592년 임진왜란이 일어나자 고경명을 따라서 금산으로 나아가 병사들의 앞에 서서 힘껏 싸우다가 전사하였다.

옥구(沃溝)의 사인 전용관(田用灌), 정읍(井邑)의 사인 김신문(金申文)이 가동(家僮)을 거느리거나 향병(鄕兵)을 거리기도 하면서 왔고, 영광(靈光) 수은(睡隱) 강항(姜沆)의 4촌동생 강락(姜洛)이 군량 10석을 호송해 왔으며, 창평(昌平)의 박장경(朴長卿)·박인경(朴仁卿)이 쇠고기와 술을 마련하여 왔다.

初十日(戊戌)

光州前奉事鄭貴世[566]·咸平[567]前主簿朴應柱[568]·靈光[569]士人李仁佑[570]·沃溝[571]士人田用灌[572]·井邑士人金申文[573], 或率家僮, 或率鄕兵而來。靈光姜睡隱[574]沆令從弟洛[575], 領護兵糧十石而來,

---

566 鄭貴世(정귀세, ?~1593): 본관은 晉州. 무과에 급제하여 군자감봉사가 되었다. 이후 1593년 8월, 의병장 趙憲, 승장 靈圭 휘하에 의병으로 참여하여 일본군과 싸웠다. 금산성싸움에서 왜적에게 포위되어 힘을 다하여 싸웠으나 의병 700여 명과 함께 모두 전사하였다.

567 咸平(함평): 전라남도 서부에 위치한 고을.

568 朴應柱(박응주, ?~1592): 본관은 密陽, 자는 茂亭, 호는 松菴. 아버지는 朴吉孫이다. 1586년 무과에 급제하여 주부를 지냈다. 임진왜란에 금산으로 출전하여 많은 적을 참살하고 분전했으나 끝내 전사하였다.

569 靈光(영광): 전라남도 북서부에 위치한 고을.

570 李仁佑(이인우, ?~1592): 본관은 全州, 자는 愛之. 아버지는 李琦이다. 1592년 임진왜란 때 고경명의 의진에 참여하여 금산 싸움에서 전사하였다.

571 沃溝(옥구): 전라북도 서북쪽에 위치한 고을.

572 田用灌(전용관, 1530~1592): 본관은 潭陽, 자는 季實. 아버지는 田耘이다. 1555년 식년시에 급제하였다.

573 金申文(김신문, ?~1592): 본관은 金海. 金克一의 6세손이다. 金奉鶴.

574 睡隱(수은): 姜沆(1567~1618)의 호. 본관은 晉州, 자는 太初. 1593년 전주 별시문과에 병과로 급제, 교서관정자가 되었다. 이듬해 가주서를 거쳐 1595년 교서관박사가 되고, 1596년 공조좌랑과 이어 형조좌랑을 역임했다. 1597년 고향에

昌平朴長卿⁵⁷⁶·仁卿⁵⁷⁷, 備牛酒而來。

11일(기해)

담양(潭陽)에서 군대를 출동시켰는데, 북상하여 근왕(勤王)하려는 계획이었다. 이때 해광(海狂) 송제민(宋齊民)·진사(進士) 정암수(丁巖壽)·진사 고성후(高成厚)·진사 최경운(崔慶雲)·참봉(參奉) 박윤협(朴允協)·강창국(姜昌國)·사인(士人) 김후진(金後進)·정랑(正郞) 이대윤(李大胤)·주부(主簿) 박대기(朴大器)·선전관(宣傳官) 구희(具喜)는 군량을 운송하기 위해 밖에 있었으며, 이용중(李容中)은 병장기를 가지고 왔다가 전주(全州)에서 만나기로 하고 갔다.

十一日(己亥)

出師于潭陽, 爲北上勤王計。時海狂宋齊民⁵⁷⁸·進士丁巖壽·

내려와 있던 중 정유재란이 일어나자 분호조참판 李光庭의 종사관으로 군량미 수송의 임무를 맡았다. 아군의 전세가 불리해져 남원이 함락당하자 고향으로 내려와 순찰사 종사관 金尙寯과 함께 격문을 돌려 의병 수백 인을 모았다. 영광이 함락되자 가족들을 거느리고 해로로 탈출하고자 했다. 그러나 포로가 되어 일본으로 압송, 오쓰성[大津城]에 유폐되고 말았다.

575 洛(낙): 姜洛(생몰년 미상). 본관은 晉州, 호는 晩隱. 1592년 임진왜란 때 의병장 고경명과 최경장에게 의병과 군수품을 모아 보냈다.

576 朴長卿(박장경, 생몰년 미상): 본관은 咸陽, 자는 季任, 호는 愼齋. 조부는 朴以洪이다.

577 仁卿(인경): 朴仁卿(생몰년 미상). 본관은 咸陽, 자는 叔任, 호는 恥齋. 박장경의 동생이다.

578 宋齊民(송제민, 1549~1602): 본관은 洪州, 초명은 濟民, 자는 士役·以仁, 호는 海狂. 호방한 성격에 구속을 싫어하여 벼슬을 하지 않았다. 1592년 임진왜란이 일어나자 梁山龍·梁山璹 등과 의병을 일으켜 金千鎰의 막하에서 전라도 의

進士高成厚⁵⁷⁹·進士崔慶雲⁵⁸⁰·參奉朴允協⁵⁸¹·姜昌國⁵⁸²·士人金

병조사관으로 활약하다가 이듬해 다시 金德齡의 의병군에 가담하였다. 김덕령이 옥사하자 종일토록 통곡하고 《臥薪記事》를 저술하였다. 또 斥倭萬言疏를 올려 왜적을 물리칠 여러 방안을 피력하였으나 이것이 감사의 미움을 사게 되어 이후 무등산에 은거하면서 세상을 잊고 살았다.

579 高成厚(고성후, 1549~1602): 본관은 長興, 자는 汝寬, 호는 竹村. 아버지는 高敬祖이다. 1591년 감찰이 되었으며, 이듬해 임진왜란이 일어나자 군수로서 도원수 權慄의 막하에 들어가 1593년 행주대첩에서 공을 세웠다. 1601년 선산현감에 임명되었다.

580 崔慶雲(최경운, ?~1596): 본관은 海州, 자는 善章, 호는 三川. 아버지는 崔天符이다. 1590년 어머니 林氏의 복상 중인 1592년에 임진왜란이 일어났다. 이때 高敬命, 朴光玉 등과 함께 왜군에 대항하는 일을 편지로 논의하였다. 이후 두 동생과 논의하여 의병청을 三川里에 설치하고 도내에 격문을 보내 병사와 戰馬, 군량을 갖추었다. 喪中이었기 때문에 아들 崔弘宰를 보내 錦山에 있는 高敬命의 의병진에 나아가도록 했다. 하지만 고경명이 이미 죽은 후였기 때문에 돌아왔다. 고경명의 휘하에 있던 文弘獻 등이 남은 병력을 모아 화순으로 복귀했는데, 이때 동생 崔慶會에게 의병장이 되어 줄 것을 청하였다. 이후 최경회가 진주성 전투에서 목숨을 잃자, 동생인 崔慶長에게 擧義할 것을 권하여 최경장은 泗川, 固城 등지를 방어하였다. 아들 최홍재를 시켜 招諭使의 명을 받아 開城으로 가게 하였고, 조카인 崔弘宇, 崔弘器 등에게도 의병으로 참여하게 했다. 1597년 정유재란이 발발했는데, 최경운은 고을 사람 500여 명과 함께 烏城山城을 지켰다. 이때에는 중과부적으로 왜군의 공격을 끝내 막아내지 못하고 사로잡혔는데, 왜군을 끝까지 꾸짖다가 결국 목숨을 잃었다.

581 朴允協(박윤협, 생몰년 미상): 본관은 陰城, 자는 協之. 懷齋 朴光玉의 조카이다. 1592년 임진왜란 때 박광옥의 격문을 지니고서 원근 여러 고을을 다니면서 의병과 군량을 모아서 고경명의 진중으로 보냈다. 권율이 광주에서 기병할 때도 의병 수천 명을 모아 보내주었다.

582 姜昌國(강창국, ?~1592): 본관은 晉州, 자는 輔日, 호는 三峰. 淳昌 출신이다. 아버지는 姜德麟이다. 1592년 임진왜란이 일어나 왜군이 부산포에 상륙하여 북진하자, 高敬命의 지휘 아래 아들 姜大漢 및 安暎·柳彭老와 趙憲의 義軍이 있는 錦山으로 가서 싸우다가 전사하였다.

後進[583]·正郎[584]李大胤·主簿朴大器[585]·宣傳具喜[586], 以運粮在外,
李容中[587]領兵械而來, 朝會全州而去。

12일(경자)

진군하여 태인(泰仁)에 도착하였는데, 이 고을의 전 현령(前縣令)
민여운(閔汝雲)이 정윤근(鄭允謹)과 함께 향병을 모집하여 와서 만났
고, 전 찰방(前察訪) 이수일(李守一) 또한 찾아와서 따르기를 원하였다.

---

583 金後進(김후진, 1540~1620): 본관은 道康, 자는 丕承, 호는 遠慕堂·思齋·蓮
潭. 泰仁 출신이다. 1592년 임진왜란이 일어나 李貴가 長城에서 의병을 모집하
자 이에 참여, 이듬 해 장정 100여명을 거느리고 義州에 가서 선조를 배알한
다음 곡식을 모아 뱃길로 의주의 行在所에 바쳤고, 또 의병 高敬命에게도 군량
을 보냈다.

584 正郎: 琴軒.

585 朴大器(박대기, 생몰년 미상): 본관은 咸陽, 자는 仲用, 호는 綠野. 1592년 임
진왜란 때 고경명과 같이 의병을 거느리고 두 아들 장원, 승원과 더불어 의병을
모집하여 珍山 軍中으로 가는 도중 박장원은 노상에서 병이 나 죽었고, 자신이
격서를 받들고 공주에 간 후로 돌아오지 못했는데 고경명이 먼저 순절하였고,
그의 아들 고종후가 복수장이 되어 진주에서 순절했을 때 따라 죽지 못하고 혼자
살아남은 것을 한으로 여겼다.

586 具喜(구희, 1552~1593): 본관은 綾城, 자는 愼叔, 호는 淸溪. 화순 출신이다.
1592년 임진왜란이 일어나 高敬命이 의병을 모집하자 쌀 1백여 석을 군량미로
내놓고 자신도 의병에 가담하여 금산에서 싸웠다. 주장인 고경명이 전사한 후
우의병장 崔慶會를 보좌하여 흩어진 군사들을 수습, 황간·영동·금산·무주 등
지에서 적과 싸웠다. 그 이듬해 최경회와 함께 진주성에 합류, 金千鎰·高從厚
·黃進 등 여러 의병장과 합세하여 적과 싸우다가 6월 29일 성이 함락되자 주장
최경회, 文弘獻과 함께 강물에 투신자살했다.

587 李容中(이용중, 1543~?): 본관은 廣州, 자는 景洪, 호는 菊圃. 李宏中의 아우
이다. 1570년 식년시에 급제하였다. 1592년 임진왜란 때 이굉중과 창의하였다.

【협주: 이수일은 곧 일재(一齋) 이항(李恒)의 아들이다.】

　十二日(庚子)

　進軍次泰仁, 是邑前縣令閔汝雲[588], 與鄭允謹[589], ◇[590]募鄕兵
而來見, 前察訪李守一[591], 亦來願從.【守一, 卽一齋[592]恒之子.】

13일(신축)

태인(泰仁)에서 진군하여 금구(金溝)에 머물렀는데, 전주(全州)에
도착하기로 작정한 날이었다. 때마침 비가 내리고 우레까지 치는데
다 고공(高公: 고경명)의 맏아들 현령(縣令: 임피현령) 고종후(高從厚)
가 그의 동생 고인후(高因厚)와 함께 행군하다가 병이나서 도중에

---

588 閔汝雲(민여운, ?~1593): 본관은 驪興, 자는 龍從. 蔭補로 두 고을의 현령을
　　지냈다. 1592년 임진왜란이 일어나자 泰仁에서 鄭允謹과 함께 鄕兵 200여 인을
　　모집하여 의병장이 되어 스스로 飛義將이라 불렀다. 의병을 이끌고 八良峙를
　　넘어 함안 등지에서 적을 맞아 싸워 전과를 올렸다. 1593년 6월 제2차 진주성
　　싸움에서 휘하 의병 300여 인을 이끌고 참가하였다가 전사하였다.

589 鄭允謹(정윤근, 1530~1593): 본관은 慶州, 자는 仲欽. 1592년 임진왜란 때 현
　　령 閔汝雲과 함께 태인에서 의병과 군량·병기를 모집하였고, 의병장으로 추대
　　된 민여운 의병대의 副將이 되었다. 1593년 6월 晋州城에 들어가 金千鎰, 崔慶
　　會 등과 함께 진주대첩을 치렀다. 민여운이 전사하자 대장 역할을 대신 맡아
　　분투하였으나 그 역시 전사하였다.

590 方: 누락.

591 李守一(이수일, 1554~1632): 본관은 星州, 자는 敬仲, 호는 隱菴. 李恒의 둘째
　　아들이었으나, 李常에게 양자로 갔다. 1592년 임진왜란 때 전 찰방으로 창의하
　　여 金齊閔 등 수백 인과 함께 의병도청을 長城 남문 밖에 설치하고 여러 방략을
　　제기하였고 또 스스로 양곡을 마련해 任啓英과 崔慶會의 의진에 나누어 보냈다.

592 一齋(일재): 李恒(1499~1576)의 호. 본관은 星州, 자는 恒之. 당대의 학자들인
　　奇大升·金麟厚·盧守愼·曺植 등과 교유하면서 조야의 명망을 얻었다.

지체하여 이제야 겨우 여기에 도착하였는데, 원근의 여러 고을에서 의병 모집에 응한 자가 날로 많아지고 있지만 듣건대 임진강(臨津江)을 지키지 못했다고 하였다.【협주: 당초에 한응인(韓應寅)·박충간(朴忠侃)·김명원(金命元)이 임진강을 지켰는데, 왜적은 건너려고 해도 배가 없어서 어쩔 수 없이 막사를 태우고 거짓으로 물러나는 척하였다. 이렇게 한 지 10여 일만에 신할(申硈)이 강을 건너가 공격하려 하자 유극량(劉克良)이 제지하였지만, 신할이 유극량을 베고자 하여 부득이 왜적을 추격하였다. 과연 잠복한 왜적 정예병이 나타나 유극량과 신할 두 사람은 모두 피살되었고 군사들도 모두 칼날을 받았는데 간혹 스스로 강물에 투신하기도 하였다. 박충간이 먼저 달아났고 한응인과 김명원도 모두 달아났다. 지난달 5월 27일에 왜적은 강을 건넜다고 하였다.】

十三日(辛丑)

自泰仁進次金溝[593], 期日到全卅。時雨下雷轉, 高公長子縣令從厚[594], 與其弟因厚, 偕行而病, 滯于中路, 今纔到此, 遠近應募者, 日益衆, 聞臨津[595]失守。【初, 韓應寅[596]·朴忠侃[597]·金命元,

---

593 金溝(금구): 전라북도 김제 지역의 동부에 위치한 고을.

594 從厚(종후): 高從厚(1554~1593). 본관은 長興, 자는 道沖, 호는 隼峰. 형조좌랑 高雲의 증손으로, 할아버지는 호조참의 高孟英, 아버지는 의병장 高敬命이다. 1570년 진사가 되고, 1577년 별시문과에 급제하여 臨陂縣令에 이르렀다. 1592년 임진왜란 때 아버지 고경명을 따라 의병을 일으키고, 錦山싸움에서 아버지와 동생 高因厚를 잃었다. 이듬해 다시 의병을 일으켜 스스로 復讐義兵將이라 칭하고 여러 곳에서 싸웠고, 위급해진 진주성에 들어가 성을 지켰으며 성이 왜병에게 함락될 때 金千鎰·崔慶會 등과 함께 南江에 몸을 던져 죽었다.

守臨津江, 賊欲渡無船, 不得已焚幕, 佯退。如是者十餘日, 申
碻⁵⁹⁸欲渡江擊賊, 劉克良止之, 碻欲斬克良, 不得已追擊賊。果

---

595 臨津(임진): 臨津江. 함경남도 馬息嶺에서 발원하여 서남쪽으로 흘러 경기도
坡州市에서 황해로 들어가는 강.

596 韓應寅(한응인, 1554~1614). 본관은 淸州, 자는 春卿, 호는 百拙齋·柳村.
1576년 사마시에 합격하고, 다음해 謁聖文科에 급제, 注書·예조좌랑·병조좌
랑·持平을 지내고, 1584년 宗系辨誣奏請使의 서장관으로 명나라에 다녀왔다.
1588년 신천군수로 부임하여, 이듬해 鄭汝立의 모반사건을 적발하여 告變, 그
공으로 호조참의에 오르고 승지를 역임하였다. 1591년 예조판서가 되어 진주사
로 재차 명나라에 가서 이듬해 돌아왔다. 임진왜란이 일어나자 八道都巡察使가
되어 요동에 가서 명나라 援軍의 출병을 요청하고, 接伴官으로 李如松을 맞았
다. 이듬해 請平君에 봉해지고, 서울이 수복되자 호조판서가 되었다. 1595년
주청사로 명나라에 다녀오고, 1598년 우찬성에 승진, 1605년 府院君에 진봉되
고, 1607년 우의정에 올랐다. 1608년 선조로부터 遺敎七臣의 한 사람으로 永昌
大君의 보호를 부탁받았으며, 1613년 癸丑獄事에 연루되어 관작이 삭탈당하였
다가 후에 신원되었다.

597 朴忠侃(박충간, ?~1601): 본관은 尙州, 자는 叔精. 음보로 관직에 올라 1584년
호조정랑이 되었다. 1589년 재령군수로 재직 중 韓準·李軸 등과 함께 鄭汝立의
모반을 고변하여, 그 공으로 형조참판으로 승진하고 평난공신 1등과 商山君에
봉해졌다. 1592년 임진왜란 때 巡檢使로 국내 여러 성의 수축을 담당하여 서울
로 진군하는 왜적에 대비하였다. 그러나 왜병과 싸우다 도망한 죄로 파면되었
다가 뒤에 영남·호남지방에 파견되어 군량미 조달을 담당하였다. 1594년에는 진
휼사로 백성의 구제에 힘썼으며, 순검사·선공감제조 등을 역임하였다. 1600년
南以恭 등의 파당행위를 상소하였다가 집권층의 미움을 사 여러 차례 탄핵을
받기도 하였다.

598 申碻(신할, 1548~1592): 본관은 平山. 申砬의 동생. 1589년 경상도좌병사가
되어 활동하였다. 임진왜란이 일어나자 함경도병사가 되어 선조의 몽진을 호위
함으로써 그 공을 인정받아 좌승지 閔瀣, 병조판서 金應南, 대사헌 尹斗壽 등의
추천으로 경기수어사 겸 남병사에 임명되었다. 이후 막하의 劉克良, 이빈, 李
薦, 邊璣를 亞將으로 삼고 도원수 金命元과 병사를 이끌고서 임진강을 지키며
적과 대치하였다. 9일 동안 적과 대치하던 신할과 그의 병사들은 당시 도순찰사

伏精兵逆之, 二人皆被殺, 軍皆受刃, 或投江而死[599]。忠侃先遄,
應寅·命元皆走去[600]。前月二十七日, 賊渡江云[601].】

14일(임인)

여러 사람들이 의견으로 모두 말하기를, "의병을 더 모집한 연후
에야 일을 제대로 해낼 수 있을 것입니다."라고 했는데, 상장(上將:
고경명)이 말하기를, "만약 더 모집하려면 누가 그 책임을 맡아야겠
는가?"라고 하자, 공(公: 류팽로)이 말하기를, "양공(梁公: 양대박)이
아니고는 어렵습니다."라고 하니, 상장(上將)이 말하기를, "바로 나
의 뜻이라네."라고 하였다. 즉시 양공에게 명하여 의병을 더 모집하
는 일로 남원(南原)을 향해 떠나가게 하니, 그의 둘째아들 양형우(梁
亨遇)가 따라갔다.

공(公)이 혼자 군대 안의 모든 일을 맡고, 양공(梁公)의 맏아들 양
경우(梁慶遇)가 서기의 임무를 맡았는데, 그대로 군대가 전주(全州)
에 머물러 있었다.

이때 임실 현감(任實縣監) 이몽상(李夢祥)이 녹봉 1천 석을 덜어내
어서 의사(義士) 박순달(朴順達)에게 운송케 하여 군수물자에 보태
도록 하자, 공(公)이 상장(上將)에게 말하기를, "참으로 장합니다!

였던 韓應寅의 병력을 지원 받아 작전을 세우고 심야에 적진을 기습하였으나
복병이 나타나 그 자리에서 순절하였다.

599 而死: 추가.

600 走去: 走.

601 云: 추가.

임실 현감 이몽상의 아들 이정신(李廷臣)은 저와 같은 해에 진사가 되고 같은 해에 문과 급제하였는데, 지금 헌납(獻納)으로서 주상을 호종하고 있으니 그 아버지에 그 아들이라 이를 만합니다."라고 하였다.【협주: 정신의 자는 공보(公輔)이다. 훗날 광주목사(光州牧使)가 되었다. 공(公: 류팽로)이 순절했다는 소식을 듣고 만사(挽詞)를 지어 애도하였다.】

十四日(壬寅)

衆議[602]皆曰: "加募義兵, 然後可以濟事." 上將曰: "若加募, 則誰任其責?" 公曰: "非梁公則難[603]." 上將曰: "吾意也." 卽命梁公, 以加募事, 發向南原, 其次子亨遇[604]從之。公獨任軍中凡事, 以梁公長子慶遇[605], 爲書記之任, 因留陣全州。時任實縣監李夢

---

602 衆議: 衆.

603 難: 難矣.

604 亨遇(형우): 梁亨遇(1570~1623). 본관은 南原, 자는 子發, 호는 東厓. 金長生의 문하에서 수학하였다. 1592년 임진왜란 때 부친 양대박이 의병을 일으키자 함께 출전하여 운암 전투에서 공을 세웠다. 1603년 식년시에 합격하여 진사가 되었고, 1616년 별시에 합격하여 성균관전적을 지냈다. 1618년 광해군이 인목대비를 서궁에 유폐하자 이를 반대하는 상소를 올렸으며, 이 때문에 함경도 회령에서 6년간 유배되었다. 1623년 인조반정 후 충청도사로 조정의 부름을 받았으나 급사하였다.

605 慶遇(경우): 梁慶遇(1568~?). 본관은 南原, 자는 子漸, 호는 霽湖·點易齋·蓼汀·泰巖. 張顯光의 문인으로 1592년 부친을 따라 아우 梁亨遇와 함께 의병을 일으켰다. 또 高敬命의 막중에 나아가서 서기가 되었다. 1595년 明軍의 군량 조달을 위해 〈告道內募粟文〉이라는 격문을 지어 도내에 곡식을 모집하자 10일 만에 7,000여 석이 모이니, 명나라 장수 楊元이 탄복하였다. 1597년 참봉으로 丁酉別試文科에 급제하여 竹山縣監 등을 지냈다. 1606년 詔使 朱之蕃, 梁有年이 나오자 원접사 柳根의 종사관으로 차출되었다. 1609년에 車天) 등과 함께

祥606, 捐廩607千石, 使義士朴順達608, 領送以助軍資609, 公語上將
曰: "壯哉! 李任實其子廷臣610, 與吾同年進士文科, 而今以獻納
扈從, 則是611可謂有父有子."【廷臣, 字公輔。後爲光州牧612。聞
公殉節, 挽以哀之.】

製述官이 되어 義州에 갔으나 폐단을 일으켰다는 이유로 사헌부의 탄핵을 받았
으나 朴應犀의 고변으로 趙希逸·崔起南 등과 함께 조사를 받고 풀려났다. 1616
년 丙辰重試文科에 뽑히고 長城縣監을 지냈다. 1618년 大妃의 廢庶人 문제로
아우인 梁亨遇가 抗疏하여 유배되자, 그는 관직을 버리고 霽巖에 집을 지어 鼓
琴堂이라고 부르며 霽湖로 호를 삼았다.

606 李夢祥(이몽상, ?~1602): 본관은 全州, 자는 景休. 1560년 무과에 합격하였다.
1592년 임진왜란 당시 任實縣監으로 (壯士를 모집하여 임실 요충지역을 지키
고, 祿俸 수백 석을 내어 사졸들에게 군량미로 제공하였다. 임실을 잘 방어한
공으로, 巡察使 權慄이 장계를 올려, 선조로부터 軍資監判官 翌衛司司御에 제
수되었다. 1604년 永春縣監을 지냈다.

607 捐廩(연름): 벼슬아치들이 祿俸의 한 부분을 덜어내어서 보태는 일.

608 朴順達(박순달, 생몰년 미상): 본관은 咸陽, 자는 景健. 아버지는 朴元莫이다.
1592년 임진왜란 때 고경명의 막하에 나아가 군량 보급을 맡았다. 현감이 李夢祥
이 이 사실을 아뢰어 참봉 벼슬을 받았다. 1597년 정유재란 때 적이 남원을 함락하
자 부사 洪純愨이 도망치자, 아들 朴思叔과 함께 빈성을 지키다가 죽었다.

609 軍資: 軍勢.

610 廷臣(정신): 李廷臣(1559~1627). 본관은 全州, 자는 公輔. 1588년 식년문과에
급제하였다. 1591년 정언, 이듬해 헌납이 되었는데 1592년 임진왜란이 일어나자
나라를 그르치고 왜적의 침입을 받게 했다 하여 영의정 李山海의 책임을 추궁,
파직시켰다. 임실현감인 아버지가 전라도관찰사 李光殿의 後將으로 진중에 있
음을 듣고 아버지 곁에 있게 해달라고 청하였다가 거절당하였다. 1594년 선천군
수에 이어 光州牧使가 되어, 민심을 수습하고 善政하였다 하여 1598년 전주부
윤에 영전하였다.

611 是: 추가.

612 牧: 牧使.

15일(계묘)

여름 무더위에 비가 오래 내리고 찌는 듯한 무더위가 한창 심하여 사람들이 무더위를 견디지 못하였는데, 강에 가서 목욕하자니 강물이 끊어질 지경이었으며 샘물을 길어다가 마시자니 샘물이 마를 지경이었다.

이날 상장(上將: 고경명)이 장차 부윤(府尹: 전주부윤) 권수(權燧: 權憓의 오기)를 만나보기 위해 공(公: 류팽로)과 양경우(梁慶遇)를 데리고 함께 가려하자, 양경우가 말하기를, "류공(柳公: 류팽로)은 잠시도 의병진을 떠나서는 안 되니 저 혼자만으로도 족할 것입니다."라고 하고서는 마침내 함께 가서 권수를 만나보았다. 권수가 나와 맞이하며 군례(軍禮)로써 맞아주었고, 돌아올 때는 군량미와 콩 50여 석을 보내주었다.

　十五日(癸卯)

　時暑[613]雨久, 蒸炎熱方熾[614], 人不勝煩[615], 臨江浴而江爲之斷, 汲泉飮而泉爲之竭。是日, 上將將見府尹權燧, 與公及慶遇, 偕行, 慶遇曰: "柳公暫不離陣, 則獨[616]慶遇足矣。" 遂與往見權燧。燧出迎, 見以軍禮, 及還, 送軍餉米與豆[617]五十餘石。

---

613 時暑(시서): 여름 더위.
614 熾: 酷.
615 煩: 煩渴.
616 獨: 一.
617 豆: 太.

16일(갑진)

처음으로 전투 훈련을 하니 더욱 위세를 떨쳤다. 전라 도사(全羅
都事) 최철견(崔鐵堅)이 쇠고기와 술을 푸짐하게 준비하여 관군과 의
병들을 먹이도록 주었다.

공(公: 류팽로)이 상장(上將: 고경명)에게 말하기를, "이 고을 출신
최호(崔虎)는 힘이 세어 600근이나 되는 철퇴를 들 수 있다고 하니,
그를 불러 보면 하나의 도움이 될 것입니다."라고 하자, 즉시 격서
로 불러들여 만나보았다.【협주: 휘하에서 공(公)에게 말하는 자가 있
었기 때문이다.】

　十六日(甲辰)

　始設操鍊, 益張威勢[618]。 全羅都事崔鐵堅, 大備牛酒, 獻餉軍
兵。 公語上將曰: "是邑出身崔虎[619], 力能擧六百斤鐵椎, 見之則
爲一助." 卽檄召入見。【麾下有言於公者故耳[620].】

17일(을사)

들건대 영남의 왜적들이 장차 무주(茂朱)에 속한 고을을 침범하여
민가들을 분탕질하고 또 왜적선 2척이 순천(順天)을 침입하려 한다
고 하였다. 공(公: 류팽로)이 말하기를, "바라건대 믿을 만한 한 사람

---

618 **威勢**: **聲勢**.

619 崔虎(최호, ?~1592): 본관은 耽津, 자는 文伯. 아버지는 崔孟遜이다. 힘이 매우
　　세어 무쇠 600근을 들었다. 무과에 급제하였다. 1592년 임진왜란 때 黃璞과 함께
　　黃進을 따라 梨峙 전투에서 최선봉에 서서 힘을 다해 싸웠으나 전사하였다.

620 **故耳**: **故有是事**.

을 보내어 잠복하게 하는 것이 좋겠습니다."라고 하자, 상장(上將: 고경명)이 공(公)을 파견하여 방어하게 하려하니, 많은 사람들이 말하기를, "우리들은 모두 류장군(柳將軍: 류팽로)을 의지해서 이곳에 있으니 보내서는 안 됩니다."라고 하였다. 이에 그의 둘째아들 고인후(高因厚)로 하여금 한 부대의 병사들을 이끌고 가서 진안(鎭安) 등지에 잠복하게 하였다.

十七日(乙巳)

聞嶺南賊, 將犯茂朱[621]屬縣, 焚蕩民家, 又賊船二艘, 犯順天云。公曰: "願[622]遣可信者一人, ◇[623]設伏可也."上將欲遣公爲防禦, 衆曰: "吾輩, 皆賴柳將軍在此, 不可遣." 乃以其仲子因厚, 率一隊兵, 伏[624]于鎭安[625]等地。

18일(병오)

이날 밤에 상장(上將: 고경명)이 천문현상을 우러러 살피고서 많은 사람들에게 말하기를, "형혹성(熒惑星)이 기성(箕星)과 미성(尾星)의 분야(分野)로 들어가려는 때에, 우리나라가 병화를 입은 것은 진실로 하늘이 정한 운수로다. 볼 때마다 건술방(乾戌方: 서쪽에서 북쪽으로 30도~45도 방향)에서 붉은 기운이 곁을 따라다니다 일어나 형혹성

---

621 茂朱(무주): 전라북도 소백산맥 서쪽 사면에 위치한 고을.

622 願: 추가.

623 領兵: 누락.

624 伏: 設伏.

625 鎭安(진안): 전라북도 북동부에 위치한 고을.

에 깃들어 형혹성의 빛이 죽어가니, 이는 반드시 저 왜적의 운수가 술년(戌年)에서 다할 현상이로다. 만약 햇수로 계산하자면 술년은 지금으로부터 6년인데, 우리나라와 왜적은 실로 한(漢)나라와 역적과 같으니 양립할 수 없는 형세가 어찌 6,7년 동안 서로 버티는 일이 있겠느냐? 반드시 이러한 이치가 없을 것이다."라고 하자, 공(公: 류팽로)이 말하기를, "어찌 이러한 이치가 없겠습니까? 저의 얕은 소견으로 보기에 저들은 먼저 이겼다가 나중에 패하는 이치가 있고, 우리는 먼저 패했다가 나중에 이기는 이치가 있습니다. 이로써 헤아리건대 저들은 운수가 반드시 술년에 다하고 우리는 운수가 반드시 술년에 회복할 것입니다. 혹여 상장(上將)께서 그 하나만을 아시고 그 둘은 알지 못하신 것이 아닌가 합니다."라고 하니, 양경우(梁慶遇)가 말하기를, "차라리 달수로 계산하면 금년 9월 역시 술(戌)입니다. 우리가 반드시 그 달에 몹쓸 오랑캐를 소탕하여 나라를 평온하게 할 현상입니다."라고 하였다. 그러자 상장이 말하기를, "자네의 말도 또한 이치가 있도다."라고 하니, 공(公)이 말하기를, "양군(梁君: 양 경우)의 말은 잘못된 것이다."라고 하였다.

十八日(丙午)

是夜, 上將仰看天象[626], 謂衆曰: "熒惑[627]以時入於箕尾[628]之

---

626 天象(천상): 천문현상. 日月星辰의 변화하는 현상.
627 熒惑(형혹): 熒惑星. 곧 火星이라고도 한다. 이 별이 밝으면 전쟁이나 기근의 전조로 여겼다.
628 箕尾(기미): 箕星과 尾星. 우리나라에 해당하는 별로 여겨졌다.

分, 我國之被兵, 實天運也. 每自乾戌方, 有赤氣從旁, 起薄熒
惑, 則熒惑芒死, 此必彼賊運, 窮於戌之象也, 若以年計, 則戌距
今⁶²⁹六年, 我與賊實漢賊⁶³⁰, 不兩立之勢, 豈有六七年相持之事
乎? 必無是理." 公曰: "豈無是理? 以愚之淺見, 窺之, 彼有先勝
後敗之理, 我有先敗後勝之理. 以此料之, ◇⁶³¹彼必運盡於戌,
我必運回於戌. 恐或⁶³²上將知其一, 未知其二也." 慶遇曰⁶³³: "不
若以月計, 今九月亦戌也. 我必以是月, 掃除醜虜, 平靖⁶³⁴邦家
之象." 上將曰: "君言亦有理." 公曰: "梁君之言, 誤矣."

19일(정미)

임실(任實)의 낙천(樂天) 홍석방(洪碩舫)이 가동(家僮) 및 물자와 군
량을 보내왔다.【협주: 편지를 보내와 이르기를, "석방이 금년 86세인
데, 비록 참된 마음에서 우러나오는 충성이 절로 격해진다 하더라도
극노인으로 근근이 실낱같은 목숨을 부지하여 이미 적에게 달려갈
수도 없고 또 병기도 갖춘 적이 없으니 어찌하겠소? 이에 가동 수십
명과 약간의 물자와 양식을 보내니, 가동은 군대의 대오에 편입하고

---

629 距今: 去今.
630 漢賊(한적): 중국과 중국을 거역하는 역적을 묶은 말. 諸葛亮의 〈後出師表〉에
　　"한 나라와 역적은 양립할 수 없다.(漢賊不兩立.)"는 대목에서 나온다. 여기서는
　　우리나라와 壬辰亂을 일으킨 일본을 지칭한다.
631 則: 누락.
632 恐或: 或恐.
633 曰: 進曰.
634 平靖(평정): 平定. 평온함.

물자와 양식은 군수용품으로 대비하시오."라고 하였다.】

군문(軍門: 軍營의 출입구)에서 보고하기를, "어떤 사람이 병사들을 이끌고 왔습니다."라고 하였는데, 그가 들어왔을 때 보았더니 바로 전주부(全州府)의 전 판관(前判官) 구지(具之)였다. 상장(上將: 고경명)이 말하기를, "구 장군(具將軍)은 같이 도모할 만한 사람인가?"라고 하자, 공(公: 류팽로)이 말하기를, "구지는 우리의 의병진이 전주성(全州城)에 들어왔다는 소식을 듣고서 의병을 모집하였으니 참으로 의로운 선비입니다."라고 하였다. 이윽고 구지를 군대 안에 머물러 있게 하였다.

十九日(丁未)

任實洪樂天[635]碩舫, 送家僮及資糧。【以書來曰: "碩舫今年八十六, 雖云丹忠自激, 其奈黃耇殘喘, 旣不能赴賊, 又未嘗備兵? 玆送家僮數十與若干資糧, 家僮則以編軍伍, 資糧則以備軍用[636]。"云云。】軍門有報: "一人率兵而來。" 及入見, 乃本府前判官具之[637]

---

635 樂天(낙천): 洪碩舫(1508~1594)의 호. 본관은 南陽, 자는 應龍. 아버지는 洪得宗인데, 후에 洪孝宗에게 양자로 입적되었다. 1543년 식년시에 급제한 후, 성균관학유를 거쳐 典籍·奉常寺主簿·戶曹正郎·漢城府庶尹·雲峯縣監·靈山縣監·原州牧使 등을 역임하였다. 1592년 임진왜란 때 나이가 이미 임금의 피난길을 따르지 못한 것을 한스러워하며 家僮 30명 및 물자와 식량 등을 내어 고경명의 의진에 보내주었다. 1593년에 또 임금에게 위로의 글을 올리며 아울러 면·저포 60필, 백지 100권을 손자인 洪宇慶을 시켜 행재소에 갖다 바치게 하였고 아울러 호종토록 하였다.

636 備軍用: 補軍用.

637 具之(구지, ?~1592): 본관은 昌原, 자는 道直. 아버지는 具廷說이다. 1592년 임진왜란 때 전 판관으로 錦山전투에 나아가 힘을 다해 싸우며 적을 막았으나

也。上將曰: "具將軍, 其能同謀乎?" 公曰: "具某, 聞義兵入城, 募聚鄕兵, 則眞義士也." 因留軍中◇⁶³⁸。

20일(무신)

양경우(梁慶遇)가 상장(上將: 고경명)에게 말하기를, "남원(南原)의 채희연(蔡希淵)이 담략이 풍부한데다 말타기와 활쏘기를 잘하니 격문으로 부르기를 청합니다."라고 하자, 공(公: 류팽로)이 말하기를, "채희연은 어떤 사람인가?"라고 하니, 양경우가 대답하기를, "가친(家親)께서 의병을 일으킨 초기에 이 사람이 의병 모집에 응하여 왔는데, 가친께서 보고 칭찬하시기를, '내가 채군을 얻었으니 왜적이 우리에게 도대체 무슨 상관이겠느냐?'라고 하셔서 그가 쓸모있는 사람임을 알았습니다."라고 하였다. 상장은 즉시 격문으로 그를 불렀다.【협주: 채희연은 백마를 타고 의병진으로 달려왔기 때문에 왜적들이 그를 보고서 말하기를, "백마장군은 무섭다."라고 하였다.】

상장이 공(公)에게 말하기를, "어제 들건대 상국(相國) 송강(松江) 정철(鄭澈)이 강계(江界) 유배지에서 부름을 받고 평양으로 갔다고 하니, 자네는 그것을 알고 있는가?"라고 하자, 공(公)이 말하기를, "어젯밤 양군(梁君: 양경우)이 상장의 말씀을 저에게 알려주어서 그 소문을 알고 있습니다. 그러나 송강께서 상장의 말씀을 믿지 않았다는 것은 저로서 믿지 못하겠습니다."라고 하였다.【협주: 이 소문

전사하였다.

638 決策: 누락.

을 듣게 되었을 때 상장이 양군에게 이르기를, "내가 이전에 송강과 말할 때마다 왜변이 있을 것이라고 했지만, 송강이 내 말을 믿지 못하더니 오늘날에야 필시 많이 낭패를 겪고서 내가 탄식하던 것이 생각날 것이다."라고 하였다.】 이어 감격하며 탄식하여 말하기를, "송강이 유배 간 것은 곧 나라의 재앙이오, 송강이 풀려나 등용된 것은 실로 나라의 복이로다."라고 하였다. 즉시 군대 안에서 모든 의병들을 거느리고 북쪽으로 행재소를 바라보며 4번 절하였다.

二十日(戊申)

慶遇語上將, 曰: "南原蔡希淵[639], 多瞻略, 善弓馬, 請以檄召." 公曰: "希淵何人?" 曰: "家親擧義初, 此人應募而來, 家親見◇[640] 稱曰: '吾得蔡君, 賊於我何是?' 以知其可用." 上將卽以檄召之. 【希淵乘白馬, 馳赴義陣, 故賊見之曰: "白馬將軍, 可畏."】上將語 公, 曰: "昨聞松江[641]鄭相國澈, 自江界[642]謫所承召, 赴平壤之報,

---

639 蔡希淵(채희연, 1570~1592): 본관은 平康, 호는 和庵. 1592년 임진왜란이 일 어나자 의병으로 출전하였다. 그는 만약 자신이 전사하면 시체를 거둘 때 신원을 파악하기 쉽도록 하기 위해 늘 푸른색 도포를 입었다고 한다. 흰 말을 타고 梁大 樸을 찾아갔으나 양대박은 그를 고경명에게 천거하였다. 고경명은 채희연을 크 게 신임하여 자신의 幕下에 두었으며, 채희연은 여러 차례에 걸쳐 적을 무수히 사살하는 전과를 올렸다. 금산 전투에서 적과 싸울 때 자신의 말이 적의 총탄에 맞아 쓰러지자, 단신으로 떨쳐 일어나 적병 수십 명을 참살하고는 적의 칼에 목숨을 잃었다.

640 而: 누락.

641 松江(송강): 鄭澈(1536~1593)의 호. 본관은 延日, 자는 季涵. 어려서 仁宗의 淑儀인 맏누이와 桂林君 李瑠의 부인이 된 둘째누이로 인하여 궁중에 출입하였 는데, 이때 어린 慶原大君(明宗)과 친숙해졌다. 1545년 을사사화에 계림군이 관련되자 부친이 유배당하여 配所를 따라다녔다. 1551년 특사되어 온 가족이

君其知之耶?"公曰: "昨夜梁君, 以上將之言告我, 是以知之. 然以松江而不信, 吾不信也."【及聞此報, 上將謂[643]梁君, 曰: "吾前與松江, 每言[644]必有倭變, ◇[645]松江不我信, 今日必多顚倒, 思余[646]之歎矣."】因感而嘆[647]曰: "松江之謫, 乃邦家之禍, 松江之用, 實邦家之福." 卽軍中率諸義兵, 北望行在四拜.

21일(기유)

양공(梁公: 양대박)이 의병을 더 모집해오기를 기다리느라 전주진

고향인 전라도 담양 昌平으로 이주하였고, 그곳에서 金允悌의 문하가 되어 星山 기슭의 松江가에서 10년 동안 수학하였다. 1561년 진사시에, 다음 해 별시문과에 각각 장원하여 典籍 등을 역임하였고, 1566년 함경도 암행어사를 지낸 뒤 李珥와 함께 賜暇讀書하였다. 1578년 掌樂院正에 기용되고, 곧이어 승지에 올랐으나 珍島 군수 李銖의 뇌물사건으로 東人의 공격을 받아 사직하고 고향으로 돌아왔다. 1580년 강원도 관찰사로 등용되었고, 3년 동안 강원·전라·함경도 관찰사를 지냈다. 1589년 우의정에 발탁되어 鄭汝立의 모반사건을 다스리게 되자 西人의 영수로서 철저하게 동인 세력을 추방했고, 다음해 좌의정에 올랐으나 1591년 建儲문제를 제기하여 동인인 영의정 李山海와 함께 光海君의 책봉을 건의하기로 했다가 이산해의 계략에 빠져 혼자 광해군의 책봉을 건의했다. 이때 信城君을 책봉하려던 왕의 노여움을 사 파직되었고, 晋州로 유배되었다가 이어 江界로 移配되었다. 1592년 임진왜란 때 부름을 받아 왕을 의주까지 호종, 다음 해 謝恩使로 명나라에 다녀왔다. 얼마 후 동인들의 모함으로 사직하고 강화의 松亭村에 寓居하면서 만년을 보냈다.

642 江界(강계): 평안북도 북동부에 위치한 고을.

643 謂: 語.

644 每言: 추가.

645 而: 누락.

646 余: 予.

647 嘆: 歎.

(全州陣)에 머물렀다.

저물녘에 진문(陣門) 밖에서 어떤 사람이 와서 보고하기를, "함평(咸平)의 김언부(金彦富)가 가동과 마을 장정 40여 명을 이끌고 곡식 20여 석을 모아 달려오던 길에 임실(任實) 등지에서 왜적을 만나 부상을 당해 오른쪽 어깨가 잘렸으나 상처를 싸매고 돌아갔다."라고 하였다.【협주: 40여 명 가운데 한 사람만 살아 돌아왔다고 하였고 20석의 곡식은 모두 적에게 탈취당했으니, 공(公: 류팽로)이 이를 듣고 탄식하여 말하기를, "많은 사람이 죽은 것은 그 책임이 김언부에게 있다."라고 하였다.

二十一日(己酉)

以待梁公加募, 而留陣[648]全州。及暮, 陣門外有何人來報[649]: "咸平[650]金彦富[651], 率家僮村丁四十餘人[652], 穀二十餘石而路次, 任實等地遇賊, 爲其所傷, 折右臂, 裹瘡而歸."云。【四十餘人中, 一人生還云[653], 二十石穀[654], 皆爲賊奪[655], 公聞而嗟歎, 曰: "衆人

---

648 留陣: 爲留陣.

649 報: 報曰.

650 咸平: 咸陽.

651 金彦富(김언부, 생몰년 미상): 본관은 金海, 자는 大元, 호는 不欺. 1592년 임진왜란 때 고경명이 의병을 일으켰다는 소식을 듣고 家僮 10여 명과 마을의 장정 30여 명을 이끌고 병량미 20여 석을 모아 급히 달려가던 길에 적을 만나 적의 칼날에 상처를 입어 오른쪽 팔이 잘렸으나 상처를 싸매고 돌아왔다.

652 四十餘人: 四十餘.

653 云: 추가.

654 二十石穀: 二十餘石.

之死, 其責在彦富."】

22일(경술)

무주(茂朱)를 침범했던 왜적이 다시 영남으로 향해서 곧장 대궐을 침범하려 한다는 계획을 듣고는, 상장(上將: 고경명)이 여러 사람들에게 맹세하여 말하기를, "저 왜놈들이 도성으로 향했으니, 우리가 이곳에서 오래 머물러서는 아니 될 것이다."라고 하고는, 즉시 의병군을 정돈하고 북상해서 근왕(勤王)하려는 계획을 세웠다.

남평(南平) 정준일(鄭遵一)이 재산을 기울여 군사를 모으고 장차 달려오려던 차에 병이 나서 미처 길을 떠날 수 없게 되자, 그의 아들 정현(鄭晛)으로 하여금 무리를 이끌도록 하여 보내왔다. 공(公: 류팽로)이 그 뜻을 장하게 여겨 상장에게 고하고는, 이어 좌막(佐幕: 참모)으로 머물러 있게 하였다. 며칠이 지난 뒤에 끝내 부친의 병으로 말미암아 하직 인사하고 돌아갔으나, 그가 이끌고 온 무리는 머물러 있게 하였다.

二十二日(庚戌)

聞茂朱賊, 還向嶺南, 爲直上犯闕計, 上將誓于衆, 曰: "彼賊欲向都城, 吾於此不可久駐." 卽整旅, 爲北上勤王計. 南平鄭遵一[656], 傾財募士, 將赴而病, 未能行, 使其子晛[657], 領其衆送之.

---

655 奪: 所奪.

656 鄭遵一(정준일, 1547~1618): 본관은 晉陽, 자는 擇中, 호는 向北堂. 고경명의 문인으로 朴宗挺, 宋濟民과 함께 수학하였다. 1592년 임진왜란 당시 고경명이

公壯其意⁶⁵⁸, 告上將, 因⁶⁵⁹留佐幕。居數日, ◇⁶⁶⁰竟以父病辭歸, 而留其衆。

23일(신해)

듣건대 대가(大駕)가 평양(平壤)을 출발하여 의주(義州)로 향했다는 소식이었다.【지난 8일 왜적이 대동강(大同江)에 이르니 3일 만에 대가가 평양을 떠나 영변(寧邊)을 향하자, 정철(鄭澈)·최흥원(崔興源)·유홍(兪泓)이 호종하였고, 노직(盧稷)이 종묘사직의 위판(位版)을 받들고 아울러 궁인들을 보호하며 먼저 성을 나갔다.】

二十三日(辛亥)

聞大駕出平壤向義州⁶⁶¹之報。【前八日, 賊至大同江⁶⁶², 越三日, 駕出平壤, 向寧邊, 鄭澈·崔興源·兪泓⁶⁶³扈從, 盧稷⁶⁶⁴奉廟

招討使가 되어 의병을 일으키자 합세하여 맏아들 정현과 조카 鄭賜 등과 함께 종군하였으며, 錦山전투에 참전하였으나 질병으로 귀향하였다.

657 晛(현): 鄭晛(1570~1609). 본관은 晉州, 자는 瑞昇, 호는 草心堂. 1592년 임진 왜란 때 아버지를 대신하여 錦山에서 싸웠다.

658 其意: 其義.

659 因: 欲.

660 晛: 누락.

661 義州(의주): 평안북도 북서부에 위치한 고을.

662 大同江(대동강): 평안남도 북동부 낭림산맥의 서쪽에서 발원하여 남서쪽으로 흐르다가 남포 부근에서 서해로 흘러드는 강.

663 兪泓(유홍, 1524~1594): 본관은 杞溪, 자는 止叔, 호는 松塘. 1573년 함경도병마절도사로 회령부사를 겸했고, 그 뒤 개성부유수를 거쳐 충청·전라·경상·함경·평안도의 관찰사와 한성판윤 등을 역임했다. 1587년 명나라에 사신으로 가서 이성계가 고려의 권신 李仁任의 아들로 잘못된 것을 바로잡았으며, 1589년

社位版, 幷護宮人, 先出宮城中[665]云.】

24일(임자)

상장(上將: 고경명)이 공(公: 류팽로)으로 하여금 군대를 단속하여 살피고 다음날 새벽에 행군할 수 있는 계획을 세우게 하였다. 그래서 상장이 그의 아들 고종후(高從厚)와 양경우(梁慶遇)·안영(安瑛) 및 좌우영(左右營)의 모든 유사(有司)에게 명하여 각자 그 책임을 맡게 하였다. 이날 밤 횃불을 성안에 벌여 세워놓고 앉은 채 아침을 기다렸다.

어떤 사람이 성밖에서 들어와 문득 보고하기를, "지난 15일 왜적이 평양(平壤)을 함락하였습니다. 이날 대가는 가산(嘉山)에 머물렀고, 중궁전(中宮殿)은 함경도(咸鏡道)로 향했고, 동궁(東宮)은 종묘사직의 신주를 받들어 박천(博川)에서부터 가산군으로 들어가셨습

좌찬성으로서 판의금부사를 겸해 鄭汝立의 逆獄을 다스렸다. 1592년 임진왜란 때 선조를 호종했고, 평양에서 세자(뒤의 광해군)와 함께 종묘사직의 신위를 모시고 동북방면으로 가 도체찰사를 겸임하였다. 그리고 伊川에서 격문을 여러 도로 보내 각 도의 의병들을 격려, 지휘해 방어태세를 갖추었다. 이듬해 왜적이 서울에서 물러나자, 먼저 서울에 들어와서 불탄 도성을 정리하고 전재민을 구호하는 데 힘을 기울였다. 1594년 좌의정으로서 해주에 있는 왕비를 호종하다가 객사하였다.

664 盧稷(노직, 1545~1618): 본관은 交河, 자는 士馨. 1592년 임진왜란이 일어나 왕을 호종할 때 말에서 떨어져 다쳤으나 계속 성천의 행재소까지 달려가 병조참판에 임명되었고 이어 개성유수가 되었다. 정유재란 때는 京江舟師大將을 지내고, 接伴正使 金命元 밑의 부사로서 명나라 지휘관 邢玠를 맞아 군사문제를 논의하였다.

665 宮城中: 城中.

니다."라고 하였다.

二十四日(壬子)

上將令公督察軍中, 爲明日曉頭行軍計。於是, 上將命其子從
厚與梁慶遇·安瑛及左右營諸有司, 各任其責。是夜, 炬列城中,
坐以待朝。有人自城外入者[666], 輒報曰: "前十五日, 賊陷平壤。
以是日, 大駕次嘉山, 中宮殿向咸鏡道, 東宮奉廟社, 自博川入山
郡。"云。

25일(계축)

진군하여 여산(礪山)에 도착하였다. 이 날은 날씨가 맑고 밝았으
며 남풍이 솔솔 불었는데, 북소리가 은은하게 멀리서 들리고 포성
이 이따금 깊숙한 곳에서 나왔다. 공(公: 류팽로)이 말하기를, "이것
은 반드시 왜적이 점점 근처로 들어오는 것이다."라고 하였다.

얼마 후에 임실(任實)에서 온 사람이 바로 영광(靈光)의 진사 이용
중(李容中)이다. 그의 형인 참봉 이굉중(李宏中)의 편지를 가지고 올
라오다가 운암(雲巖)에서 묵었다. 그날 밤에 왜적이 사방에서 일어
나 산과 들에 두루 펼쳐져 있는 것에 놀라서 이용중은 간신히 몸만
빠져나와 엎어지며 자빠지며 여기에 이르렀다고 하였다.

많은 사람이 모두 놀라고 두려워하자, 공(公)이 말하기를, "이 왜
적은 근심거리가 못 되오이다. 근래 동남쪽 사이에 살기가 충천하

666 入者: 來者.

여 장시간 사라지지 않으니, 반드시 적군이 이곳에서 우리를 침범할 것이외다. 우리가 반드시 불리할 것이니, 이것이야말로 근심스러운 것이외다."라고 하고는, 이윽고 상장(上將: 고경명)에게 의논하여 말하기를, "원컨대 진(陣)을 5,6일만 머물러 있게 하면서 일의 기미를 보시지요."라고 하였으나, 상장이 말하기를, "나라의 형세가 장차 다급하거늘 어떻게 진을 머무르게 한단 말인가? 자네는 망령된 말을 하지 말게나."라고 하였다. 공(公)은 재삼 탄식하였으나 부득이 상장의 말을 따랐다.

이 여산의 전 판관(前判官) 송대창(宋大昌)이 도중에서 찾아 들어와 만난 뒤에 이윽고 군대의 뒤를 따랐는데, 말 위에서 격문(檄文)을 지어 충청도·경기도·황해도·평안도 등 여러 도에 통고하였다. 격문의 뜻이 위엄있고 당당하여 사람들의 마음속을 고무하지 않음이 없었으니, 본 사람은 충심이 격앙되었고 들은 사람은 메아리처럼 응하였다.

二十五日(癸丑)

進軍次礪山。是日淸明, 南風徐起, 鼓聲隱隱遠聞, 砲聲往往暗出。公曰: "此必倭賊[667]漸入近處." 俄而, 自任實來者, 卽靈光進士李容中也。奉其兄參奉宏中[668]之書, 上來次, 宿于雲巖[669]。

---

667 倭賊: 賊徒.

668 宏中(굉중): 李宏中(생몰년 미상). 본관은 廣州, 자는 景輝, 호는 鶴梅. 靈光 출신이다. 1568년 증광시에 급제하였다. 1592년 임진왜란이 일어나자 아우 李容中과 함께 격문을 만들었고 전투에 필요한 양식을 마련해서 전투 중인 錦山으로 보냈다.

是夜, 倭警四起, 彌布山野, 容中, 僅以身脫, 顚倒至此云。衆皆驚懼, 公曰:"此賊, 不足憂也。近日, 東南[670]間, 殺氣衝天, 長時不滅, 必有賊兵, 從此方犯我。我必不利, 是可憂也。"因謀于上將◇[671], "願留陣五六日, 以觀事機。"上將曰:"國勢將急, 何可留陣? 君勿爲妄言。"公嗟歎再三, 不得已從之。是邑前判官宋大昌[672], 入見于路次, 因隨軍後, ◇[673]於馬上, 手草檄文, 通告于忠淸·京畿·黃海·平安諸道。辭氣[674]凜烈, 無不鼓人心腹, 見者心激, 而聞者響應。

26일(갑인)

들건대 양공(梁公: 양대박)이 더 모집한 의병이 임실(任實)의 갈담역(葛潭驛)에 도착했다는 소식이었다.

二十六日(甲寅)

聞梁公率加募義兵, 到任實葛潭驛之報。

---

669 雲巖(운암): 전라북도 임실의 서부 지역에 위치한 고을.

670 東南: 東北.

671 曰: 누락.

672 宋大昌(송대창, ?~1593): 본관은 礪山, 자는 德亨. 경성 판관을 지내다가 1592년 임진왜란이 일어나자 경상우병사 崔慶會의 휘하에 들어가 前部將으로 활약하였다. 1593년 제2차 진주대첩에서 왜군에 맞서 싸우다가 성이 함락되면서 죽음을 맞이하였다.

673 今日: 누락.

674 辭氣: 辭意.

27일(을묘)

군대가 은진(恩津)에 머물렀는데, 상장(上將: 고경명)이 천문현상을 보고 놀라 말하기를, "동쪽에 흰 기운이 있으니, 반드시 왜적이 우리를 침범하리로다."라고 하자, 사람들이 모두 두려워하였다. 공(公: 류팽로)이 말하기를, "이 기운은 4, 5일 전부터 지금까지 사라지지 않았는데도 사람이 알아채지 못한 것이었거늘, 상장께서는 이제야 보신 것이옵니까? 이것이 보통의 기운이 아니니, 지난번 저의 말을 들으셨더라면 반드시 후회가 없으셨을 것입니다."라고 하였다.

二十七日(乙卯)

師次恩津[675], 上將觀天象, 驚曰: "東有白氣, 必有賊兵犯我." 人皆爲懼。公曰: "此氣, 自四五日前, 至今不滅, 人無知者, 上將今乃見之耶? 此非尋常之氣, 向聽吾言, 必無後悔."

28일(병진)

듣건대 황간(黃澗)의 왜적들이 금산(錦山)을 넘어 들어와서 장차 전주(全州)에 들이닥칠 것이라 하니, 의논하는 사람들이 말하기를, "완산은 호남의 요해처인데, 근본이 먼저 흔들리면 싸워 이기기가 어려울지니 본도(本道: 전라도)를 우선 구원하러 가는 것만 못합니다."라고 하자, 상장(上將: 고경명)이 말하기를, "옳다."라고 하였다.

二十八日(丙辰)

---

675 恩津(은진): 충청남도 논산의 남서부에 위치한 고을.

聞黃澗[676]賊, 踰入錦山, 將逼全州云, 議者曰: "完卽湖南之保障[677], 根本先搖, 難以制勝, 不如先救本道." 上將曰: "然."

29일(정사)

들건대 양공(梁公: 양대박)이 더 모집한 의병이 운암(雲巖)에 도착해 왜군을 대파하고 참획한 것이 많았다고 하였다. 상장(上將: 고경명)이 승전 소식을 듣고 크게 기뻐하며 칭찬해 마지않고서 말하기를, "류군(柳君: 류팽로)의 말이 옳았다. 지금 완산(完山: 전주)의 왜적을 어찌해야 하겠는가? 내 류군의 말을 듣지 않은 것이 후회되네." 라고 하며, 이윽고 공(公: 류팽로)에게 이르기를, "이후로는 군대의 일을 스스로 결정하는 것이 마땅하겠네."라고 하였다.

二十九日(丁巳)

聞梁公率加募兵[678], 到雲巖, 大破倭[679], 多有斬獲. 上將聞捷, 大喜稱賞不已, 乃曰: "柳君之言, 是也. 今完山之賊, 奈何? 吾悔不用柳君之言." 因謂公, 曰: "此後, 軍中之事, 當自決之."

---

676 黃澗(황간): 충청북도 영동군 북부에 위치한 고을.

677 保障(보장): 적의 접근을 막기 위하여 돌이나 흙 등으로 만든 견고한 구축물. 여기서는 요해처를 의미한다.

678 募兵: 募義兵.

679 倭: 倭賊.

● 7월

1일(무오)

들건대 대가(大駕)가 의주(義州)에 도착하여 행영(行營)을 설치했다고 하였다. 상장(上將: 고경명)이 모든 의병을 거느리고 북쪽 행재소(行在所)를 바라보며 네 번 절하고 군대를 정돈하여 연산(連山)으로 향하였다. 본도(本道: 전라도) 수사(水使) 정걸(丁傑)이 군량을 보내어 행군하고 있는 것을 위로하였다.

七月

初一日(戊午)

聞大駕抵義州爲行營[680]。〈上將〉率諸義士, 北望行在四拜, 卽整軍向連山[681]。本道水使丁傑[682], 送兵糧以勞軍行。

---

680 行營(행영): 나라에 난리가 있을 때 출정하는 군대가 주둔하기 위하여 설치한 임시 군영.

681 連山(연산): 충청남도 논산의 중앙에 위치한 고을.

682 丁傑(정걸, 1514~1597): 본관은 靈光, 자는 英中, 호는 松亭. 1544년 무과에 급제한 뒤, 여러 관직을 거쳐 1555년 을묘왜변 때 達梁城에서 왜군을 무찌른 공으로 南桃浦 만호가 되었다. 1572년 경상우도수군절도사, 1577년 전라좌도 수군절도사, 1578년 경상우도 수군절도사, 1581년 절충장군, 1583년 전라도병마절도사, 1584년 창원부사, 1587년 전라우도 수군절도사 등 수군의 요직을 두루 역임하였다. 1591년에는 전라좌수영 경장(조방장)이 되었으며 조선 수군의 주력 전선인 판옥선을 만들었고 화전, 철령전 등 여러 무기를 만들었다. 1592년 임진왜란이 일어나자 李舜臣과 함께 각종 해전에 참가해 많은 공을 세웠다. 특히 1592년 5월 7일, 이순신 함대의 첫 해전인 옥포해전에서 전공을 세운 이래, 7월 한산도대첩에 이어, 9월 1일 부산포해전에서도 큰 공을 세웠다. 1593년 2월에는 충청도 수군절도사로 있으면서 행주대첩에 참가해, 화살이 거의 떨어져 가는 아군에게 화살을 조달해 승리로 이끄는데 이바지한 뒤, 다시 서울 탈환작전

2일(기미)

진군하여 진산(珍山)에 머물렀다. 익산(益山)의 이보(李寶)가 병사들을 거느리고 길에 나와 위로하며 맞이하였고, 오응현(吳應賢)·오응필(吳應弼) 형제가 그 뒤를 따라와서 모두 의병진의 대오에 편입하였다.【협주: 이보는 바로 연평군(延平君) 묵재(默齋) 이귀(李貴)의 형이다.】

初二日(己未)

進軍次珍山[683]。◇[684]益山[685]李寶[686]，率兵迎勞於路次，吳應賢[687]·應弼[688]兄弟[689]，隨其後，皆編於行伍。【寶卽延平君默齋[690]

에 참가하였다. 같은 해 6월, 이순신의 요청으로 한산도에서 왜적을 방어하고, 12월에는 전라도방어사로 부임해 남서 해안에서 왜적 토벌에 전념하였다.

683 珍山(진산): 충청남도 금산의 중서부에 위치한 고을.

684 時: 누락.

685 益山(익산): 전라북도 북서부에 위치한 고을.

686 李寶(이보, ?~1592): 본관은 延安, 자는 伯居. 아버지는 延城府院君 李廷華, 어머니는 安東權氏, 동생은 延平府院君 默齋 李貴이다. 1592년 임진왜란이 일어나자 같은 금마면 사람인 蘇行震과 함께 의병 400여 명을 모집하고 家資을 정리하여 군량과 병기를 마련한 후 錦山에 주둔한 倭陣으로 향하였다. 코바야카와[小早川秀秋]가 이끄는 왜군 제6군 1만 6000여 명이 이치를 넘으려 할 때, 이에 맞서는 전투에 참여하였다가 전사하였다.

687 吳應賢(오응현, ?~1592): 본관은 長興, 자는 邦佐, 호는 秋江. 전라북도 익산군 팔봉면 출신이다. 아버지는 吳麟, 동생은 吳應弼·吳應哲이다. 1592년 임진왜란이 일어나자 동생들과 함께 의병 대장 高敬命을 따라 錦山전투에 참여하였다. 왜적 수십 명을 죽였으나 몰려드는 적을 당해내지 못하고 전사하였다.

688 應弼(응필): 吳應弼(?~1592). 본관은 長興, 자는 邦軸, 호는 栢川. 1582년 무과에 급제하여 훈련원 봉사를 지냈다. 1592년 임진왜란이 일어나자 형 오응현과 함께 倡義하여 의병을 거느리고 高敬命을 따라 錦山전투에 참여하였다가 전사

貴之兄也.】

3일(경신)

관군과 의병들에게 음식을 베풀어 위로하고 진산군(珍山郡)의 앞 들판에서 훈련시키자, 군대의 위용이 더욱 장하고 사기가 더욱 배가되니 원근의 고을에서 메아리처럼 응하는 자들이 또한 많았다.

들건대 대가(大駕)가 의주(義州)로 피난하고서 황조(皇朝: 명나라)에 구원병을 요청한데다 또한 내부(內附: 망명)를 청하고 있다는 소식이었다.【협주: 황조는 우리나라가 왜(倭)와 공모하여 반란을 꾀하는 것으로 의심하고 최세신(崔世臣)·임세록(林世祿)을 파견하여, 국왕과 대면하기를 원하여 얼굴을 자세히 살피고 돌아갔다. 병부상서(兵部尙書) 석성(石星)에게 군사를 일으켜 구원해주기를 청하자, 조선 국왕의 얼굴을 자세히 본 적이 있다고 스스로 말했던 송국신(宋國臣)이란 자가 또 파견되었다가 돌아가서 참으로 진짜 왕의 기상(氣像)이라고 보고하였다. 심유경(沈惟敬)이 평양(平壤)에 도착하자, 평행장(平行長: 소서행장)이 말하기를, "일본은 상국(上國: 명나라)과 소식을 통하고자 하였으나, 조선이 가로막고서 트집을 잡았소이다."라고 하였다. 이에 다시 황응양(黃應暘)이 파견되어 오자, 우리

하였다.

689 兄弟: 추가.

690 默齋(묵재): 李貴(1557~1633)의 호. 본관은 延安, 자는 玉汝. 선조대부터 서인 강경파로 활동하여 광해군 정권 때 실의의 나날을 보냈으나, 인조반정으로 화려하게 정계에 복귀하였다.

나라는 비로소 그간 왜(倭)가 보내온 문서를 보여주니, 황응양이 말하기를, "상국(上國: 명나라)을 위해 대신 병화(兵禍)를 입게 되었으니 귀국해서 석 상서(石上書: 석성)에게 말하겠다."라고 하였는데, 심히 명백하게 아뢰어서 황조(皇朝)의 의심이 마침내 크게 풀렸다.】

初三日(庚申)

大犒軍兵, 訓鍊于珍山郡前坪, 軍容益壯, 士氣益倍, 遠近響應者亦多。聞大駕西巡, 乞援皇朝, 且請內附[691]之報。【皇朝疑我國, 與倭同叛, 遣崔世臣·林世祿[692], 願與國王, 相面諦視而歸。兵部尙書石星[693], 請發兵援之, 有宋國臣[694]者, 自言詳見國王容貌, 又差使見之歸報, 眞王者氣像。及沈惟敬[695]之入平壤也, 平

---

691 內附(내부): 한 나라가 다른 나라 안으로 들어가 붙음.

692 林世祿(임세록): 명나라 大臣. 1592년에 임진왜란이 일어나 조선에서 명나라로 구원을 요청했는데, 崔世臣과 함께 겉으로는 왜적의 실정을 살핀다면서 조선, 일본이 서로 짜고 명나라를 공격한다는 헛소문의 진위 여부를 확인하기 위해 조선에 사신으로 파견되었다.

693 石星(석성, 1538~1599): 명나라 大臣. 萬曆 초에 재기하여 兵部尙書까지 올랐다. 임진왜란이 일어나자 조선을 구원했다. 妾人 沈惟敬의 말을 믿어 貢議에 봉하자고 강력하게 주장하고, 豊臣秀吉을 일본국왕에 봉하는 것이 좋겠다고 말했다. 그러나 일이 실패한 뒤 관직을 삭탈당하고 하옥되었다가 죽었다.

694 宋國臣(송국신): 黃學士 洪憲의 家丁. 홍헌을 따라 조서를 받들고 조선에 온 적이 있었다.

695 沈惟敬(심유경): 중국 명나라의 신하. 임진왜란이 발생했을 때 조선·일본·명 3국 사이에 강화회담을 맡아 진행하면서 농간을 부림으로써 결국 정유재란을 초래했다. 1592년 임진왜란이 발생했을 때 명나라의 병부상서 石星에 의해 遊擊將軍으로 발탁되어 遼陽副摠兵 祖承訓이 이끄는 援軍 부대와 함께 조선에 왔다. 1592년 8월 명나라군이 평양에서 일본군에게 패하자, 일본장수 고니시 유키나가[小西行長]와 강화 회담을 교섭한 뒤 쌍방이 논의한 강화조항을 가지고 명

行長言: "日本欲通信上國, 朝鮮攔阻起釁."云. 復遣黃應暘來,
我國始以前後倭書示之, 應暘曰: "爲上國, 代受兵禍, 歸言石尙
書." 奏甚明白, 皇朝大釋其疑.】

4일(신유)

양공(梁公: 양대박)이 상장(上將: 고경명)에게 올린 첩보(牒報: 보고
서)를 보았는데, 지난달 28일에 갑작스레 기이한 병에 걸려 전주(全
州)에 진을 치고 머물러 있어서 미처 기한 내에 진군할 수 없다고
하였다.

初四日(辛酉)

나라로 갔다가 돌아오기로 약속했다. 그러던 중 1593년 1월 명나라 장수 李如松
이 평양에서 일본군을 물리치자 화약은 파기되었다. 하지만 곧 이어 명군이 벽제
관전투에서 일본군에게 패하게 되면서 명나라가 다시 강화 회담을 시도함에 따
라 심유경은 일본진영에 파견되었다. 이후 그는 명과 일본 간의 강화 회담을
5년간이나 진행하게 되었다. 그는 고니시와 의견 절충 끝에 나고야[名護屋]에서
도요토미 히데요시[豊臣秀吉]를 만났는데, 도요토미는 명나라에 대해 명나라의
황녀를 일본의 후비로 보낼 것, 명이 일본과의 무역을 재개할 것, 조선 8도 중
4도를 할양할 것, 조선왕자 및 대신 12명을 인질로 삼게 할 것 등을 요구했다.
이에 심유경은 이러한 요구가 명나라에서 받아들여지지 않을 것으로 생각하고,
일본의 요구 조건을 거짓으로 보고했다. 즉 도요토미를 일본의 왕으로 책봉해
줄 것과, 명에 대한 朝貢을 허락해 줄 것을 일본이 요구했다고 본국에 보고했다.
명나라는 이를 허락한다는 칙서를 보냈으나 두 나라의 요구 조건이 상반되자
강화 회담은 결렬되었고, 결국 일본의 재침입으로 1597년 정유재란이 발생했다.
그의 거짓 보고는 정유재란으로 사실이 탄로되었으나 石星의 도움으로 화를 입
지 않고 다시 조선에 들어와 화의를 교섭하다가 실패하였다. 이에 심유경은 일본
에 항복할 목적으로 경상도 宜寧까지 갔으나 명나라 장수 楊元에게 체포되어
사형 당하였다.

見梁公牒報, 以去月二十八日, 猝得奇疾, 留陣全州, 未能剋期
進軍云。

5일(임술)

듣건대 왜적이 금산(錦山)을 침범하였고 군수 권변(權忭: 權憬의
오기)이 패하여 죽었다는 소식이었다.

상장(上將: 고경명)은 공(公: 류팽로)으로 하여금 격문(檄文)을 지어
호서의병장(湖西義兵將: 충청도의병장) 제독(提督) 조헌(趙憲)에게 보
내어 군사들을 합쳐서 왜적을 토벌하기로 약속하였다.【협주: 작년
에 왜사(倭使) 현소(玄蘇)가 왔을 때 조 제독(趙提督)이 상소하여 왜
사를 참수해야 한다고 청하며 병사들을 엄중히 단속하여 대비해야
한다고 하였다. 금년에는 공(公)이 상소하여 남쪽 지방의 근심거리
가 다급함을 말하였는데, 대략 이르기를, "옛날 진(晉)나라가 우(虞)
나라에 길을 빌려 괵(虢)나라를 토벌하려 하는데도 백리해(百里奚)
가 간하지 않은 것은 우나라가 장차 망할 것을 알았기 때문이옵고,
이제 왜(倭)가 우리나라에 길을 빌려 천조(天朝: 명나라)를 범하려고
하자 조헌(趙憲)이 벨 것을 청한 것은 우리나라가 길이 영원할 것을
알았기 때문이옵니다."라고 하였다. 뒷날 조공(趙公: 조헌)이 금산
(錦山)에 들었는데, 앞뒤로 함께 순국하였다.】

初五日(壬戌)

聞賊犯錦山, 邑宰權忭[696]敗死之報。上將, 令公草檄, 通于湖
西義兵將趙提督憲[697], 約以合師討賊。【前年, 倭使玄蘇之來, 趙
提督上疏請斬, 以嚴兵待之。今年, 公上疏言南憂之急, 而畧曰:

"昔晉假道於虞以伐虢[698], 而百里奚[699]不諫, 知虞國之將亡, 今倭假道於我, 欲犯天朝, 而趙憲請斬, 知我國之長遠."云。後趙公入錦山, 先後同殉.】

6일(계해)

양공(梁公: 양대박)의 병환이 매우 위독하다는 소식을 들은 양군

---

696 權忭(권변): 權愃(?~1592)의 오기. 본관은 安東, 자는 希顔. 도원수 權慄의 사촌동생이다. 1592년 임진왜란이 일어나던 해에 금산군수로 부임하여 광주목사로 있던 도원수 권율과 서로 연락하여 국난에 대처할 것을 기약하였다. 먼저 군사를 이끌고 전주에 도착하였으나, 관찰사가 나이가 많음을 이유로 거느리고 있던 군사를 빼앗아 防禦·助防 兩陣에 이속시키고 군량 관리의 임무를 맡게 하였다. 6월 20일 왜적이 금산군에 이르자 그곳으로 돌아가 2백 명도 못 되는 병졸을 거느리고, 약간의 역졸을 거느리고 있던 濟源察訪 李克綱과 합세하여 적을 기다렸다. 한편, 의병장 高敬命·趙憲에게도 격문을 보내어 협력하여 방어할 것을 제의하였다. 22일 왜적이 대거 내습하자 하루 내내 대전하였으며, 다음날 격전 끝에 아들 權晙과 함께 전사하였다.

697 趙提督憲(조제독헌): 趙憲(1544~1592). 본관은 白川, 자는 汝式, 호는 重峯·陶原·後栗. 1592년 임진왜란이 일어나자 옥천에서 의병을 일으켜 영규 등 승병과 합세해 청주를 탈환하였다. 이어 전라도로 향하는 왜군을 막기 위해 금산전투에서 분전하다가 의병들과 함께 모두 전사하였다.

698 假道於虞以伐虢(가도어우이벌괵): 《左傳》僖公 2년에 荀息이 晉獻公에게 "虞나라의 길을 빌려 虢나라를 토벌하자.(假道於虞以伐虢)"고 하였으며, 5년에 다시 진헌공이 우나라의 길을 빌려 괵나라를 치려 하자, 이에 우나라의 충신 宮之奇가 "괵나라는 우나라의 보호벽이니, 괵나라가 망하면 우나라도 괵나라를 따르게 됩니다.(虢, 虞之表也. 虢亡, 虞必從之.)"고 한 데서 나온 말.

699 百里奚(백리해): 秦나라 賢人. 본디 가난한 농민이었다. 집안이 너무 가난해 여러 해 떠돌아다니며 다른 길을 찾으려 했지만, 관리가 될 기회를 잡지 못했다. 그 사이 아내와 자식들마저 뿔뿔이 흩어져 행방을 알지 못했다. 간신히 친구의 추천으로 虞나라의 대부가 되었지만 조금 지나지 않아 우나라는 晉나라 군대에 길을 빌려주었다가 멸망했다. 이때 백리해는 우공과 함께 진나라의 포로가 되었다.

(梁君: 양경우)이 집으로 돌아가 모시고 탕약을 달여 드리고 싶어 하자, 공(公: 류팽로)이 말하기를, "영제(令弟: 양형우)가 곁에서 잘 간호하고 있으니 무슨 걱정이 있겠느냐? 게다가 네 부친의 편지에서 임금과 어버이는 일체라는 가르침이 있으니 가야 할 이유가 없다. 내응당 잠깐 가서 살펴보고 오겠다."라고 하고는, 즉시 오려마(烏驪馬)를 채찍질하여 전주(全州)에 갔다가 저물녘에 되돌아왔다.

初六日(癸亥)

聞梁公病篤之報, 梁君欲歸侍湯, 公曰: "令弟在側, 善爲調護, 何患之有? 且尊親書中, 有君親[700]之敎, 則無可去之理. 吾當暫往診而來矣." 卽策烏驪, 入全州, 乘昏而還.

7일(갑자)

상장(上將: 고경명)이 사졸(士卒)들을 부서별로 나누어 공(公: 류팽로)으로 하여금 선봉장으로 삼고, 안공(安公: 안영)을 후군장으로 삼아, 상장은 중군장이 되어 바야흐로 떠날 계획을 하고서 양경우(梁慶遇)를 진산(珍山)의 본진(本陣)에 남아 지키게 하였다.

해가 질 무렵에 성문을 두들겨 들어오는 자가 있었으니 김충남(金忠男)이었는데, 그가 급히 보고하기를, "일전에 말씀하신 영규(靈圭) 상인(上人: 승려의 존칭)이 승도(僧徒) 수백 명을 거느리고 왔습니다." 라고 하자, 공(公)이 곧장 나가 맞이하여 인사를 마치고 상장에게

---

700 君親: 君親一體.

말하기를, "영규가 함께 가려고 하니, 이는 하늘이 필시 돕는 것이옵니다."라고 하였다.

이날 밤에 큰바람이 불고 또 맹렬한 우레가 심했는데도 공(公)은 촛불을 밝힌 채 단정히 앉아 있다가 깜빡 잠이 들었는데, 양공(梁公: 양대박)이 곧바로 들어와 자리에 앉으며 말하기를, "어젯밤 꿈에 하늘에 올라가서 상제(上帝)를 뵙고 울며 구원을 청했더니, 상제께서 가련히 여겨 이르기를, '마땅히 신병(神兵)을 내려보내 적들을 무찔러 없애리로다.'라고 하셨네"라고 하였다. 꿈에서 깨어나 이내 양경우를 보고 꿈 이야기를 다 하고 나서 말하기를, "존대인(尊大人: 양대박)이 세상을 떠나신 것 같네."라고 하자, 많은 사람이 말하기를, "꿈을 어떻게 믿을 수 있습니까?"라고 하였다.

듣건대 청정(淸正: 가등청정)이 경상우도에서 북도(北道: 함경도)로 쳐들어갔다는 소식이었다.【협주: 왜적이 함경도(咸鏡道)로 쳐들어가, 두 왕자 임해군(臨海君)과 순화군(順和君)이 적에게 사로잡혔고, 시종 신하(侍從臣下)인 김귀영(金貴榮)·황정욱(黃廷彧)·황혁(黃赫)·류영립(柳永立)·한극함(韓克諴) 등이 모두 포로가 되었다. 청정(淸正)이 직접 그들의 포박을 풀어주고 진중(陣中)에 가두어 두었다고 하였다.】

初七日(甲子)

上將部分士卒, 使公爲先鋒, 安公爲後軍, 上將居中軍, 方啓行計, 以慶遇留守珍山本鎭. 日晡時, 有叩城門而入者忠男, 急報曰: "前日所言靈圭上人, 率僧徒數百而來." 公卽出迎禮畢, 言于上將, 曰: "靈圭之行, 此天必助也." 是夜, 大風起, 且迅雷甚

◇[701], 而[702]公明燭端坐, 俄然就睡, 梁公直入座[703]語曰: "昨夜夢,
登天謁上帝, 泣請救援, 帝憐之曰: '當下送神兵, 勦滅賊矣.'" 及
覺, 因見慶遇, 說罷夢事, 曰: "尊大人必棄世." 衆曰: "夢何信
耶?" 聞淸正自嶺右入北道之報.【賊入咸鏡道, 兩王子臨海君[704]·
順和君[705], 陷賊中, 從臣金貴榮[706]·黃廷彧[707]·黃赫[708]·柳永立[709]

---

701 雨: 누락.

702 而: 추가.

703 座: 坐.

704 臨海君(임해군, 1574~1609): 宣祖의 맏아들 珒. 임진왜란 때 왜군의 포로가
되었다가 석방되었다. 광해군 즉위 후 유배되었다가 죽었다.

705 順和君(순화군, ?~1607): 宣祖의 여섯째아들. 부인은 승지 黃赫의 딸이다. 임
진왜란이 일어나자 왕의 명을 받아 黃廷彧·황혁 등을 인솔하고 勤王兵을 모병
하기 위해서 강원도에 파견되었다. 같은 해 5월 왜군이 북상하자 이를 피하여
함경도로 들어가 미리 함경도에 파견되어 있던 臨海君을 만나 함께 會寧에서
주둔하였는데, 왕자임을 내세워 행패를 부리다가 함경도민의 반감을 샀다. 마침
왜군이 함경도에 침입하자 회령에 위배되어 향리로 있던 鞠景仁과 그 친족 鞠世
弼 등 일당에 의해 임해군 및 여러 호종관리들과 함께 체포되어 왜군에게 넘겨져
포로가 되었다. 이후 안변을 거쳐 이듬해 밀양으로 옮겨지고 부산 多大浦 앞바
다의 배 안에 구금되어 일본으로 보내지려 할 때, 명나라의 사신 沈惟敬과 왜장
小西行長과의 사이에 화의가 성립되어 1593년 8월 풀려났다. 성격이 나빠 사람
을 함부로 죽이고 재물을 약탈하는 등 불법을 저질러 兩司의 탄핵을 받았고,
1601년에는 순화군의 君號까지 박탈당하였으나 사후에 복구되었다.

706 金貴榮(김귀영, 1520~1593): 본관은 尙州, 자는 顯卿, 호는 東園. 1555년 을묘
왜변이 일어나자 이조좌랑으로 도순찰사 李浚慶의 종사관이 되어 光州에 파견
되었다가 돌아와 이조정랑이 되었다. 1556년 議政府檢詳, 1558년 弘文館典翰
등을 거쳐, 그 뒤 漢城府右尹·춘천부사를 지냈고, 대사간·대사헌·부제학 등을
번갈아 역임하였다. 선조 즉위 후 도승지·예조판서를 역임하고, 병조판서로서
지춘추관사를 겸하였으며, 1581년 우의정에 올랐고, 1583년 좌의정이 되었다가
곧 물러나 知中樞府事가 되었다. 1589년에 平難功臣에 녹훈되고 上洛府院君
에 봉해진 뒤 耆老所에 들어갔으나, 趙憲의 탄핵으로 사직했다. 1592년 임진왜

란이 일어나 천도 논의가 있자, 이에 반대하면서 서울을 지켜 명나라의 원조를 기다리자고 주장하였다. 결국 천도가 결정되자 尹卓然과 함께 臨海君을 모시고 함경도로 피난했다가, 회령에서 鞠景仁의 반란으로 임해군·順和君과 함께 왜장 加藤淸正의 포로가 되었다. 이에 임해군을 보호하지 못한 책임으로 관직을 삭탈당했다. 이어 다시 加藤淸正의 강요에 의해 강화를 요구하는 글을 받기 위해 풀려나 行在所에 갔다가, 사헌부·사간원의 탄핵으로 推鞠당해 회천으로 유배가던 중 중도에서 죽었다.

707 黃廷彧(황정욱, 1532~1607): 본관은 長水, 자는 景文, 호는 芝川. 1592년 임진왜란이 일어나자 號召使가 되어 왕자 順和君을 陪從, 강원도에서 의병을 모으는 격문을 8도에 돌렸고, 왜군의 진격으로 會寧에 들어갔다가 모반자 鞠景仁에 의해 임해군·순화군 두 왕자와 함께 安邊 토굴에 감금되었다. 이때 왜장 加藤淸正으로부터 선조에게 항복 권유의 상소문을 쓰라고 강요받고 이를 거부하였으나, 왕자를 죽인다는 위협에 아들 赫이 대필하였다. 이에 그는 항복을 권유하는 내용이 거짓임을 밝히는 또 한 장의 글을 썼으나, 體察使의 농간으로 아들의 글만이 보내져 뜻을 이루지 못하고 이듬해 부산에서 풀려나온 뒤 앞서의 항복 권유문 때문에 東人들의 탄핵을 받고 吉州에 유배되고, 1597년 석방되었으나 復官되지 못한 채 죽었다.

708 黃赫(황혁, 1551~1612) : 본관은 長水, 자는 晦之, 호는 獨石. 순화군의 장인이다. 임진왜란이 일어나자 護軍에 기용되어 부친 廷彧과 함께 사위인 順和君을 따라 강원도를 거쳐 會寧에 이르러, 모반자 鞠景仁에게 잡혀 왜군에게 인질로 넘겨졌다. 安邊의 토굴에 감금 중 적장 加藤淸正으로부터 선조에게 항복 권유문을 올리라는 강요에 못 이겨 부친을 대신하여 썼다. 이를 안 정욱이 본의가 아니며 내용이 거짓임을 밝힌 별도의 글을 올렸으나 체찰사가 가로채 전달되지 않았다. 1593년 부산에서 왕자들과 함께 송환된 후 앞서의 항복 권유문으로 東人에 의해 탄핵, 理山에 유배되었다가 다시 信川에 이배되었다.

709 柳永立(류영립, 1537~1599): 본관은 全州, 자는 立之. 1582년 종성부사가 되었다. 이듬해 尼蕩介의 난으로 1만여 명의 야인이 침입하자, 우후 張義賢, 판관 元喜 등과 이를 막으려 하였으나 성이 함락되었고, 그 책임으로 하옥되었다. 곧 풀려나 승지·개성유수를 거쳐 1586년 경상도관찰사, 1588년 전라도관찰사, 1591년 함경도관찰사를 역임하고 이듬해 강원도관찰사가 되었다. 이때 임진왜란이 일어나자 산 속으로 피신하였다가 加藤淸正 휘하의 왜군에게 포로가 되었다. 뇌물로 매[鷹]를 바치고 탈출하였으나, 국위를 손상시켰다는 이유로 대간의

·韓克誠⁷¹⁰等, 皆被執。淸正手解其縛, 留置軍中⁷¹¹云.】

8일(을축)

진군하여 금산(錦山)에 머물렀는데, 이 고을의 전 현감(前縣監) 이의정(李義精)·양응춘(楊應春)이 쇠고기와 술을 마련하여 군대의 행진을 맞아 위로하였다.

初八日(乙丑)

進軍次錦山, 是邑前縣監李義精⁷¹²·楊應春⁷¹³, ◇⁷¹⁴備牛酒, 迎勞軍行。

탄핵을 받고 파직 당하였다.

710 韓克誠(한극함, ?~1593): 慶源府使를 거쳐, 1592년 임진왜란 때 함경북도병마절도사로 海汀倉에서 加藤淸正의 군사와 싸웠다. 이때 전세가 불리하자 臨海君과 順和君 두 왕자를 놓아둔 채 단신으로 오랑캐마을 西水羅로 도주하였다가, 도리어 그들에게 붙들려 경원부로 호송, 가토의 포로가 되었다. 앞서 포로가 된 두 왕자 및 그들을 호행하였던 대신 金貴榮·黃廷彧등과 다시 안변으로 호송되었다가 이듬해 4월 일본군이 서울을 철수할 때 허술한 틈을 타서 단신으로 탈출, 高彦伯의 軍陣으로 돌아왔으나 처형당하였다.

711 留置軍中: 留置中.

712 李義精(이의정, 1555~1593): 본관은 河陰, 자는 宜仲. 1583년 무과에 급제하여 보령 현감을 지냈는데, 1592년 임진왜란이 일어나자 집에 머물고 있다가 의병을 모집하여 1593년 진주성 싸움에 참여하였다가 전사하였다.

713 楊應春(양응춘, ?~1592): 본관은 淸州, 자는 仁卿, 호는 道谷. 회덕현감을 지내다가, 임진왜란이 일어나자 스승인 趙憲의 지휘하에 청주성 탈환작전에 참여하고 금산에서 싸우다 전사하였다.

714 皆: 누락.

9일(병인)

금산(錦山)의 와평(臥坪: 대암리 와뿔마을)으로 옮겨 들어가서 방어사(防禦使) 곽영(郭嶸)의 군사들과 함께 좌익과 우익을 만들어 토성(土城)으로 진격하여 왜적을 공격하니, 적의 기세가 크게 꺾였다.

날이 저물어 물러나기를 기약하니, 공(公: 류팽로)이 말하기를, "오늘 밤에 다른 놀랄 일이 있을까 두렵다."라고 하며 적과 대치하면서 야숙(野宿)하였다. 군관(軍官)이 보고하기를, "물 건너는 소리가 들립니다."라고 했는데, 먼저 와서 잠복해 있던 왜적이 그들의 모략이 발각된 것으로 여기고 곧 도망쳐 달아났다.

이날 저녁에 양공(梁公: 양대박)이 병으로 군진 안에서 죽었다는 소식을 들었다.【협주: 양공이 과연 지난 7일에 세상을 떠났던 것이니, 많은 사람이 모두 공(公)의 꿈속 일에 탄복하였다. 공(公)이 군중(軍中)에 명하여 제단을 설치하도록 하고 제문을 지어 제사를 지냈다.】

初九日(丙寅)

移入錦山臥坪[715], 與防禦使郭嶸[716]兵, 爲左右翼, 進攻賊于土城, 賊勢大挫。期日暮而退, 公曰: "是夜, 恐有他驚." 對壘野宿。軍官報曰: "聞有涉川聲." 倭之先伏者, 以爲其謀發覺, 乃遁走。是夕, 聞梁公病卒于軍中。【梁公, 果以前七日下世, 衆皆服

---

715 臥坪(와평): 충청남도 금산군 금성면 대암리 와뿔마을.

716 郭嶸(곽영, 생몰년 미상): 본관은 宜寧. 1591년 평안도병마절도사를 역임하였다. 1592년 임진왜란이 일어나자 전라도 방어사로서 龍仁·錦山 전투에 참가하였으나 패주, 사헌부로부터 전란 이후 단 한 번도 용감하게 싸움을 못한 拙將이라 하여 탄핵을 받았다. 1595년 右邊捕將·行護軍 등을 역임하였다.

公之夢事。公令軍中設壇, 操文祭之.】

10일(정묘)

의병과 관군이 먼저 싸움을 걸자, 왜적의 선봉군이 나와 싸우다가 불리하자 퇴각하였다. 의병과 관군이 승승장구하였지만, 잠시 뒤에 왜적이 갑자기 그들의 진지를 비우고 나오니, 방어군이 멀리서 바라보고는 먼저 무너졌고 의병과 관군 또한 뒤따라 와해되었다. 이날 바람이 불고 우레가 몰아쳐서 장수와 병사들이 서로 항오(行伍)를 잃게 되었는데, 공(公: 류팽로)은 홀로 말이 건장해서 먼저 탈출했다가 그의 하인에게 묻기를, "상장(上將: 고경명)이 탈출하셨느냐?"라고 하니, "미처 탈출하지 못하셨습니다."라고 하자, 공(公)이 말하기를, "내 말머리를 돌리거라."라고 하였으나, 하인이 말을 에워싸고 나아가지 못하도록 하였다. 공(公)이 칼을 뽑아 하인의 어깨를 베고 어지러운 전쟁터 속으로 뛰어들어 좌우의 왜적 수십 명을 베어 죽이고 상장을 찾았는데, 상장이 돌아보며 이르기를, "나는 어쩌면 죽음을 면하지 못할 것이니, 군(君)은 말달려 탈출하라."라고 하자, 공(公)이 말하기를, "일이 이런 상황에 이르렀으니 태연히 의(義)를 위하여 목숨을 버리는 것이 옳습니다. 어찌 차마 대장을 버리고 구차히 살려 하겠습니까?"라고 하였다. 얼마 후에 흉적의 칼날이 다가오자, 크게 소리 질러 외치기를, "내 비록 죽을지라도 마땅히 여귀(厲鬼: 악귀)가 되어 기필코 왜적을 남김없이 다 절멸시킬 것이니, 어찌 장순(張巡: 당나라 충신)보다 뒤질 수 있겠느냐?"라고 하였다.

　오려마(烏驪馬) 또한 창에 많이 찔려 온몸에 피를 흘리고 있었는데, 세상을 경동하도록 한 번 뛰니 곁에서 막을 자가 없었다. 마침내 공(公)의 머리를 찾아서 입으로 물고 곧바로 옥과(玉果)의 합강(合江) 본댁으로 달려갔다. 이때 부인 김씨는 공(公)이 출병한 이후부터 집 뒤에 단을 쌓아놓고 밤낮으로 정성껏 기도하고 있었는데, 홀연 말의 울음소리를 듣고 대문을 나가다가 엎어지고 자빠져서 거의 죽을 지경에 이르렀다. 곁에 있던 사람들에 의해 구원되어서 겨우 정신을 차리고 살펴보니, 말은 이미 절로 죽어 있었고 머리 하나만 땅에 있었다. 마침내 머리를 받들어 방으로 들어가서 의복과 이불을 갖추어 염(殮)을 하고 빈소를 마련하였다. 나중에 남원부(南原府) 서쪽의 생애동(生涯洞: 착종인 듯) 뒷산 기슭 선영의 아래에 장사를 지냈다.

　이때 8도 의병장은 모두 깃발 위에 공(公)의 성명을 쓰고 말하기를, "의병을 일으키는 것이 응당 이같이 해야 할지라."라고 하였다.

　공(公)이 거느렸던 37명은 대패한 뒤에 서로 모여 맹세하여 말하기를, "류 장군(柳將軍)이 다시 일을 도모한다면 우리가 힘을 합쳐서 공을 세울 수가 있었는데도, 포위망을 뚫고 남쪽으로 탈출할 즈음에 살 수 있는 길을 버리고 도로 칼날 속으로 뛰어들어 대장을 따라 함께 죽었으니 이는 의로운 것이지 용기가 아니다. 애초에 거사할 때 스스로 대장이 되지 않고 고공(高公: 고경명)을 추대하여 맹주(盟主)로 삼은 것 또한 사람들이 어려운 일로 여기는 것이다. 이 때문에 3천 명의 의병이 공(公)에게 힘입어 중하게 되었고, 모든 참모의 지휘관들 모두 공(公)의 말을 들은 연후에야 시행하였으니 실상 맹주의 명이 쓸데가 없었다. 오호라! 우리는 모두 불우한 사람으로 이 세상에 용납되기 어려워 명리(名利)를 피하는 것으로 어지러운 때를 오로지하고자 하였다. 그러다가 공(公)의 의병을 모집하는 정성에 감동하여 세상에 나와서 공(公)과 같이 일을 도모했던 것이니, 다행히 싸움에 이기게 되면 공(公)의 덕택에 벼슬이나 상을 받을 것이니 이 몸으로 하여금 재앙을 복으로 바꾸고 위난을 안락으로 바꾸게 하고 싶었다. 그러나 공(公)은 이제 세상을 떠났으니, 우리는 장차 어디로 돌아갈 것인가?"라고 하였다. 말을 끝내고 목놓아 통곡하다가 각기 패도를 뽑고서 공(公)이 순절했던 곳에서 스스로 목을 찌르고 죽었다. 왜적으로서 이를 본 자는 놀라고 두려워 탄복하지 않음이 없었다.

初十日(丁卯)

義軍先挑戰[717], 賊先軍出戰, 不利而退。義軍乘勝長驅, 俄而賊忽空壁而出, 防禦軍望風先潰, 義軍亦尾而瓦解。是日風雷◇[718], 壯士相失, 公獨馬健, 先出問其僕, 曰: "上將脫乎?" 曰: "未也." 公曰: "旋吾馬." 僕擁馬不前。公拔釰斬僕臂, 超入亂陣中, 斬擊左右數十級, 尋得上將[719], 上將[720]顧謂曰: "吾豈[721]未免, 君可[722]馳出." 公曰: "事至此境, 從容取義[723], ◇[724]可也。豈忍棄大

---

717 挑戰(도전): 적군을 유인해 이끌어내어 싸우려는 것을 일컫는 말.

718 大作: 누락.

719 上將: 大將.

720 上將: 大將.

721 豈: 旣.

將, 而苟活耶?" 俄而, 凶刃及之, 大號作聲曰: "吾雖死, 當爲厲
鬼⁷²⁵, 必滅賊無遺乃已, 豈後於張巡⁷²⁶耶?" 烏驪亦多被槍, 流血
遍身, 卽飛⁷²⁷鳴⁷²⁸一超, 傍無御者。遂尋公首, 以口啣之, 直走玉
果合江本第。時夫人金氏, 自公出師之後, 築壇于家後⁷²⁹, 日夜
誠禱, 忽聞馬聲, 出門顚倒, 幾至死境。爲傍人所救, 乃厲精視
之, 馬已自斃, 惟一元在地。遂奉入于室, 具衣衾, 收殯成殯。後
葬于南原府西生涯洞⁷³⁰後麓先塋下⁷³¹。

---

722 君可: 盍先.

723 取義(취의): 의를 위하여 목숨을 버림.

724 共從王事: 누락.

725 厲鬼(여귀): 불행하고 억울한 죽임을 당하여 전염병과 같은 해를 일으킨다고 여
겨지는 귀신.

726 張巡(장순): 唐나라 충신. 安祿山이 반란을 일으키자 그는 眞源縣令으로서 상
관의 항복 명령을 거부하고 義兵을 일으켜 전공을 세웠으나, 許遠과 함께 江淮
의 睢陽城을 수비하다가 戰死하였다.

727 飛: 悲.

728 飛鳴(비명): 역량을 떨쳐 세상을 놀라게 한다는 말. 楚나라 莊王이 즉위한 뒤
3년 동안 주색에 빠져 국정을 돌보지 않자, 伍擧가 간하기를, "어떤 새가 언덕에
있는데 3년 동안 날지도 않고 울지도 않으니 이것이 무슨 새이겠습니까?" 하자
장왕은 "3년 동안 날지 않을지라도 날았다 하면 하늘에 뻗쳐오를 것이요, 3년
동안 울지 않을지라도 울었다 하면 사람을 놀라게 할 것이다.(三年不蜚, 蜚將沖
天. 三年不鳴, 鳴將驚人.)"라고 한 데서 나온 말이다.

729 家後: 家園.

730 生涯洞(생애동): 梁大樸의 아들 梁慶遇의 문집에서 나오는 지명. 현재 류팽로
의 묘지는 전라북도 남원시 대강면 방동리 직동 마을로 조선시대의 生烏代坊
山直洞이며,《新增東國輿地勝覽》에 따르면 草郞에서와 같다고 하는바, 초랑은
남원의 서남쪽으로 처음이 40리이고 끝이 50리이고 되어 있음. **원문은 착종되
어 있다.**

是時, 八道義兵將⁷³², 皆於旗上, 書公姓名, 曰: "擧義當如此."
云. 公所率三十七人, 及敗績⁷³³之後, 相聚而誓曰⁷³⁴: "柳將軍,
更爲⁷³⁵圖事, 則吾輩, 可以協力成功, 而⁷³⁶潰圍南出之際, ◇⁷³⁷其
舍生路而還蹈白刃, 從大將同死⁷³⁸, 是義而非勇也. 盖首事⁷³⁹之
日, 不自立爲將, 而推⁷⁴⁰高公爲盟主者, 亦人所難也. 是以三千
義旅, 賴公爲重, 凡諸參謀指揮, 皆聽於公, 然後施行, 則實不用
盟主之命矣. 嗚乎! 吾輩, 俱以不遇之人, 難容此世, 欲避名⁷⁴¹以
專亂時矣. 感公募兵之誠, 出而同謀, 幸而得捷, 則賴公拜受爵
賞, 使此身轉禍爲福, 移危易安⁷⁴²矣. 公今已矣, 吾將安歸?" 言
迄, 失聲痛哭, 各引佩刀, 自頸於公殉節所. 倭賊見之者, 莫不悚
懼而嗟歎.

---

731 先塋下: 先塋土.

732 義兵將: 義兵.

733 敗績(패적): 대패함.

734 誓曰: 言曰.

735 更爲: 更.

736 而: 추가.

737 何: 누락.

738 同死: 同死者.

739 首事: 道事.

740 而推: 而終推.

741 避名: 避兵.

742 移危易安: 以危易安.

찾아보기

ㅊ

월파 류팽로 임진창의일기
月坡 柳彭老 壬辰倡義日記

출처 : 『월파집』(향토문화연구자료 제4집), 전라남도, 1986.

여기서부터는 影印本을 인쇄한 부분으로 맨 뒷 페이지부터 보십시오.

月坡集卷之三附錄

日記

皇明萬曆二十年壬辰卽我

宣祖大王二十五年四月初二日辛自 上傳 教有曰

聞一士於十室之邑求忠臣於孝子之門予知柳彭老

之淸節其為國家長遠慮矣卽以弘文博士 承召是

日發行○時越在西崖柳相公蒯年第己丑例受弘文館副正字柳川後謙

鄭恩伏憂之輕報郎及上公頭乞人篤八湖堂之退亂惜不已越明年西賜暇明年

庚寅正月丁巳親癠養疴在身三年如一日于是年三月夕終刪塚雖臣以寒公署

朝孝有行是啓命聞于

1

○初三日 壬辰

○初四日 癸巳

○初五日 甲午

○初六日乙未 直入闕謝 恩後退館卽製疏文先以天

哭時變起頭次以理財養兵結尾言甚剴切及上雖有

優批而事則不行 公知有南憂預故學諭兵備之意惺于戈

戌子倭使楄康廣致關伯平秀吉恐殺康廣滅菽巳丑又使平義智

偕來獻孔雀雉邊我使庚寅差黃允吉金誠一與許筬一行以為賊智

北大擧而副使金誠一獨遣養倭情無可憂者是以朝廷信之無疑悲罷戎備公之言不行是也

○初七日 丙申 往見梧陰月汀兩尹相公于其第 兩相公誼昨日

賞卹事歟　又訪李月沙適金仙源翕清陰憲尚李黙齋貴

名膺賓郎公之妻從男時為条料亂作代洪遊淳為兵判書亂定後策危聖功臣為左議政

申象村欽諸賢語及時事艱危是夜宿于金斗巖家巖

〇初八日丁酉又上疏始以納諫起而終以得人結之其

中舍蓋無窮之意皆愛君憂國安民養兵之事及出就

于館月沙来言曰長城朴主簿尚義審謂吾曰青衣賊

必入東門矣信此言而聞君言則時事可知

〇初九日戊戌又月沙訪公坐語移日公方草疏見月沙

而中授月沙要見讀至南北固我國之所可憂撫掌歎

曰南憂可謂目前事我亦有瞭矣北憂果未知君以所

3

知

者言之公笑曰四十年後事何足言哉

○初十日己亥又上疏疏至三上 上不允時有疾公者

請論罪牛溪月汀松江八谷諸先生極救因以學諭留

成均館及暮李養吾志完靜吾兄弟来見靜吾請受詩

傳讀至邶風言北風雨雪以此國家危難將至公嗟歡

日正謂此時也養吾俯問日黙則先生疏中南憂之急

果何時公曰意者倭必渡海何可必也在偹數人皆

嘿黙含笑

○十一日庚子西坰柳承旨根 海皐李翰林庭 西公乘宵

而来時公獨居迎門拜謝曰不謀於長者擧事不幸是

以不出門外二公曰擧大事者何謀於衆吾謂君壽卽

今之長孺在朝者皆莫能及云

○十二日辛丑連日體不平至此極矣自館移于四隱洞
前讀書堂隱公在漢城府外公之曾祖西隱公之伯兄東隱公季命北隱公友愛聞世譽
立一堂兄弟同居名以四隱故時人曰堂
名而稱洞名公嘗讀書于此

○十三日壬寅金判尹復慶卽妻兄請邀醫見病公不許

○十四日癸卯自昨至今同朝諸賢多有問疾或書問沈
一松䜣閔蓍泉伯作李梧里觀李北崖增金省菴元孝許荷
谷鈞韓南岡年長○右皆於也公
李五峯○其晚翠德李鳴
谷山崔月潭滉鄭水竹䭷崔栢堂十年以上也○右皆於公韓柳

○

川謙渡 李白沙福恒 李漢陰德馨 李溪隱斑 金休菴嶠高 金仙源

高容 鄭愚伏世經 尹稚川昉 尹白沙暄 尹陶溪昕 ○右皆長公十年間

李春洲弘胄 李石樓慶中 象村欽 朴梧陰竬 吳楸灘允謙 趙

鼎谷惟恍 洪鶴谷履祥 李竹陰時稷 櫻李東岳安訥 其群山皆後於右

公十年間也 時有喪公著私論曰不如柳束是 何人而翰心肤多 間疾也

亦與渡有 日病難執祟非藥所能治 但清心而已必有

十五日甲辰 御醫許浚適來見 梧陰時為左相浚方留 其家故以梧陰書來 公

舊故也 快心之事似可有復哉而辭去自後不用藥而但飮茶

矣是夜夢倭兵數萬彌滿山野公奮身出戰一釼掃除

反覺心神爽落身亦無病起讀出師表迄自歎曰如武

6

侯者出則此賊何足憂此因明燭達曙

○十六日乙巳金士精秉曉而来公曰昨日来見又何早

来耶對曰月前寄書于晉州今承答書則倭賊先軍已

渡海姑未見的奇然預為避亂計似可云此為大慮也

先生何以為計公曰此事與夜夢相合則非虛而眞也

倭之圖事已久而今出則吾亦决摯義者已久卽當還

鄉矣因握手曰死生有命亂何為憂君應早達他日立

朝以古人知足不辱之言功為銘心他無所言士精跪

曰謹受教因相泣而別　時士精曾受業于公也其父時敏

登文科官止監司　其子因以為号早為晉叶牧士精後以知足名

7

○十七日丙午往省于高祖安襄公墓墓在槐州車踰里子坐又

往省于五世祖領相公曾祖西隱公墓墓俱在龍青洞是夜

宿于墓直家暫讀兵書默料古今國家治日常少亂日

常多亦運也奈何墓直金忠男直入前晩日前十四五

日連夜非常之氣非虹非雲亘在東南間祥耶妖耶果

未知何事之應朕如今之世必無祥則或爲妖耶公曰

汝知其非祥則亦非凡人如有危難則能從我否對曰

死無所辭公曰其氣則兵象而以其日倭陷東萊刃矣

汝富明日率家眷直向王果以待我歸我當入京覘探

賊奇後卽還鄕矣

○十八日丁未曉頭秣馬命忠男南下而即入京則昨日

慶尚巡察使啓內今月十三日倭犯境十四日陷釜山

○十五日陷東萊賊兵五十萬三道八寇云人皆大將五十萬
迃以海西道北國為先鋒南海道六國山陽道八回應多大兵使甲興
之軍令麗甫渡海襲我釜山僉使鄭撥
信皆力戰死水使朴弘兵使李珏當東城道是日全羅
走東萊府史宋象賢賊死焉泉谷古阜人
巡察使啓到亦如所聞由是都下人心恟恟朝廷則時

任大小臣外皆不北走則南走雖居官者無忠義之心
皆投印而起況庶民無官者乎

○十九日戊申又聞賊分自三道水陸拜進軍號百萬連
陷州郡云隨昨日東萊而東京居金判書家奴而周夜上東所聞如此是

日留于四隱在京諸宗皆来會于此以公在之故也衆
判希霖僉判熙緒牧使敦禮判尹希奮右尹思瑗兵使
繡胤府使德男金正成男參議函承旨寅吉參奉敬智
奉事惟寬及進士士人以次列坐公語于衆曰今日花
樹會誠一奇事伏願亂平後有如是則幸矣因顧牧使
公吾今無子當亂但能料死而不能料生則立吾後者
獨收使兄也兄之三子中其一則吾所慈愛也衆判公
日當如約 時僉判希霖為門長而主約故如是 終日娛樂及其分也相與
掩涕而歡曰今日豆由亂而會由亂而分樂極哀生豈
不甚於此 上之始聞倭警也問于崔官曰前日疏臣

柳彭老安在其有先見之明則必有經濟之策金起文

對曰柳某特一文士且年少而未有經事則無足信用

上默默而已　起文為上所信愛所言皆從故素頑無
敬之意公屬贊寫曰以一窠者如從頑習其有甚於
之石顯張讓者手由是窠官皆深惡而怨之且朝曰
阿從窠官者亦有之

時左右無知者獨柳承旨　根閒而知之退論

承政院曰　上之問柳某矣但及於窠臣而不及於朝

臣耶柳某之不用特　上之不再問也若再問則吾當

言之公閒而歎曰西坰之言有私於吾也吾以直言不

得於窠豎因以不得於君則是天啊諂諛末欲使吾平賊

彼幸窠者爲能使吾不用哉因重歎曰李廣無功緣數

者良有以也 時諸自承政院之訴告自惜自歎以西坰 先是上令

百官無論士夫吏胥各出馬以助軍興預定去卿乞援天朝之意

及日暮理裝出宿于南門外是夜安襄公現夢曰今日馬

公州鄉人有持南韓者喻以義則可得其馬若過今

日難美胡不連圖公驚起東方未曙鷄既鳴矣

○二十日己酉 行次公州果有人持馬而來見公欣握公

敬禮後因言曰方欲赴戰場敢請所騎其人義以許之

又以一鐵杖與之受而視則非杖而釼也兩偶有刃立

之則為杖庵之則為釼必是神物也其人曰吾家有一

牝馬産此定駒及其乗時一日後行五里性甚馴而難御

故委置者幾年於此矣今朝忽長嗚如有待則君必主

人也因謝而去棋以楊山人山以一絶詩贈公有和

公以其釼断一廷杖上馬則不如[?]而能致遠即到

淳昌邑日尚早矣大同山前野無名之兵前後列置

列邑浮浪輩見賊勢之乗勝屯聚于此方欲陥城以為

附賊之計此公單騎詣其陣前晩喩曰君等倶以禮義

之民終有庚狀之名則千載之下公論不泯其不可畏

也哉且我國不必上則以死守義不亦可乎厥黨一齊

俯伏曰吾輩倶欲偸生散生妄計今聞将軍之言則能

13

令人感服此天也使吾先衆憊以待將軍者也於是公
下馬定坐晉告手衆曰今擧事以義則如有不從令者
我有釼三尺衆曰諾遂點考則騎士二百步卒三百餘
乃建大青旗書曰全羅道義兵鎮東將軍柳某字者以鎮東
其先倡之意青旗者先通于郡守行軍入城因留庯時是
游以其鎮東之故也知賊知民大恍字持牛酒以餉軍兵
公住公伯英尚郡守恐賊知民大恍字持牛酒以餉軍兵
之義兵開門出迎連同大恍字持牛酒以餉軍兵
○二十一日 庚戌 自淳昌直抵玉果主倅安侯鵠出迎于
五里程入城後語安侯日本縣兵甁無可用則更爲刷
鍊而且發令點軍先爲守禦計此安侯卽令官吏發武
庫一鈒戲

○二十二日辛亥自昨日閭夜勤境内軍兵至於黠老則

老弱者三百餘而壯丁百不二三矣安侯大怒更欲募

軍分付摩吏城中紛擾因亂而又亂矣公強以止之曰

此時有募軍之名則人心益懼散亡無遺不如因撫而

安之吾所率無非壯丁則期以一月為守城以待流民

還集朕後更圖則事甚便宜也安侯如其言除其令吏

民莫不喜悅公因歸其老弱者三百勸其農業

○二十三日壬子是日也大風起而夜兩止公與安侯率

五百騎及吏卒百餘出陣于縣南前坪軍令分明部伍

整甫一鄉士民來觀者孤千有餘皆曰吾鄉頼此以全

云忽聞一隊兵犯順天云此去順天不遠賊兵漸逼勢

將奈何公曰送一人偵探真偽可也座中有一人請去

者乃鄉人洪覆元也時年二十四登武科善騎射今以宣傳官居家即令數十

騎偕行人皆曰見今賊勢猖獗前無禦後無挽則我國

終可為被髮左袵乎公曰倭奴之為患自羅季麗末無

歲不入及我朝凡三八屆皆不利而退但為患而已豈

以鱗介易我衣裳乎正德庚午三浦倭叛兵判柳聃年討平之嘉靖乙卯入寇湖南歷辯

使南致勤擊破之萬曆丁亥又犯湖南鹿島萬戶李大元戰死之

○二十四日癸丑習陣如昨而擊牛犒師時有獻牛一隻又有獻米兩石

聞梁山密陽連陷之報前十六日陷梁山密陽守朴晉走十七日陷密陽金海守

徐禮元東城走巡察使金晬 及暮洪宣傳還報曰中路
走還右道列邑有土崩之勢

聞土賊數百出沒順天等地侵掠村間俄而不知去處

云或言倭將率兵數萬入據順天云衆日若土

賊則不足憂而若倭兵則大可憂也

○二十五日 甲寅 聞本道巡察使沈李在羅州人皆望風趨

向而先州牧使丁允祐入見勸其勤 王云公語人日

何足勸哉吾在京時一見巡察其為人雖善而不足濟

大事古所謂為國得人難者是也令官吏董奉撤通吉

本邑諸家喻以協力討賊之意

○二十六日 乙卯 洪宣傳聞親患辭歸公日善護病待復

17

指授方略公自領一枝訓鍊于縣南前坪雖無交鋒合

○二十七日 丙辰 是日整旅分作二隊使安侯領其一枝

孝自 上 命 旌閭

亭擔之後 缺公有宿契故間羲而来 ○尙容字
七休歸来亭末舟之後曾受業于公時年十七事親至

擾而太平在此公因勸其歸家舊養父母 敏謙字士允
號牡庵忘世

掇兵書講孝經大讀一遍而止在衙觀聽者曰當世紛

可矣遂受而講論不息今子能臨亂不廢吾何辭焉遂

繫獄霸欲從勝受尙書勝辭以罪死霸曰朝聞道夕死

申尙容頁箋而来請受孝經公曰昔夏侯勝黃霸俱在

復卽還可也鄉人沈敏謙揮一鞭馳来與之講武淳昌

戰之嚴其坐作進退之節殆若漢兵之出俾營柳營也

而過此

龍宮出聞慶留陣以踰鳥嶺為恒時助防將守竹嶺無他方略賊使人覘知無備乃歌舞

○二十八日丁巳聞賊踰鳥嶺之報

初賊自長驅臨左兵及蔚山慶州義興

○二十九日戊午曉巡察使關到云有朝廷徵兵之擧一

道兵馬齊赴礪山師期太迫安候國事如是其急此將

奈何公曰自上有命此不可不提兵急上矣安候卽

發向全州公又使人往于雲峯咸陽探賊情而還賊自

清道大邱八尚州云

○三十日己未聞賊陷尚州巡邊使李鎰敗走之報

初邊報之

至以鑰為巡邊使成應井趙敞鳥左右防禦羽嶺邑屯

兵待京將來賊漸逼會大雨且之糧官軍夜清刃邑守

單騎皆走鑰故至尚州牧使金澥先道判官權吉括卑

家藏百失伍誰次賊大至鑰棄馬穢髮走于忠州中砲

畢兵自昨至今連天大雨竹川盛溢人不通涉及聞為

所云自昨至今連天大雨人五廿三窪家産等物不計其毀云

五月初一日庚申軍中無事各定行伍而已及暮忠男自

合江来報曰今番大水泏湴如海浮家漱江終日不止

人死之衆推此可知也公曰此亦命也若為賊所害則

溺死者亦何傷焉安侯自完用夜半到邑晴公明燭不

寐安侯因言曰今者與南原倅尹安性同舍有何人私

謂安性曰巡察擧措不足濟事必敗吾軍者也公須如

20

斬卿子冠軍代上將樹勳可也云公曰此非梁主簿則

無是言 後得閒則果是其人○安俟日主簿何許人公車積通理學

從寧者皆稱 是日自邑還家夫人金氏出門迎慍有言
青後先生

日閒公得眾一旅何不直赴戰場而久為留連日可得

千人羑方啓行日然則何不速圖向者一言而得一旅

者亂初而人心固有也今雖眾言而難服一人者亂久

而人心益散也人心散則失其道經日失道者寡助寡

助之至親戚叛之況眾人乎竊為公憫歎也公曰夫人

言是也卽出就廬舍以募兵事心悵而手草倡義檄夜

已深矣明燭待朝

21

○初二日 辛酉 分付家僮擇其疾足者五十餘人各持一

本遍告南中列邑守宰及諸士民因趣駕入城連日軍

務甚勞以是日火置牛酒休兵作娛及暮更指閤則始

千餘境賴公以全近邑避賊者聞風而來爭投軍兵

○初三日 壬戌 曉間 大駕西幸在前晦日云公呼天慟

哭曰吾旣不得 扈從將何報國因擊刱而誓曰顏魯

山嬰城而死曾不蒙世主之知祖士雅擊楫而盟豈必

較利鈍之間者莫不揮泣 為海伯將有師之意李錫源

元為守城将李戩適言琇為左右商起復金命元為都

元帥守京大駕倉黃出闕門至碧蹄驛兩下如注

上從皆悶而迸 明日瑞兵守南巖具兵馬先到以此治

到東坡驛地卅守許晉長湍守具蒼淵畧供御厨將關

行夕次開城海伯趙▢得設帳中遞姓進水剌百官僅得療飢

考整軍伍命駕將出一

忠男隨之行自谷城之右轉向順天暮入大廣寺寺空

而無僧轉聘則堂有枕几厨有甕皿似有人跡而寂寥

此必無賊害則有獸患是夜明燭不寐果有三大虎直

入見公愕然退步蹲坐公杖釖立而宣言曰甬錐微物

為百獸長則倚識九月前事耶虎乃俯首而聽低尾而

逝久之二僧自空壁出拜跪曰近寺深谷避亂人多為

虎所害而且犯寺昨夜亦為所害今則賴公而免禍若

公行次後恐有後慮矣公曰吾聖君始懋厥德鳥獸魚

鼈咸若而彼倭酋逆天亂德民神雜蹂之際獸亦安其

23

處所乎庆其所故禍及於人者盖虎之見人畏如人之

畏虎而欲殺故也且吾方以義募兵欲掃除倭酋則彼

亦倉土之物必有所感矣

○初四日 癸亥

公將行二僧固挽曰願留一夕復看動靜

公與僧及忠男杖釖橫行於深谷辟處盖二僧不能追

也八十僧餘皆 命忠男大呼曰避亂在此者皆出亂已平

矣安能久居此乎良久或自巖穴或出林藪稍稍屯聚

者百餘皆顧從公俱與入寺安過是夜 自後無虎患避亂者復入此山

得生者數 千人云云

○初五日 甲子

早朝秣馬二僧獻長釖短戟各五日促行

24

顧助軍用令忠男載之且百餘人皆欲從公挽留曰吾

方募兵遍行列邑則君等姑留於此以待後曰可也因

招僧曰此人供待子能為之僧有積粟何難之有言迄

即抵同福訪丁進士巖壽語及時事約以後曰相見越

宿于本邑觀音寺○聞都巡邊使申砬戰没于忠州彈

琴臺云是日僧自本邑見報而來者告于公公慨然曰

月二十七日賊自丹月驛至砲聲震地砲箭馬突入陣

為戰所擠起水而死諸軍大潰浮尸蔽江水為之不流

脫身走不知去處云 金汝岉赤從无乎鑑又

○初六日 乙丑 朝後公坐空樓召僧徒曰汝能出奇計平

倭者皆從我時所在者只十僧而已皆對曰小僧等守

25

寺得生所願如此此亦公之力也但所助軍糧米十石

日昨運置于本邑義兵所矣避亂在此者亦多知舊相

見歡甚或問破倭之策或問避兵之方公日擊則破隱

則避如斯而巳一人應聲日擊則必破何患之有隱則

必避何死之有公日思患而預防則不擊可也思死而

預圖則不隱可也其人無忠言奇謀但以圖生為計及

暮還邑安倭迎勞甚勤因言中砬敗報公日吾在寺巳

聞知矣初砬以巡邊使騎下時寄書于余日始知有文

事者有武備安得與合師討賊以平東邦云此事未成

而先死可勝惜哉 胡陌慶源府使金延嵏守兵使李濟

臣拿鞠碎以德城守
功權爲兵使今爲都
巡邊使有聞湖西賊直向王都其

鋒銳難當云一公
黜軍次出章臺前有圓石人皆嘗而試力也賊自金海
直抵都城云
如此石益章臺前有圓石人皆嘗
星州金山出永同惆清州與忠州賊
合師直抵都城云

○初七日丙寅又自潭陽南一隅歷抵和順訪崔三溪丈
饒不遇因勸其子侄擧義事轉到曹益山慓舊居感歡
曰曹公固一世之雄也而今安在哉因嗟惜不已有曹公
世之才而己沒于亂前其子侄皆爲
叛亂而無可與謀者鄅故言如是耳卽向光州訪金將
軍德齡日巳暮矣是夜從容講武問討賊方略約以同
事德弘亦在其兄德弘弟德南亦在座明燭達曙

○初八日丁卯臨行話金公曰恨不與同事曰聞公以一

言得五百人云以此推心則雖千萬人可得於破賊何

有因向昌平歷訪府使鄭宗溟縣監趙孝元文官兵玭

略陳時事約以後日相見及暮入瑞峯寺招僧問靈圭

近住何寺對曰中年入鷦龍山中果未知今在其寺矣

公以不見靈圭嗟歎不已迎入臺與話大悅數日談論出

臨別以詩贈行其後累時避賊入寺者多而見公行色

往瑞峯寺死生同約云

有異皆走避公屬聲曰我非害人則何亡匿爲徒中一

人應聲曰以生道殺民雖死不憾殺者是鄉聖亦言也

今以生道喻人則敢不從李歇曰於是夕聞漢江失守

僧自邑來者以邊報之傳曰今初三日賊渡江入城

如無人之境留都大將李陽元都元帥金命元皆散走

○初九日甲辰自昌平八珍原界曰此邑吾先君遺愛之

地民必和矣因循行閭里雖深山窮谷無不遍焉無論

士夫吏胥至於草野之氓間公擧義皆聽而從者殆數

百計以某日來到玉果次相約而分

○初十日乙巳八長城忽憶先君與金河西從遊而即到

麥洞時諸公團會一堂有所議事見公欣迎問以儒家

事公因言今日所議國事外有何言哉昔河西先生以

先見之明預知此亂必有遺戒則顧間一言而行左右

皆默默但固挽而已公以事固辭而出守珍原也與公之

梁先生相辭不遠萬道義交預見乙巳禍機退居玉

果時先生遺守玉果又相從遊每見先生歎曰吾論耳

數語國事而已日將暮矣即出館而宿

心望卷顧眞于慶亂因語于公曰以是起之同入見長城俟接

出日錦江曰君既為先偈則吾必有後助矣當此主辱之以義次事何所不成老夫人臣者皆得死所宣在馬援後耶君其勉哉○

而欲謀於長者顧聞指揮兩公各有所答言迄拜辭而

奇錦江孝諫邊望卷以中兩公曰吾方以募兵事過此歷路訪見

書盡情又曰我先君後得專城十數年在眼前有珍玉南州范滋川誰傳分明記我曾行處麥洞山川別意

檀腸河西憶河西詩俱載二篇故記此西觀歸山計日別而逸於兵生從時往復作之詩曰道從師傳者

喜之言唱酬詩合○江日記此西多觀歸道有從兵計別意珍玉南州范滋

章可言日德早於此矣國亂則死節時二十九即先生

可必也曰治世則壽國亂則死先生年二十九即先生

則為一世宗其子此地當出或有于壽果得貴子文

四十而無育先生曰何患焉子此地當出大人君子壽何

○十一日庚午曉頭餧馬末終日而潭之南北界遍行搜
伏自井邑東隅越嶺抵淳昌北三防無處不入時避亂
者尤多於此地淳之於王相去不遠聞公已熟矣見公
何晚相聚而言曰皆願從國事亦以某日來到王果次
相約而分徒中壯丁三十七人皆一長鈒出日不待
他日即從公後以備不虞遂與之俱行自回門山中轉
向任實蔦潭驛賊兵三百餘名刼掠村閭公使人詳探
則皆剃髮緇服者頃間倭將大南飛犯順天云此必南
飛送先軍以探地形啓軍行者也公策馬突入大呼曰
甫將南飛安在此地即汝等沒死之地何不速退三十

31

七人各以鈀擊殺無不一當十矣三百餘人一時坑除

豈不慎哉村人在家者爭獻牛酒以勞時夜已深矣

○十二日 辛末近處入山避兵者來會于此皆顧從亦以

某日來到王果次相約而云自葛潭驛窺潛搜伏轉向

南原路次聞李洸進軍至錦江聞都城失守蒼黃罷陣

退兵人心恇劫賊勢猖獗洸僅以身免由淸州内浦到

臨陂卽馳關道内徵發精兵欲由海路達臨津黙而人

心洶懼不肯從令 初朝廷有徵兵之教洸督賊師期太
迫雨注路塞士卒凱潰不勝羸扑或
疕兆道或投於水到公州留連七日而竟罷
陳退兵大軍遂潰人心益散而訛言遠播 卽入見本

倅尹安性接數語國事而已尹侯近聞梁主簿之言則

柳學諭之義聲皆動四方此實國家之一助湖南先倡

非君而誰也又勞萬潭驛之破倭事曰賴此而賊不敢

犯我因備牛酒餉從者三十七人禮畢出宿于館

○

十三日壬申朝後入見梁靑溪于倡義所靑溪名大樸守士眞郞公

之壻從也今月初吉日抵書于公曰君之擧氣先於吾

吾之壻從義後於君則先發相檄同心恊力以立大功者

非君與吾大事殄國家以利言之則如漢之素孔羊東郭咸可

偶扎僅三人言利事析豪釐募兵通行列邑而令到南原如向

禮畢後招三十七人進見曰彼人者皆壯士也饗之任

實路次倭奴三百餘名彌滿山谷各持一釰當十他日

與我成功者此也梁公大加稱賞君其得人手因留講

論兵事

○十四日 癸酉 鄉人房元震與公同學者也時年十八言

談擧止特出等倫聞公来而求見公出迎與語大悦梁

公亦甚嘉奬焉 元震字而省 䁱晚窱沙演 䝿孫亦擧䍥 後為察訪

○十五日 甲戌 公語梁公曰霽峯高公敬命以前校理負

一代重望且年德偶高方擧義光州云可裁書諭以并

力討賊之意梁公曰吾意亦然即裁書袖而遷家令忠

男即傳手光州

○十六日 乙亥 自㪥日前至于今日四方應募而来者千

有餘矣於是盡出前日所儲軍服軍糧軍兜衣之食之

用之公所居三間一間村後王出山上城時深谷中自毅坪前等令冶正五六奴日鑄兵器一間令針線糧五六。日製軍服一間奉稅米幾百石年年收藏以備今日之用而世無知者矣

○十七日 丙子 高公答書至而以今月二十三日會于潭陽面討凌事云謂其男二子日日昨奉書獻于高公覽畢頗前見其撤文票凜辭意

○十八日 丁丑 送高公書于南原倡義所即入城安侯率有感動人者書吾心輒欲然先不知諭意而梁某與我有宿契且知事人也今與得二人同事則何所不成云云

○十九日 戊寅 領義兵出陣于縣南前坪師律嚴整軍威大宴犒餉復點閱軍兵則數千餘矣守城軍出迎于五里程安侯預置牛酒以待公今日設

35

蕭張本鄉金佐郞鑑權燧奉懿德許別坐續及富饒者
無論某人爭持牛酒或豚狗或米粟無不来獻曰吾一
境賴柳將軍以得全
○二十日己卯淳昌楊直長士衡與其族希迪聯轡而来
士衡號浪隱與公同年進
與之講武期以後日相遇于潭陽而因別
抃公文科年則長
○二十一日庚辰南原前奉事尹公大魥卽公之外從兄
抃公西為總年交
也聞公擧義来留合江村是日入城見義兵陣勢曰何
以妙年書生至於如此雖古之名將茂以加矣吾當傾
家財供兵食不足惜也云及暮還向合江村公拜送曰

他日周旋權在吾兄

○二十二日辛巳聞賊陷龍仁三道兵皆潰光是巡察在道邂逅回諸軍到振威留宿五六日人皆兩立至龍仁之戰賊結陣于北斗山上絶險處對柵自衛洗心昜之令壯士白光彥時禮出戰爲賊所害時大霧四塞咫尺莫辦賊衆衆攻之三巡察一無兵略難爲專制忿有三賊挺身前來揮釰大喊忠清節度兵先潰諸軍繼之戰馬二千餘及火樂筒諸兵咒皆遺賊云本道伯逃嶺右錦伯尹國馨走公州泰仁商判官全德禱元于此云

○二十三日壬午梁公自南原單騎而來日將午矣接戰

語而即治向潭陽一忠男随之梁公曰我馬烏龍君馬

烏驪可謂人馬相得也及暮入城高公先至以待笑曰

君皆有後至之誅

○二十四日 癸未 自昨夜至今日爛議兵事區畫方略而

相分梁公先發即向南原公後發及暮而還

○二十五日 甲申 本鄉沈同知彦諝送軍糧三石馬太二

石以資兵用谷城中奉事彦海送牛一隻又以書勉之

淳昌趙士人軾轍兄弟及金奉鶴金益福李鶴齡各率

家僮聯襄而来終日講武及暮出宿于館

○二十六日乙酉 五人八言軍中事何以為之各有主者

38

黙後事不煩矣公曰醫與高公旣有所約則君等亦待

夏會潭陽同謀可也因相約而分

○二十七日丙戌高公以書來曰今晦日合師于潭陽幾

日練習以成行伍而凡諸裝謀之任分定黙後俾完大

事云卽修答而送之〔高公以其廬舍敬身袖書卽傳梁公義所〕

○二十八日丁亥曉頭秣馬卽到合江村省考妣墓又告

家廟痛哭拜辭後因妻相謨曰如有不幸則立吾後者

居京前牧使敬禮也又因雉芽彭眞撫背曰汝能傳家

乎夫人曰昔者霍去病之不爲家正謂今日則君子當

爲國而不爲家何言之私也公曰黙顧夫人自爲之卽

策馬入城

○二十九日戊子領數千義兵赴于潭陽時安俟及士夫

連昏出餞至五禮院路次聞 大駕向平壤乞援 天

朝之報卽留陣北望 行在四拜後朝暮而入城俄而

高公亦至其仲子學諭因厚陪從及後軍來止夜巳三

鼓矣本府使指揮嚴明該郡吏震愴奔走營中火光星

列城門通夕不閉

六月初一日巳丑有人來傳巡察檄左水使李舜臣招茂

朱助防將李緄鄭會于泰仁有所議事云所議事果何

事府尹權燧都事崔鐵堅亦末知所由云公曰李洸非

社稷之臣所議者私則依軍法當斬所議者公則有何

所恃高公曰黙本府人李寅卿送兵糧數十石是夜寅卿来言

曰光州金德弘德齡兄弟與将材
可撤召則於倡義所為一大助也

○初二日 庚寅 王果悴安骥送牛三隻以書示曰此邑小

吏革為將軍設未及而啓行故專人驅送以資一時之

軍犒云即觧而分給軍中

○初三日 辛卯 自義兵陣中傳檄分任則李琴軒大胤崔

未能尚重在鄉運糧楊直長士衡朴進士天挺赴陣運

糧南平洪主簿民彦送兵糧十石崔主簿膺龍與其子

衆奉永水及士人崔厚立弘立兄弟率丁幾許而来

○初四日 壬辰 光州守丁允祐送兵糧五十石牛二隻前

進士柳思敬亦聚糧械送以助之羅州宗人持敬来蒉

而来時年十八氣岸屃落言論激切公顧留而從事 在

三日竟以
親在辭歸

○初五日 癸巳 光州金德弘德齡應檄而来 兄弟俱在軍
其兄齡歸養其母氏 冲者久矣後

昌平悟齋曹彦亨来任兵糧進士

○初六日 甲午 梁公以明日行軍次先以書馳報潭陽義

兵所先州前僉使申楫僉正河丁士人金世斤務安前

主簿朴光祖光宗兒朶海南前部長高夢龍長城前僉

正姜恬後先紬到 姜恬募義士七
十餘人而来

初七日 乙未 公出見大紅旗為先導而義兵從者數千

則不問可知為梁公矣公與高公出迎禮畢後令軍中

擊牛置酒大犒閱南平進士文弘獻出員李永根亦

率丁而來及舊城門報有一將建黑旗率兵而來公出

視則乃安將軍瑛也延接而入見高公與語大悅

瑛字元瑞号清溪思齊堂處順
曾孫時年二十八與公素善

初八日 丙申公謀于眾日今日之事必得名公大人主

盟然後可以鎮眾心濟大事於是設壇具禮推高公為

大將公為左副梁公為右副令高公登壇誓師因以太

公兵法設五行陣於中壇建大將旗色尚黃者取中央

土之正色也於東壇建青旗公主之於南壇建紅旗梁

公主之於西壇建白旗高公仲子主之於北壇建黑旗

安公主之因令行軍中是日諸軍有偶語喧譁者從公

者曰慕公名而爭赴從梁公者曰慕公名而爭附今反

虛將位不居此吾等所去也公以釰擊壇曰大事已定

有何異議吾三人同心為一體則甬等亦以一體奉行

豈非今日同盟之義乎於是一府中慴伏無復敢言

初九日丁酉公之義聲益著聞者莫不感應者 遠近咸 日以

事君則忠以敬事長則順而事美者柳某是也
光州士人金世斤以病辭

歸公面諭曰病愈則早還可也昌平前縣監趙孝元南

44

原守門孝億壽前縣監梁廷彦淳昌士人金奉鶴趙軾

敗兄參或杖釰或率丁而來

○初十日 戊戌 光州前奉事鄭貴世咸平前主簿朴雁柱

靈光士人李仁佑沃溝士人田用灌井邑士人金申文

或率家僮或率鄉兵而來靈光姜睡隱沈令從身洛頒

護兵糧十石而來昌平朴長鄉仁鄉備牛酒而來

○十一日 己亥 出師于潭陽為北上勤　王計時海狂宋

齊民進士丁巖壽進士高成厚進士崔慶雲絫奉朴兀

坎姜昌國士人金後進正卽李大胤主簿朴大兇宣傳

且喜以運粮在外李容中領兵械而來朝會全州而去

45

○十二日 庚子 進軍次泰仁是邑前縣令閔汝雲與鄭允

謹募鄕兵而來見前察訪李守一亦來願從 齋守恒之子一

○十三日 辛丑 自泰仁進次金溝期日到全卅時雨下雷

轉高公長子縣令從厚與其昇因厚偕行而病滯于中

路今綫到此遠近應募者日益眾聞臨津失守 初韓廷

僨金命元守臨津江賊欲渡無路不得已斐募俾退如

七日賊渡江云云

是諸十俞日申晡欲渡江彈賊劇之克良止之碴敵斬克

良不得已進擊賊果伏精兵逆之二人皆被殺軍皆受

刃戓投江而瓦忠僨先通應廬命之元皆走去前月二十

○十四日 壬寅 眾議皆曰如募義兵然後可以濟事上將

曰若加募則誰任其責公曰非梁公則難上將曰吾意

世卽命梁公以加募事發向南原其次子亨遇從之公

獨任軍中凡事以梁公長子慶遇爲書記之任因留陣

全州時任實縣監李夢祥捐廩千石使義士朴順達領

送以助軍資公語上將曰壯哉李任實其子廷臣與吾

同年進士文科而今以獻納　危從則是可謂有父有

子〈延匡字公輔後爲先州數間公徇節稅以氣乙〉

○十五日〈癸卯〉時暑雨久蒸炎熱方熾人不勝煩臨江浴

而江爲之斷汲泉欽而泉爲之竭是日上將見府尹

權燧與公及慶遇偕行慶遇曰柳公暫不離陣則獨慶

遇足矣遂與往見權燧燧出迎見以軍禮及還送軍餉

47

米與豆五十餘石

○十六日甲辰始設操鍊益張威勢全羅都事崔鐵堅大

備牛酒獻餉軍兵公語上將曰是邑出身崔虎力能舉
六百斤鐵椎見之則為一助即檄召八見 麾下有言於公者故耳

○十七日乙巳聞嶺南賊將犯茂朱屬縣焚蕩民家又賊

船二艘犯順天云公曰領遣可信者一人設伏可也上

將欲遣公為防禦衆曰吾輩皆賴柳將軍在此不可遣

乃以其仲子因厚率一隊兵伏于鎮安等地

○十八日丙午是夜上將仰看天象謂衆曰熒惑以時入

於箕尾之分我國之被兵實天運也每自乾戌占有赤

氣從苟起薄焱惑則焱惑芒死此必彼賊運窮於戌之

象也若以年計則戌距今六年我與戰實漢賊不兩立

之勢豈有六七年相持之事乎必無是理公曰豈無是

理以愚之淺見窺之彼有先勝後敗之理我有先敗後

勝之理以此料之彼必運盡於戌我必運回於戌恐或

上將知其一未知其二也慶遇曰不若以月計今九月

亦戌也我必以是月掃除醜虜平靖邦家之象上將曰

君言亦有理公曰梁君之言誤矣

○十九日 丁未 任實洪樂天碩舫送家僮及資糧 以書折來 自激其奮勇着殘喘既不能赴

賊又未繕備兵玆送儸十與若干資糧家僮則以孤軍

49

佐資糧剛以
補軍用云

軍門有報一人率兵而来及入見乃本府

前判官員之也上將曰員將軍其能同謀乎公曰員某

聞義兵入城募聚鄉兵則眞義士也因留軍中

○二十日戊申慶遇語上將曰南原蔡希淵多瞻略善弓

馬請以檄名公曰希淵何人曰家親舉義初此人應募

而来家親見稱曰吾得蔡君賊於我何是以知其可用

上將即以檄名之希淵乘白馬馳赴家陣故上將語公

曰昨聞松江鄭相國徹自江界誦所承名赴平壤之報

君其知之耶公曰昨夜梁君以上將之言告我是以知

之胲以松江而不信吾不信也及聞此報上將謂梁君
曰吾前與松江每言矣

有倭童松江不我信今日
以多顛倒思余之歎矣
因感而歡曰松江之謫乃邦
家之禍松江之用實邦家之福即軍中率諸義兵北望

行在四拜

○ 二十一日 己酉 以待梁公加募而留陣全州及暮陣門
外有何人来報咸平金彦富率家僮村丁四十餘人穀
二十餘石而路次任實等地遇賊為其所傷折右臂裏
瘡而歸云 四十餘人中一人生還云二十石穀皆為賊所奪其害在産富
所奪公聞而嗟歎曰家人之死其害在産富

○ 二十二日 庚戌 聞茂朱賊還向嶺南為直上犯關計上
將誓于眾曰彼賊欲向都城吾於此不可久駐即整旅
為北上勤 王計南平鄭遵一傾財募士將赴而病未

能行使其子晛領其衆送之公壯其意告上將因留佐

幕居數日竟以父病辭歸而留其衆

○二十三日辛亥間 大駕出平壤向義州之報聞八日 戰前至八大日

駕出平壤向寧邊鄭澈崔典源俞泓 云

廟社位版芳護宮人先出城中云

○二十四日壬子上將令公督察軍中為明日曉頭行軍

計於是上將命其子從厚與梁慶遇安瑛及左右營諸

有司各任其責是夜炬列城中坐以待朝有人自城外

入者輒報曰前十五日賊陷平壤以是日 大駕次嘉

○二十五日癸丑進軍次礪山是日清明南風徐起鼓聲

山中宮殿向咸鏡道 東宮奉 廟社自博川入山郡云

隱隱遠聞砲聲往往暗出公曰此必倭賊漸入近處俄
而自任實來者卽靈光進士李容中也奉其兄衆奉宏
中之書上來次宿于雲巖是夜倭警四起彌布山野容
中僅以身脫顛倒至此云衆皆驚懼公曰此賊不足憂
也近日東南間殺氣衝天長時不滅必有賊兵從此方
犯我我必不利是可憂也因謀于上將顧留陣五六日
以觀事機上將曰國勢將急何可留陣君勿爲妄言公
嗟歎再三不得已從之是邑前判官宋大昌入見于路
次因隨軍後於馬上手草檄交通告于忠淸京畿黃海
平安諸道辭氣凜烈無不鼓人心腹見者必激而聞者

53

響應

○二十六日 甲寅 聞梁公率如募義兵到任實葛潭驛之
報

○二十七日乙卯 師次恩津上將觀天象驚曰東有白氣
必有賊兵犯我人皆為懼公曰此氣自四五日前至今
不滅人無知者上將今乃見之耶此非尋常之氣向聽
吾言必無後悔

○二十八日 丙辰 聞黃澗賊踰入錦山將逼全州云議者
曰完即湖南之保障根本先搖難以制勝不如先救本
道上將曰然

○二十九日丁巳 聞梁公率如募兵到雲巖大破倭多有

斬獲上將間捷大喜稱賞不已乃曰柳君之言是也今

完山之賊奈何吾悔不用柳君之言因謂公曰此後軍

中之事當自凌之

七月初一日戊午間 大駕抵義州爲行營率諸義士北

望 行在四拜卻整軍向連山本道水使丁傑送兵糧

以勞軍行

初二日己未 進軍次琢山益山李寶率兵迎勞於路次

具應賢應彌兄弟隨其後皆編於行伍寶郎延平君之兄也黙

初三日庚申 大犒軍兵訓鍊于琢山郡前坪軍容益壯

55

士氣益倍遠近響應者亦多聞　大駕西巡乞援　皇

朝且請內附之報　世孫疑我國與倭同叛遣崔世臣林郎兵部

尚書石星請發兵援之有宋國臣者自言詳見之八平壤容
也平壤應賜長言日本欲通信以前復催書永朝之應賜曰爲
進代　　　
國代受兵禍歸言石尚書妻
甚國明白　皇朝大輝其疑

○初四日辛酉見梁公牒報以去月二十八日猝得奇疾

留陣全州未能剋期進軍云

○初五日壬戌聞賊犯錦山邑宰權怯敗死之報上將令

公草檄通于湖西義兵將趙提督憲約以合師討賊前

倭使玄蘇之來趙提督上馳請斬以嚴兵待之今年公

上馳信南夏之急而暑日昔晉假道於虞以代虢而百

56

皇英不諫知虜回之將此今居假道苓我欲北天朝而趙憲請斬知書回己長遠云後趙公入錦山先後同殉

○初六日癸亥聞梁公病篤之報梁君欲歸侍湯公曰令

弟在側善為調護何慮之有且尊親書中有君親之教

則無可去之理吾當暫往診而來矣卽策馬驪入全州

乘昏而○諭

○初七日甲子上將部分士卒使公為先鋒安公為後軍

上將居中軍方啟行計以慶遇留守琯山本鎮日晡時

有叩城門而入者忠男急報日前日所言靈圭上人率

僧徒數百而來公卽出迎禮畢言于上將曰靈圭之行

此天必助也是夜大風起且迅雷甚而公明燭端坐俄

默就睡梁公直入座語曰昨夜夜夢登天謁上帝泣請救

援帝憐之曰當下送神兵勦滅賊矣及覺因見慶遇說

罷夢夢曰尊大人必棄世衆曰夢何信耶聞清正自嶺

○入北道之報　賊入咸鏡道西王子臨海君順和君偕　金貴榮黃廷彧黃赫柳永豆　韓克誠等皆彼執清正手辟其特留置軍中云

右入北道之報

○初八日　乙丑　進軍次錦山是邑前縣監李義精楊應春

備牛酒迎勞軍行

○初九日　丙寅　移入錦山臥坪與防禦使郭嶸兵為左右

翼進攻賊于土城賊勢大挫期日暮而退公曰是夜恐

有他警對壁野宿軍官報曰聞有沙川聲倭之先伏者

以為其謀發覺乃遁走是夕間梁公病卒于軍中

前七日下世家皆服公之夢
事令令軍中設壇操文祭之

○初十日丁卯義軍先挑戰賊先軍出戰不利而退義軍

乘勝長驅俄而賊忽空壁而出防禦軍望風先潰義軍

亦尾而尾辭是日風雷壯士相失公獨馬健先出問其

僕曰上將脫乎曰未也公曰旋吾馬僕擁馬不前公拔

劍斬僕臂超入亂陣中斬擊左右數十級尋得上將上

將顧謂曰吾豈未免君、可馳出公曰事至此境從容取

義可也豈忍棄大將而苟活耶俄而凶刃及之大號作

聲曰吾鋤死當為厲鬼必滅賊無遺乃已宣後於張巡

59

耶焉驪亦多被槍流血遍身卽飛鳴一趍衛無御者遂

尋公首以口啣之直走至果合江本筭時夫人金氏自

公出師之後等壇于家後日夜誠禱忽聞馬聲出門顧

倒幾至死境爲傍人所救乃勵精視之馬已自斃惟一

元在地遂奉八子室具衣衾权強成殯後葬于南原府

西生涯洞後麓先塋下

是時八道義兵將皆於旗上書公姓名曰擧義當如此

云　公所率三十七人及敗績之後相聚而誓曰柳將

軍更爲圖事則吾輩可以协力成功而潰圍南出之際

其舍生路而遄踣白刃從大將同死是義而非勇也盖

首事之日不自立為將而推高公為盟主者亦人難所

也是以三千義旅頼公為重凡諸眾謀指揮皆聽於公

朕後施行則實不用盟主之命矣嗚乎吾輩俱以不過

之人難容此世欲避名以專亂時矣感公募兵之誠出

而同謀幸而得捷則頼公拜受爵賞使此身轉禍為福

移危易安矣公今已矣吾將安歸言迄失聲痛哭各引

佩刀自頸於公殉節所倭賊見之者莫不悚懼而嗟歎

월파 류팽로 임진창의일기
月坡 柳彭老 壬辰倡義日記

출처 : 『월파집』(향토문화연구자료 제4집), 전라남도, 1986.

여기서부터 영인본을 인쇄한 부분입니다. 이 부분부터 보시기 바랍니다.

역주자 신해진(申海鎭)

경북 의성 출생
고려대학교 국어국문학과 및 동대학원 석·박사과정 졸업(문학박사)
전남대학교 제23회 용봉학술상(2019) ; 제25회 용봉학술특별상(2021)
현재 전남대학교 인문대학 국어국문학과 교수

저역서   『검간 임진일기』(보고사, 2021), 『검간 임진일기 자료집성』(보고사, 2021)
         『가휴 진사일기』(보고사, 2021)
         『성재 용사실기』(보고사, 2021), 『지헌 임진일록』(보고사, 2021)
         『양대박 창의 종군일기』(보고사, 2021), 『선양정 진사일기』(보고사, 2020)
         『북천일록』(보고사, 2020), 『패일록』(보고사, 2020), 『토역일기』(보고사, 2020)
         『후금 요양성 정탐서』(보고사, 2020), 『북행일기』(보고사, 2020)
         『심행일기』(보고사, 2020), 『요해단충록 (1)~(8)』(보고사, 2019, 2020)
         『무요부초건주이추왕고소략』(역락, 2018), 『건주기정도기』(보고사, 2017)
         이외 다수의 저역서와 논문

월파 류팽로 임진창의일기 月波 柳彭老 壬辰倡義日記

2021년 11월 1일 초판 1쇄 펴냄

역주자 신해진
펴낸이 김흥국
펴낸곳 도서출판 보고사

책임편집 이경민
표지디자인 손정자

등록 1990년 12월 13일 제6-0429호
주소 경기도 파주시 회동길 337-15 보고사 2층
전화 031-955-9797(대표)
      02-922-5120~1(편집), 02-922-2246(영업)
팩스 02-922-6990
메일 kanapub3@naver.com/bogosabooks@naver.com
http://www.bogosabooks.co.kr

ISBN 979-11-6587-248-9 93910
ⓒ 신해진, 2021

정가 18,000원